"十三五"职业教育国家规划教材

国际货物运输与保险
（第四版）

新世纪高职高专教材编审委员会 组编

主编 张艳

大连理工大学出版社

图书在版编目(CIP)数据

国际货物运输与保险 / 张艳主编. — 4 版. — 大连：大连理工大学出版社，2018.1(2020.12重印)
新世纪高职高专国际经济与贸易类课程规划教材
ISBN 978-7-5685-1164-3

Ⅰ. ①国… Ⅱ. ①张… Ⅲ. ①国际货运－高等职业教育－教材②国际货运－交通运输保险－高等职业教育－教材 Ⅳ. ①F511.41②F840.63

中国版本图书馆 CIP 数据核字(2017)第 297084 号

大连理工大学出版社出版
地址：大连市软件园路80号　邮政编码：116023
发行：0411-84708842　邮购：0411-84708943　传真：0411-84701466
E-mail：dutp@dutp.cn　URL：http://dutp.dlut.edu.cn
辽宁新华印务有限公司印刷　　大连理工大学出版社发行

幅面尺寸：185mm×260mm　　印张：14.75　　字数：341 千字
2008 年 6 月第 1 版　　　　　　　　　　2018 年 1 月第 4 版
2020 年 12 月第 5 次印刷

责任编辑：郭伟琳　　　　　　　　　责任校对：刘丹丹
封面设计：对岸书影

ISBN 978-7-5685-1164-3　　　　　　定　价：40.80元

本书如有印装质量问题，请与我社发行部联系更换。

前 言

《国际货物运输与保险》(第四版)是"十三五"职业教育国家规划教材、"十二五"职业教育国家规划教材,也是新世纪高职高专教材编审委员会组编的国际经济与贸易类课程规划教材之一。

在科技创新日新月异的今天,信息技术的发展将我们带入了知识经济时代。在这种瞬息万变的经济环境中,企业全球化经营与运作的趋势越来越明显,各企业都努力谋求达到在金融资本管理、原材料采购、生产资料组织、产品市场开拓等各方面的有效平衡。同时,随着科学技术和管理理念的发展,在以运输和仓储为主的物流领域中不断创造出新的服务经营模式,日益拉近了空间距离,缩短了时间,其安全性、迅捷性、有效性为企业的全球化经营提供了能满足其需要的物资流通的可能性。

国际货物运输与保险是国际经济与贸易专业的必修课程,也是物流管理专业国际物流方向的主要课程。随着新技术的应用以及世界经济环境的不断变化,各种国际货物运输方式及相关保险业务也增加了很多新的内容。本教材针对这些变化做出了以下创新:

1. 进一步优化知识体系

本教材分为9个情境,首先初识国际货物运输基础知识与运输保险基础知识,然后按运输方式设置了国际海上货物运输、国际航空货物运输、国际铁路货物运输、国际公路货物运输、国际集装箱货物运输、国际多式联运、国际快递7个情境。

2. 关注行业的新变化

目前,国际航空货物运输和国际铁路货物运输在国际货物运输中占有的比例越来越大,故本教材采用了大量篇幅介绍这两部分的内容。

3. 关注知识的新变化

本教材重点关注行业知识的最新变化,具体包括:国际金融对贸易与物流的影响;国际货运代理人的性质变化;国

际航空运输运单与铁路联运运单存在的问题;集装箱运输单证与EDI;国际多式联运经营人责任的现实应用;集装箱运输综合保险;国际快递业务等。

4. 精简理论,细化实务

为了打造一本学生好学、教师好教的国际货物运输与保险教材,编者对各部分知识进行了仔细筛选,尽可能地简化语言,做到繁简适当,突出重点,强调实务性。

5. 重视操作和能力培养

每个情境后以行业相关知识或新变化为素材进行知识拓展,引导学生开阔视野,积极思考,关注行业发展。同时,精选随堂案例和计算题,并在课后练习中辅以大量的计算题、案例题、操作题,力求将所学知识点进行实践应用,以改善教学效果。

国际货物运输与保险涉及的内容非常多,相关的案例更是举不胜举,知识也在不断地更新。本教材力求以全面的知识体系、新的观察视角将内容呈现给读者,希望成为学生自学和教师教学的好帮手。为了便于教学,本教材配有课件和课后习题参考答案,如有需要请登录教材服务网站下载。

本教材的编写队伍由高职高专院校一线骨干教师和行业企业专家构成,团队成员具有丰富的教学经验和企业工作经验,充分保证了教材的质量。其中,大连职业技术学院张艳任主编,负责全书结构的策划,并独立承担全书的编写工作和最后的统稿;黑龙江龙运集团董令三负责提供对俄公路、铁路、海运、国际多式联运等相关领域的国际公约、作业流程、运输表单、行业信息等资料;营口吉祥安泰实业有限公司刘述铭从航运、港口、代理等不同角度搜集集装箱业务、内外贸货物(含散货)、快递、空运等国际物流业务资讯与案例;中远海运大连投资有限公司袁程提供航运企业经营管理以及危险品运输方面的内容;中美联泰大都会人寿保险有限公司大连分公司樊红彦提供集装箱班轮运输公司海运业务流程与表单以及保险行业的相关内容。

在编写本教材的过程中,编者参考了不少资料,在此对这些专家、学者表示深深的谢意!也有可能有些资料引用了而由于疏忽没有指出资料出处,若有这类情况发生,在此表示万分歉意!同时也感谢那些将自己的实际工作经验发布在互联网上的无私的企业界人士!相关著作权人看到本教材后,请与出版社联系,出版社将按照相关法律的规定支付稿酬。

限于编者水平,教材中仍可能存在疏漏之处,诚望读者批评指正,并将意见和建议及时反馈给我们,以便继续修订、完善本教材。

编 者

2018 年 1 月

所有意见和建议请发往:dutpgz@163.com
欢迎访问职教数字化服务平台:http://sve.dutpbook.com
联系电话:0411-84707492 84706671

目 录

情境1 国际货物运输基础知识 ··· 1
学习目标 ··· 1
情境引导 ··· 1
1.1 国际贸易业务流程 ··· 2
1.2 国际货物运输的组织方式 ··· 4
1.3 国际货运代理 ··· 10
拓展资训 ··· 13
能力培养 ··· 13

情境2 运输保险基础知识 ··· 14
学习目标 ··· 14
情境引导 ··· 14
2.1 保险的内涵、起源与种类 ··· 15
2.2 保险的基本原则 ··· 16
2.3 保险合同 ··· 22
2.4 货运险投保及理赔实务 ··· 24
拓展资训 ··· 26
能力培养 ··· 26

情境3 国际海上货物运输 ··· 28
学习目标 ··· 28
情境引导 ··· 28
3.1 海上货物运输基础 ··· 29
3.2 班轮运输实务 ··· 37
3.3 租船运输实务 ··· 58
3.4 海上运输货物保险 ··· 71
拓展资训 ··· 86
能力培养 ··· 87

情境4 国际航空货物运输 ··· 93
学习目标 ··· 93
情境引导 ··· 93
4.1 国际航空货物运输基础 ··· 94
4.2 国际航空货物运输实务 ··· 102
4.3 国际航空货物运输保险 ··· 127
拓展资训 ··· 129
能力培养 ··· 129

情境 5　国际铁路货物运输 … 133
学习目标 … 133
情境引导 … 133
5.1　国际铁路货物运输基础 … 134
5.2　国际铁路联运实务 … 137
5.3　铁路货物运输保险 … 149
拓展资训 … 152
能力培养 … 153

情境 6　国际公路货物运输 … 154
学习目标 … 154
情境引导 … 154
6.1　公路货物运输基础 … 155
6.2　国际公路货物运输实务 … 157
6.3　公路货物运输保险 … 165
拓展资训 … 166
能力培养 … 166

情境 7　国际集装箱货物运输 … 167
学习目标 … 167
情境引导 … 167
7.1　集装箱运输业务 … 168
7.2　集装箱运输运费核算 … 184
7.3　集装箱综合保险 … 195
拓展资训 … 197
能力培养 … 198

情境 8　国际多式联运 … 200
学习目标 … 200
情境引导 … 200
8.1　国际多式联运基础 … 201
8.2　国际陆桥运输 … 208
8.3　国际多式联运保险 … 213
拓展资训 … 216
能力培养 … 216

情境 9　国际快递 … 217
学习目标 … 217
情境引导 … 217
9.1　快递概述 … 218
9.2　国际快递实务 … 221
拓展资训 … 224
能力培养 … 225

参考文献 … 226
附　录 … 227
　　附录 1　IATA 航空运单 … 227
　　附录 2　国际货协铁路运单 … 228

微课索引

国际货物运输方式

海上运输经营方式

杂货班轮货运单证流程

提单的类型

装卸时间以及滞期费与速遣费的计算

海上运输货物保险的保障范围

中国人民保险公司海洋运输货物保险条款

海上货物运输保险实务

缮制海运提单与货物运输保险单

航空货运出口进口一般业务流程

缮制航空运单

货物的航空运费核算

集装箱运输基础知识

集装箱运输操作实务

集装箱运输单证

情境 1
国际货物运输基础知识

学习目标

【知识目标】
认识国际贸易与国际货物运输的关系;了解国际贸易进出口基本流程、国际货物运输的方式;掌握国际货运代理人的业务内容、法律地位及责任。

【能力目标】
能够选择合理的运输方式。

【技能目标】
会从货运代理人角度操作外贸企业货物的进出口基本流程。

情境引导

国际货物运输基础知识

国际贸易与国际货物运输		国际贸易与国际货物运输的关系
		外贸企业货物进出口流程
国际货物运输方式与组织	国际货物的运输方式	国际海上、航空、铁路、公路货物运输;集装箱运输;国际多式联运;邮包运输与国际快递;管道运输
	国际货物运输经营人	承运人:单一方式经营人、专业承运人、联运经营人
		运输代理人:货运代理、船务代理、租船代理、咨询代理
	运输方式的选择与合理运输	运输方式的选择:运输方式选择的原则;各种运输方式的比较
		合理运输:运输合理化的意义、评价要素及有效措施
国际货运代理	国际货运代理业务	业务范围:代表发货人、收货人;提供拼箱服务;作为多式联运经营人;其他服务
		国际货运代理的分类:按运输方式分类;按代理内容分类
	货运代理人的性质与责任	性质:居间人型;代理人型;当事人型
		责任:代理人;当事人;无船承运人;多式联运经营人等
		货运代理人的除外责任

1.1 国际贸易业务流程

1.1.1 国际贸易与国际货物运输的关系

国际物流的发展同国际贸易的发展是密切相关的。运输作为连接生产与消费的主要纽带之一,是附属于贸易需求的服务性行业,随着经济和贸易的起伏而具有相同的波动周期;另一方面,跨国的企业经营与国际贸易的发展又要求货物运输业的规模与其相适应,因而,运输行业的技术创新、服务模式与标准也是由贸易需求拉动的;不断发展的运输业又为企业开拓市场、创新更高效的全球经营管理模式提供了更大的可能性。国际贸易运输与国内运输相比较,(1)涉及的国际公约与政策法规很多;(2)运输路线长、环节多;(3)涉及面广、情况复杂多变;(4)时间要求高、风险较大。

> **例 1-1**
>
> 受韩国景气下滑、全球贸易保护抬头影响,2017 年韩国产业形势仍将严峻,复苏步伐持续放缓,特别是造船、建筑、海运等三大行业将尤为困难。造船业方面,韩国船厂手持订单将急剧下滑,预计 2017 年将减少 48.1%。海运业方面,全球海运业结构调整仍在进行,预计供给过剩、运费下跌趋势今年仍将持续。建筑业方面,韩国建筑企业海外订单预计增长 4.4%,但受韩国房地产低迷影响,国内订单将大幅减少 21.8%。计算机方面,在物联网新产业强劲拉动下,半导体行业持续增长,而显示器行业竞争日趋激烈,预计出口、生产将双双下滑。
>
> 相关人士指出,2008 至 2009 年的全球金融危机后,贸易的复苏带来了过度乐观的景象,这促使航运企业开始订购更大的船只。随着容量增加,各个企业都试图以更低的运费吸引客户,这导致税率下降到了无利可图的水平,并将全球集装箱运输行业陷入亏损中。
>
> 由于供应和需求的不平衡已经破坏了行业的稳定性,日本邮船、商船三井以及川崎汽船 3 家日本最大的航运公司于 2016 年 10 月进行了业务合并,并预计将在 2018 年 4 月开始联合运营。全球第三大的集装箱运输公司法国达飞海运集团公司,则于 2016 年初购买了新加坡的东方海皇航运。另外,中国远洋运输和中国海运也在 2015 年底进行了合并,成立了亚洲最大的集装箱运输线。
>
> 上海航运交易所数据显示,将一个 20 英尺的集装箱从欧洲运输到亚洲的现货价格连年下降。据德鲁里金融研究服务公司估计,全球航运公司预计将在 2016 年损失 52 亿美元(利息和税收计算之前),且是 2011 年以来最糟糕的一年。
>
> **思考**:分析国际金融与国际贸易、国际物流的关系,举例说明哪些因素会对国际物流产生影响?

1.1.2 外贸企业货物进出口流程

1. 货物出口流程

货物出口流程见表1-1。

表1-1 货物出口流程

报价	包括产品的质量等级、规格型号、是否有特殊包装要求、所购产品量的多少、交货期的要求、产品的运输方式、产品的材质等内容。比较常用的报价有船上交货FOB、成本加运费CFR、成本加保险费加运费CIF等形式
订货	主要对商品名称、规格型号、数量、价格、包装、产地、装运期、付款条件、结算方式、索赔、仲裁等内容进行商谈,并将达成的协议写入购货合同。通常情况下,购货合同应一式两份并由双方盖本公司公章生效,双方各保存一份
付款	比较常用的国际付款方式有三种:信用证付款方式、T/T付款方式和直接付款方式
备货	备货在货物出口流程中占据着到举足轻重的地位,其主要内容有:货物品质、规格应按合同的要求核实;保证满足合同或信用证对数量的要求;根据信用证规定,结合船期安排备货时间,以利于船货衔接
包装	可以根据货物的不同来选择包装形式,如纸箱、木箱、编织袋等。一般根据贸易出口通用的标准进行包装,或根据客户的特殊要求进行包装。对货物的包装和唛头应认真检查核实,使之符合信用证的规定
通关	目前我国进出口商品检验工作主要有四个环节:受理、抽样、检验、签发证书。凡列入"商检机构实施检验的进出口商品种类表"内的出口商品,经检验合格后,签发放行单,或在"出口货物报关单"上加盖放行章,以代替放行单。须由专业持有报关证的人员持报关单、发票、报关委托书、出口结汇核销单、出口货物合同副本、出口商品检验证书等文件去海关办理通关手续
装船	在出口货物装船过程中,可以根据货物的多少来决定装船方式,如可选择整装集装箱或者拼装集装箱,并根据购货合同所确定的险种来进行投保
保险	通常双方在购货合同中已事先约定运输保险的相关事项
提单	根据信用证要求的份数签发,一般是三份,出口商留两份,办理退税等业务,第三份寄给进口商用来办理提货等手续。进口商必须持正本提单、箱单、发票提取货物。若是空运货物,则可直接用提单、箱单、发票的传真件提取货物
结汇	货物装运后,出口公司即应按照信用证的规定,正确缮制单据,在交单有效期内,递交银行办理议付结汇手续

2. 货物进口流程

货物进口流程见表1-2。

表1-2 货物进口流程

提供单据	收货人向货代提供进口全套单据,包括:带背书的正本提单或电放副本、装箱单、发票、合同;货代查清承运船公司、船代,确认在哪里换取提货单(小提单);提前联系场站并确认提箱费、掏箱费、装车费、回空费
换单	货代在指定船代或船公司确认该船到港时间、地点,如需转船,确认双程船名;凭书的正本提单(电放可带电放传真与保函)去船公司或船代换取提货单
报检	检验检疫局根据"商品编码"中的监管条件,确认该票货是否要进行商检
报关	收货人可自行清关,也可委托货代、报关行清关;报关资料包括:带背书的正本提单(或电放副本)、装箱单、发票、合同、小提单;海关查验分为技术查验和随机查验,通关时间为一个工作日以内;如果是特殊货物,两三个工作日通关
办理设备交接单	货代凭带背书的正本提单去船公司或船代的箱管部办理设备交接单;设备交接单是集装箱进出港区、场站时,回箱人、运箱人与箱管人或其代理之间交换集装箱及其他机械设备的凭证,分进场和出场两种,交换手续均在码头堆场大门口办理。拼箱货凭船代业务部进口科的通知单到箱管部交纳进口单证费,然后可凭小提单和分单到码头直接提取货物,无须办理设备交接单

续表

提箱	货代凭小提单和拖车公司的提箱申请书到箱管部办理进口集装箱超期使用费、卸箱费、进口单证费等费用的押款手续;若押款人不是提单上所注明的收货人,押款人必须出具同意为收货人押款并支付相应费用的保函;押款完毕,经船代箱管部授权后到进口放箱岗办理提箱手续,领取集装箱设备交接单,并核对其内容是否正确;收货人拆空进口货物后,将空箱返回指定的回箱地点;空箱返回指定堆场后,收货人要及时凭押款凭证,到箱管部办理集装箱费用的结算手续
提货	货代或收货人凭小提单联系拖车去船代指定的码头、场站提取货物;押款人到箱管部办理集装箱押款结算手续;拼箱货需要到船公司或船代签取零散货分提单(分单),用小提单和分单到码头提取货物

1.2 国际货物运输的组织方式

1.2.1 国际货物运输方式

国际货物运输大部分通过海运,少部分通过铁路或公路运输,也有些货物通过管道运输或邮政运输;航空运输的货运量近几年来有较大幅度的增长,货物种类和范围也在不断扩大;随着经济的发展,多种运输方式组合的货运形式也在不断发展,如陆桥运输、国际多式联运、国际快递快运等。

1. 国际海上货物运输

国际海上货物运输是指使用船舶通过海上航道在不同的国家和地区的港口之间运送货物的一种运输方式。它主要承担大批量货物,特别是集装箱运输以及原料半成品等散货运输。

(1)国际海上货物运输的特点

①运输量大　船舶的载运能力远远大于火车、汽车和飞机,是运输能力最大的运输工具。主要原因是船舶向大型化发展,如50万~70万吨的巨型油船,16万~17万吨的散装船,30万~40万吨的铁矿石船,以及持续大型化的集装箱船。

②通过能力大　海上运输利用天然航道四通八达,不受轨道和道路的限制,其通过能力超过其他各种运输方式,还可随时改变航线驶往有利于装卸的目的港。

③运费低廉　船舶运量大,航道天然构成,船舶经久耐用且节省燃料,因此货物的单位运输成本相对低廉。据统计,海运运费一般约为铁路运费的1/5,公路运费的1/10,航空运费的1/30,这就为低值大宗货物的运输提供了有利的竞争条件。

④对货物的适应性强　海上货物运输基本上适应各种货物,如石油井台、火车、机车车辆等超重大货物,其他运输方式无法装运的货物船舶一般都可以装运。

⑤受自然气象条件因素影响大　由于季节、气候、水位等的影响,水运受制约的程度比较大,因而有些港口一年中中断运输的时间较长。

⑥运输速度慢　由于商船的体积大,水流阻力大,一般为18~28海里/小时,目前最快的集装箱船航行速度也仅能达到约30海里/小时,加之装卸时间长等其他因素的影响,所以货物的运输速度比其他运输方式慢。

⑦风险较大、安全性差　由于船舶海上航行受自然气候和季节性影响较大,所以遇险的可

能性比陆地、沿海要大。同时，海上运输还受社会风险，如战争、罢工、贸易禁运等因素的影响。

⑧搬运成本与装卸费用高　由于运能大，所以装卸作业量大。

(2)国际海上货物运输的作用

①国际海上货物运输是国际贸易运输的主要方式　通过能力大、运量大、运费低，对货物适应性强，加上特有的地理条件，使它成为国际贸易中主要的运输方式。国际贸易总运量的75%以上是利用海运完成的，我国的对外贸易运输中海运占90%以上。

②国际海上货物运输是国家节省外汇支付，增加外汇收入的重要渠道之一　在我国，运费支出一般占外贸进出口总额的10%左右，大宗货物所占比例更大。贸易中充分利用国际贸易术语，争取我方多派船，可以争取更多的外汇收入。

③发展海上运输业有利于改善国家的产业结构和国际贸易出口商品的结构　海上运输的基础是造船业、航海技术和掌握技术的海员。造船业的发展可带动钢铁工业、船舶设备工业、电子仪器仪表工业的发展，促进国家产业结构的改善，而且会改善国际贸易中的商品结构。

④海上运输船队是国防的重要后备力量　海上运输船队历来在战时都被作为后勤运输工具。正因为海上运输占有如此重要的地位，所以世界各国都很重视海上航运事业，通过立法加以保护，从资金上加以扶植和补助，在货载方面给予优惠。

2. 国际航空货物运输

(1)国际航空货物运输的特点

①运送速度快　航空线路不受地面条件限制，一般可在两点间直线飞行，航程比地面短得多，而且运程越远，快速的优势就越显著。

②安全准确　随着科技的进步，飞机安全性能增强，事故率降低。又因为航空运输管理制度比较完善，所以货物破损率低，可保证运输质量，如使用空运集装箱，则更为安全。飞机航行有一定的班期，可保证按时到达。

③手续简便　航空运输为了体现其快捷便利的特点，为托运人提供了简便的托运手续，也可以由货运代理人上门取货并为其办理一切运输手续。

④节省包装、保险、利息和储存等费用　因为空中航行的平稳性和自动着陆系统减少了货损的比率，所以可以降低包装要求；由于航空运输速度快，所以商品在途时间短、周期快，存货可相对减少，资金可迅速回收。

⑤受气候条件的限制　在一定程度上影响了运输的准确性。

⑥费用高　设施成本高，维护费用高，人员(飞行员、空勤人员)培训费高。

⑦运输能力小，运输能耗高　由于这种运输方式的优点突出，可弥补运费高的缺陷，加之保管制度完善、运量又小，货损货差较少，所以它一般适用于高附加值、小体积的物品运输。

(2)国际航空货物运输的作用

当今国际贸易有相当数量的洲际市场，竞争激烈，市场行情瞬息万变，时间就是效益。航空货物运输具有比其他运输方式更快的特点，可以提高商品的竞争能力；采用航空方式运输鲜活、易腐和季节性强的商品，既可保鲜成活，又有利于开辟远距离的市场，这是其他运输方式无法相比的；利用航空来运输精密产品、高价值商品，可适应市场变化快的特点，使商品快速周转、降低存货、迅速回收资金、节省储存和利息费用、弥补了运费高的缺陷；为了充分发挥航空运输的特长，在不能以航空运输直达的地方，也可以采用联合运输的方式，如常用的陆空联运等，使各种运输方式各显其长，相得益彰。

3.国际铁路货物运输

(1)国际铁路货物运输的特点

①准确性和连续性强 铁路运输几乎不受气候影响,一年四季可以不分昼夜地进行定期的、有规律的、准确的运输。因而,铁路运输要求严格的管理。

②速度比较快 一般货车可达 100 km/h 左右,随着高铁技术的推广,货运速度可达 200 km/h 以上,远远高于海上运输。

③运输量比较大 一列铁路货物列车一般能运送 3 000~5 000 t 货物,远远高于航空运输和汽车运输。但其设计容量一定,当市场运量急增时难以及时得到运输。

④通用性能好 可以运送各类不同的货物。

⑤安全性高,运行平稳 因而风险远比海上运输小。

⑥初期投资大 铁路运输需要占用土地,铺设轨道、建造桥梁和隧道,筑路工程艰巨复杂,需要消耗大量钢材、木材,其初期投资大大超过其他运输方式。

⑦固定成本很高,但变动成本相对较低 相较于公路运输,其成本、能耗较低,但近距离的运费较高。

⑧时间长,事故多 在长距离运输情况下,需要进行货车配车,中途停留时间较长;装卸次数较多,货物错卸或损失事故通常也比其他运输方式多。

综上所述,铁路运输主要适用于大宗低值货物的中、长距离运输;也较适于运输散装、罐装货物;还适于大量货物的一次性高效率运输。由于运费负担能力小,货物批量大,因此运输距离长的货物时运费较低。

(2)国际铁路货物运输的作用

①有利于发展同欧亚各国的贸易 通过铁路把欧亚大陆连成一片,为发展同中东、近东和欧洲各国的贸易提供了有利的条件。我国与朝鲜、蒙古、越南、独联体的进出口货物,绝大部分是通过铁路运输来完成的;我国与西欧、北欧和中东地区一些国家的货物运输也通过国际铁路联运来进行。

②有利于开展同港澳特别行政区的贸易,并通过香港进行转口贸易 铁路运输是我国内地联系港澳特别行政区并开展贸易的一种重要的运输方式。香港是世界著名的自由港,与世界各地有着密切的联系,定期航班较多,作为转口贸易基地,开展陆空、陆海联运,对我国发展与世界各国和地区的贸易具有重要作用。

③对进出口货物在港口的集散和各省、市之间的商品流通具有重要作用 我国幅员辽阔,海运进口货物大部分利用铁路从港口运往内地,海运出口货物大部分也由内地通过铁路向港口集中,因此铁路运输是我国国际货物运输的重要集散方式。

④利用欧亚大陆桥运输是必经之道 我国目前开办的西伯利亚大陆桥和新欧亚大陆桥的铁路集装箱运输,对发展我国与中东、近东及欧洲各国的贸易提供了便利的运输条件。

4.国际公路货物运输

(1)国际公路货物运输的特点

①机动灵活、简捷方便、应急性强 国际公路货物运输能深入到其他运输工具到达不了的地方,市场覆盖率高。适应点多、面广、零星、季节性强的货物运输,是实现集装箱在一定距离内"门到门"运输的最佳方式。

②港口集散的主力军　公路运输是空运班机、铁路衔接运输不可缺少的运输形式。
③投资少、收效快,但变动成本相对较高　因而通常运距短,单程货多。
④载重量小,受容积限制,劳动生产率低
⑤运输时震动较大,易造成货损事故　环境污染比其他运输方式严重得多。

(2) 国际公路货物运输的作用

公路运输作为独立的运输体系,可以完成进出口货物运输的全过程,是欧洲大陆国家之间进出口货物运输最重要的方式之一。我国的边境贸易运输、港澳货物运输,有相当一部分是靠公路运输独立完成的。集装箱货物通过公路运输实现国际多式联运,例如,美国陆桥运输、我国内地通过香港的多式联运都可以通过公路运输来实现。

5. 集装箱运输

集装箱运输是以集装箱作为运输单位进行货物运输的现代化运输方式,目前已成为国际上普遍采用的一种重要的运输方式。

(1) 集装箱运输的优越性

①对货主　减少了货物的损坏、偷窃和污染的发生,节省了包装费用,减少了转运时间和费用,也降低了内陆运输和装卸的费用,便于实现更迅速的"门到门"运输。
②对承运人　减少了船舶在港的停泊时间,加速了船舶的周转,更有效地利用运输能力,减少对货物的索赔责任。
③对货运代理　有更多的机会来发挥无船承运人的作用,增加了提供集中运输服务、分流运输服务、拆装箱服务、门到门运输服务和提供联运服务的机会。

(2) 集装箱运输的缺点

①受货载种类限制,航线上的货物流向不平衡,出现空载回航或箱量减少的情况。
②集装箱船和集装箱专用码头建设需要大量投资。
③受内陆运输条件的限制,无法充分发挥集装箱运输"门到门"的优势。
④标准化程度低的地区,转运过程不协调,造成运输时间延长,费用增加。
⑤各国集装箱运输相关法律、规章、手续及单证不统一,阻碍国际多式联运的开展。

6. 国际多式联运

国际多式联运是在集装箱运输的基础上产生和发展起来的,以集装箱为媒介,把海上运输、铁路运输、公路运输和航空运输等传统单一运输方式有机地联合起来,以完成国际货物运输。国际多式联运有如下优势:

(1) 手续简便,责任统一。在国际多式联运方式下,不论有几种运输方式共同参与,所有运输事项均由多式联运承运人负责办理。货主只需一次性办理托运,订立运输合同,支付运费,办理保险,取得联运提单。这种方式责任统一,一旦在运输过程中发生货物灭失或损坏,多式联运经营人对全程运输负责,而每一运输区段的分承运人仅对自己运输区段的货物损失承担责任。

(2) 减少运输过程中的时间损失,使货物运输更快捷。多式联运协调运作,能减少在运转地的时间损失和货物灭失、损坏、被盗的风险。通过多式联运经营人的联络和协调,各种运输方式的交接可连续进行,货运更快捷。

(3) 节省了运杂费用,降低了运输成本。集装箱运输的优点都体现在多式联运中,货物装箱后装上一程运输工具后即可用联运提单结汇,加快了资金周转速度,减少了利息损失,同时也节省了人、财、物资源,降低了运输成本。有利于减少货物的出口费用,提高了商品在国际市场上的竞争能力。

(4)提高了运输组织水平,实现了"门到门"运输,使合理运输成为现实。多式联运可以提高运输的组织水平,改善不同运输方式间的衔接工作,实现了各种运输方式的连续运输,可以把货物从发货人的工厂或仓库运到收货人的内地仓库或工厂。

在当前国际贸易竞争激烈的形势下,货物运输要求速度快、损失少、费用低,而国际多式联运适应了这些要求。国际多式联运是当前国际货物运输的发展方向,我国地域辽阔,更具有发展国际多式联运的潜力。

7. 邮包运输与国际快递

邮包运输是一种较简便的运输方式。各国邮政部门之间通过事先订立的协定和合约,邮件包裹可以相互传递,从而形成国际邮包运输网。由于其具有国际多式联运和"门到门"运输的性质,且手续简便,费用不高,故成为国际贸易中普遍采用的运输方式之一。

国际快递是指快件从一个国家到另一个国家的跨越国界的递送过程,即通过国家之间的边境口岸和海关对快件进行检验放行的运送方式。通常使用最快捷的运输工具,如空运结合陆运,将文件或包裹直接递送到收件人手中,以全新的运作方式和特殊服务,来满足商业发展的新需要。

8. 管道运输

管道运输是近几十年发展起来的一种新型运输方式,是依靠物体在管道内顺着压力方向顺序移动实现的。与其他运输方式的重要区别在于管道设备是静止不动的,并且主要担负着单向、定点、量大的流体状货物运输。目前,全球的管道运输承担着很大比例的天然能源物质的运输,包括原油、成品油、天然气、油田伴生气、煤浆等。

1.2.2 国际货物运输经营人

国际上从事对外贸易运输的机构基本上可归纳为三类:通常称之为"货主"的外贸部门或进出口商,即发货人或者收货人,其中一方是实际托运人;交通运输部门,即货物运输工作中的承运人;货运代理人,即根据货主的要求代办货物运输业务的机构。

1. 承运人

承运人是指专门经营海上、内河、航空、铁路、公路等客货运输业务的交通运输部门,如轮船公司、铁路或公路运输公司、航空公司等,它以提供大量的运输工具为社会提供运输服务。

(1)单一方式经营人。仅以一种运输方式提供货物运输服务,其专业化强,能够提供更高效的服务。航空公司、铁路承运人、公路承运人都是典型的单一方式承运人。

(2)专业承运人。由于小批量货物装运和交付存在价格偏高、服务质量低的问题,所以一些专门化服务的公司就进入小批量货运服务市场或者包裹递送服务市场。

(3)联运经营人。使用多种运输方式,在最低的成本条件下提供综合性物流服务。

2. 运输代理人

(1) 货运代理(Freight Forwarder)。接受货主委托,代表货主办理有关货物报关、交接、仓储、调拨、检验、包装、转运、订舱等业务的人,主要有订舱揽货代理、货物装卸代理、货物报关代理、转运代理、理货代理、储存代理、集装箱代理等。

(2) 船务代理(Shipping Agent)。接受承运人委托,代办与船舶有关的一切业务的人,主要业务有船舶进出港、货运、补给品供应及其他服务性工作等。

(3) 租船代理(Shipping Broker)。又称租船经纪人,是进行船舶租赁业务的人,在市场上为租船人寻找合适的运输船舶或为船东寻找货运对象,以中间人身份使租船人和船东双方达成租赁交易,从中赚取佣金。

(4) 咨询代理(Consultative Agent)。专门从事咨询工作,按委托人的需要,以提供有关国际贸易运输情况、情报、资料、数据和信息服务而收取一定报酬的人。

目前我国的国际货运相关代理业务没有经营权限的严格限制,很多船务代理也兼营货运代理,货运代理也兼营船务代理,个别还兼营租船经纪人与咨询代理的业务。

1.2.3 运输方式的选择与合理运输

1. 运输方式的选择

在选择运输方式时,除了考虑运输成本和运输速度外,还要考虑商品的性质、数量、运输距离、客户的具体要求、风险程度等多方面的因素。例如,鲜活商品要争取时间,贵重物品体积小但需要保险系数高,采取航空运输最合适;中转环节多的可利用集装箱以加速中转并避免货物的损坏;样品和宣传品可利用航空快递;大宗货物可租赁整船。

此外,多种运输方式的联合运输比单一方式运输能够为客户提供更快、风险更小的服务。随着集装箱运输的发展,海铁联运发展迅速,航空与公路联合运输、铁路公路联运、公路水路联运也得到了越来越多的应用。各种运输方式比较见表 1-3。

表 1-3　　　　　各种运输方式的经济性与技术性比较

运输方式	运载工具	运载量	运输成本	运输速度	连续性	灵活性	安全性
海上运输	船舶	最大	最低	最慢	最弱	最弱	较弱
铁路运输	火车	较大	长距离较低	较快	最强	较弱	较强
公路运输	汽车	较小	短距离较低	较快	较强	最强	最弱
航空运输	飞机	最小	最高	最快	较弱	较强	最强

2. 运输合理化

运输合理化就是按照商品流通规律、交通运输条件、货物合理流向、市场供需情况,行驶最短里程,历经最少环节,选用最合适的动力,耗费最低的费用,以最快的速度将货物从生产地运到消费地。即用最少的劳动消耗运输最多的货物,取得最佳的经济效益。

(1) 运输合理化的意义

①充分利用现有运输工具的装载能力和环境资源,提高运输效率,促进各种运输方式的合

理分工,以最少的社会运输劳动耗费,及时满足国民经济的运输需要。

②选择最佳的运输路线,减少运输环节,以最短的时间抵达,加速货物流通速度,既及时供应市场,又降低费用,加速资金周转,减少货损,取得良好的社会效益和经济效益。

③充分发挥运输工具的效能,节约运力和劳动力,消除运输中的种种浪费现象,提高商品的运输质量。

(2) 运输合理化的影响因素

运输合理化的影响因素很多,起决定性作用的有以下五方面的因素:

①运输距离　运输时间、货损、运费、车辆或船舶周转等技术经济指标都与运输距离有一定的关系,运输距离是运输是否合理的一个最基本因素。

②运输环节　每增加一次运输,不但会增加运费,还要增加装卸、包装等附属活动。因此,减少运输环节,尤其是同类运输工具的环节,对合理运输有促进作用。

③运输工具　各种运输工具都有其使用的优势领域,对运输工具进行优化选择,按运输工具的特点进行作业,发挥所用运输工具的作用,是运输合理化的重要一环。

④运输时间　运输是物流过程中需要花费较多时间的环节,尤其是远程运输,因此,运输时间的缩短对整个流通时间的缩短有决定性作用。缩短运输时间,有利于加速运输工具的周转,有利于充分发挥运力,有利于货主资金的周转,有利于运输线路通过能力的提高,对运输合理化有很大贡献。

⑤运输费用　运输费用的降低,无论对货主企业还是对物流经营企业,都是运输合理化的一个重要目标。

(3) 运输合理化的有效措施

运输合理化的有效措施包括:合理选择运输方式和运输工具;正确选择运输路线;提高货物包装质量并改进包装方法;采用大吨位运输工具,混合配送、轻重搭配、注重堆码技术,充分利用运输工具的装载能力,减少运力投入;发展直达运输和社会运输系统;提倡零担货物拼整车直达或接力或中转分运、整车分卸等。

1.3　国际货运代理

在国际贸易中,货主必须选择最佳的运输方式和工具、最好的承运人,以最低廉的运费实现货物的安全、便捷运输并节省费用,降低成本。但限于货主的人力、物力、财力以及由于不熟悉托运、提货、存储、报关和保险等环节的流程而造成损失,国际货运代理(International Freight Forwarding Agent)行业应运而生。

1.3.1　国际货运代理业务

在我国《国际货物运输代理业管理规定》中国际货运代理业被定义为:"接受进出口业务货物收货人、发货人的委托,以委托人的名义或者以自己的名义,为委托人办理国际货物运输及相关业务并收取服务报酬的行业。"国际货运代理具有组织协调职能、专业服务职能、沟通控制职能、咨询顾问职能、降低成本职能、资金通融职能。

1. 业务范围

国际货运代理简称货代，通常接受客户的委托完成货物运输的某一个环节或与此有关的其他环节，可直接或通过货运代理及其雇佣的其他代理机构为客户服务，也可以利用其海外代理人提供服务。其主要服务内容包括：

(1) 代表发货人(出口商)。选择运输路线、运输方式和承运人；向承运人订舱；提取货物并签发有关单证；研究信用证条款和所有政府的规定；包装、储存、称重和量尺码；安排保险；办理货物集港后的报关及单证手续，并将货物交给承运人；进行外汇交易；支付运费及其他费用；收取已签发的正本提单，交付发货人；安排货物转运；通知收货人货物动态；记录货物灭失情况；协助收货人向有关责任方进行索赔。

(2) 代表收货人(进口商)。报告货物动态；接收和审核所有与运输有关的单据；提货和支付运费；安排报关和付税及其他费用；安排运输过程中的存仓；向收货人交付已结关的货物；协助收货人储存或分拨货物。

(3) 提供拼箱服务。在集运和拼箱服务中担负起委托人的作用，收、发货人不直接与承运人联系。对承运人来说，货代是发货人，而货代在目的港的代理是收货人。

(4) 作为多式联运经营人。收取货物并签发多式联运提单，承担承运人责任，对货主提供一揽子运输服务。

(5) 其他服务。根据客户的特殊需要进行监装、监卸、混装和集装箱拼装、拆箱及运输咨询服务等；特种货物装挂运输服务及海外展览运输服务等。

2. 国际货运代理的分类

国际货运代理从不同的角度有多种分类方式，以下我们主要从两个角度来分类：

(1) 以运输方式为标准划分。水运代理、空运代理、陆运代理、联运代理。

(2) 以代理业务的内容为标准划分。国际货物运输综合代理、国际船舶代理、国际民用航空运输销售代理、报关代理、报检代理。

1.3.2 货运代理人的性质与责任

1. 货运代理人的性质

货运代理人目前的身份主要有传统的国际货运代理人，无船承运人，国际联运经营人和物流经营人四种，其法律地位是各不相同的，享有的权利、承担的责任和履行的义务也相应不同。基于不同的角度，国际货运代理人可划分为不同的类型。按法律特征的不同，国际货运代理可以分为以下三种类型：

(1) 居间人型。其经营收入来源为佣金，即作为中间人，根据委托人的指示和要求，向委托人提供订约的机会或进行订约的介绍活动，在成功地促成双方达成交易后，有权收取相应的佣金。这种类型的企业一般规模小、业务品种单一。

(2) 代理人型。其经营收入来源为代理费。根据代理人开展业务活动中是否披露委托人的身份，可再细分为以下两种类型：

①披露委托人身份的代理人　即代理人以委托人名义与第三方发生业务关系。

②未披露委托人身份的代理人　即代理人以自己名义与第三方发生业务关系。

(3) 当事人型。也称委托人型、独立经营人型。其经营收入的来源为运费或仓储费差价，即已突破传统代理人的界线，成为独立经营人，具有了承运人或场站经营人的功能。

在实际业务中，根据需要与可能，国际货运代理人总是力图同时兼有居间人型、代理人型和当事人型等多种功能，以便能向委托人提供全方位的服务，因此，现代国际货运代理人大多具有多重角色。

2. 货运代理人的责任

当今的货代市场竞争非常激烈，货运代理人的经营范围也向能够提供更多增值服务的物流企业转型，由于提供的服务类型复杂多样，其作为代理人的法律地位以及应承担的责任也趋于复杂。

(1) 以纯粹代理人身份出现时的责任划分。作为代理人，在货主和承运人之间牵线搭桥，由货主和承运人直接签订运输合同，货代收取佣金。当货物发生灭失或损坏时，货主可以直接向承运人索赔。

(2) 以当事人身份出现时的责任划分
①货代以自己的名义与第三人（承运人）签订合同。
②在安排储运时使用自己的仓库或者运输工具。
③安排运输、拼箱集运时收取差价。
上述三种情况对于托运人来说，货运代理人应当承担承运人的责任。

(3) 以无船承运人的身份出现时的责任划分。当货运代理人从事无船承运业务并签发自己的无船承运人提单时，便成了无船承运经营人，被视为法律上的承运人，兼有承运人和托运人的性质。

(4) 以多式联运经营人的身份出现时的责任划分。负责多式联运并签发提单时便成了多式联运经营人（MTO），是法律上的承运人。

(5) 以"混合"身份出现时的责任划分。货运代理人从事的业务范围较为广泛，除了代委托人报关、报检、安排运输外，有的还以自己的车辆、船舶、飞机、仓库及装卸工具等来提供服务，或在陆运阶段为承运人，在海运阶段为代理人。对于货运代理人的法律地位的确认，应视具体情况具体分析。

(6) 以合同条款为准的责任划分。在不同国家的标准交易条件中，往往详细规定了货运代理的责任。通常，这些标准交易条件被结合在收货证明或由货运代理人签发给托运人的类似单证里。

3. 货运代理人的除外责任

如果货物的灭失或损害由于下列原因所致，货运代理人不负责任：
(1) 由于委托方的疏忽或过失。
(2) 由于委托方或其他代理人在装卸、仓储或其他作业过程中的过失。
(3) 由于货物的包装不牢固、标志不清。
(4) 由于货物的自然特性或潜在缺陷。
(5) 由于货物送达地址不清楚、不完整、不准确。
(6) 由于货物内容申述不清楚、不完整。
(7) 由于不可抗力、自然灾害、意外原因。

拓展资讯

中国货代物流行业如何搭上中欧这趟班列？

能力培养

一、名词解释
国际货运代理

二、简答题
1. 国际货物运输有什么特点？
2. 简述外贸进出口的基本流程。
3. 简述国际货物的运输方式。
4. 简述国际货物运输代理人的类型。
5. 影响运输合理化的因素有哪些？
6. 简述国际货运代理人的业务范围。

三、案例分析
我国某贸易公司委托某货运代理公司办理一批从我国某港运至韩国某港的危险品货物。贸易公司向货运代理公司提供了正确的货物名称和危险品货物的性质，货运代理公司为此签发其公司的 HOUSE B/L（货代提单）给贸易公司。随后，货运代理公司以托运人的身份向船公司办理该批货物的订舱和出运手续。该货运代理公司对贸易公司和船公司而言，分别处于何种法律地位？

四、实训项目
下列货物应采用何种运输方式？比较方案，说明理由。

鲜花从荷兰运到北京；煤炭从俄罗斯运到中国；新鲜蔬菜从深圳运到香港；钢材从海参崴运到广州；化肥从美国西海岸运往大连；急救药从德国运往上海；大连养殖裙带菜运往日本；青岛鲜虾运往新加坡。

情境 2
运输保险基础知识

【学习目标】

【知识目标】

了解保险的种类、保险单的类型及作用;掌握保险的六大基本原则。

【能力目标】

能够对货运保险事故进行正确的索赔。

【技能目标】

会填写货物运输投保单;会计算货物运输的保险金额与保险费。

情境引导

运输保险基础知识

国际货物运输保险	保险的内涵与种类	保险的内涵与起源:内涵;起源
		保险的种类:财产保险、责任保险、信用保证保险、人身保险等
	保险的基本原则	可保利益原则:内涵;构成要件;可保利益的确定;在国际贸易中的应用
		最大诚信原则:告知;陈述;保证;弃权与禁止反言
		损失补偿原则:损失补偿的限制;损失补偿的方式
		代位追偿原则:代位追偿的含义、构成要件;委付的含义、成立的条件
		重复保险的分摊原则:比例责任制;独立责任制;顺序责任制
		近因原则:近因的定义;近因原则的内涵;近因原则的运用
	保险合同单证	投保单、暂保单、保险单、保险凭证、联合保险凭证、预约保单等
	货运险投保及理赔实务	投保:投保单的主要内容
		保险费的计算:保险金额;保险费
		索赔:损失通知;索赔声明与代位追偿;施救;索赔单证;索赔时效

2.1 保险的内涵、起源与种类

2.1.1 保险的内涵与起源

从社会的观点看,保险是一种经济补偿制度,它按科学的方法计收保险费,建立保险基金,利用"分散风险,分摊损失"的方法对参加保险的少数被保险人由于特定灾害事故所造成的损害或责任给予经济补偿,或对人身伤亡给付保险金。

从法律的观点看,保险是一种补偿契约关系。一方面保险人必须向被保险人交纳保险费;另一方面保险人应对被保险人将来可能遭受的损失依合同规定承担经济赔偿责任。

公元前 2000 年,地处欧亚要冲的地中海东岸的爱琴海沿岸城市和濒临小亚细亚半岛南岸的罗德岛已有广泛的海上贸易活动。由于当时生产力水平低下,所以船舶出海的风险很大,船舶一旦遭遇巨大风浪,为免遭倾覆,最有效的办法就是抛弃货物,以减轻船舶的载重量。为使被抛货物能从其他得益方获得补偿,规定"凡因减轻船舶载重投弃入海的货物,如为全体利益而损失的,须由全体来分摊"。至今,这个分摊原则仍为各国海商法所采用,它体现了海上保险分摊损失、互助共济的要求,被视为海上保险的萌芽。

2.1.2 保险的种类

按照不同的划分标准,保险可划分为不同的种类,见表 2-1。

表 2-1　　　　　　　　　　　　　　　保险的种类

划分标准	保险种类	保险内容
按照保险保障标的划分	财产保险	以财产及其相关利益为保险标的,如以运输工具和运输途中的货物为标的的保险等
	责任保险	以被保险人的民事损害赔偿责任作为保险对象,常见的有公众责任保险、产品责任保险、雇主责任保险、职业责任保险。例如,附加在船舶保险中的碰撞责任、油污责任、旅客责任的保险;附加在汽车保险中的第三者责任保险等
	信用保证保险	实质上是一种担保业务,由保险公司承担信用风险。按担保对象不同,又可分为保证保险与信用保险。由债务人投保债权人利益的称为保证保险,如履约保证保险;由债权人为保障自己的债权利益所投保的称为信用保险,如出口信用保险
	人身保险	以人的寿命和身体为保险标的的保险,包括人身意外伤害保险、健康保险、人寿保险三种
按业务关系发生顺序划分	原保险	发生在保险人和投保人之间的保险行为称为原保险
	再保险	又称"分保",是保险人通过订立合同,将自己已经承保的风险,转移给其他保险人,以降低自己所面临的风险的保险行为。典型实例就是卫星发射再保险
是否以赢利为目标	商业保险	按商业原则经营,以营利为目的的保险形式,由专门的保险企业经营
	社会保险	由国家通过立法手段对公民强制征收保险费,形成保险基金,用以对其中因年老、疾病、生育、伤残、死亡和失业而导致丧失劳动能力或失去工作机会的成员提供基本生活保障的一种社会保障制度

续表

划分标准	保险种类	保险内容
保障的主体	个人保险	为满足个人和家庭需要,以个人作为承保单位的保险
	团体保险	用一份总的保险合同,向一个团体中的众多成员提供人身保障的保险
保险主体的意愿	自愿保险	投保人和保险人在平等互利、等价有偿原则的基础上,通过协商,采取自愿方式签订保险合同所建立的保险关系
	强制保险	又称法定保险,是指根据国家的法律和法规,凡是在规定范围内的单位或个人,无论愿意与否都必须参加的保险

2.2 保险的基本原则

2.2.1 可保利益原则

1. 可保利益的内涵

可保利益原则是保险法中的一个重要原则,早期的英国保险判例中对可保利益的法理基础有不同看法,主要有三种理论:法定关系说、实际利益说、存在合法关系的实际利益说,后者为《1906年海上保险法》所采纳。存在合法关系的实际利益说似乎更为合理,它认为可保利益的存在不但需要对经济利益的预期,也需要合法的利益关系,即"双重验证理论",要求可保利益是"法定关系"和"实际利益"的统一,二者缺一不可。

2. 可保利益的构成要件

(1)可保利益必须是法律上承认的利益。非法利益不得作为可保利益;同样,法律上不予保护的利益也不构成可保利益。

(2)可保利益是客观的利益。指已经确定或可以确定的利益,其不仅限于现有利益,期待利益(如货物的预期利润)和偶然利益(如买方拒收货时卖方重新获得货物的占有权利益)也可以作为可保利益。

(3)可保利益是一种可估价的经济利益。保险的实质是对被保险人遭受的经济损失给予补偿。因此,可保利益应能做出合理的金钱估价,否则,无从确定保险人的赔付责任。

3. 可保利益的确定

(1)确定可保利益的时间。保险合同经常在商品交易正式成立之前签订,传统上并不要求被保险人投保时对保险标的享有可保利益,只要他有得到该利益的可能性即可。损失发生时,被保险人必须具有可保利益,否则,将得不到保险人的赔偿。

(2)确定具有可保利益的人。可保利益在本质上应是对保险合同中的受益方的要求,即对保险标的具有经济上的利益的人。中国保险法规定,投保人或被保险人应当具有可保利益。台湾地区的保险法规定,投保人和被保险人都必须具有可保利益。

(3)可保利益的转让。可保利益应与保险单一起转让,否则,便失去存在的前提。并且,除非保险单中明文规定禁止转让,海上保险单可以在损失发生前或发生后转让。

4. 可保利益原则在国际贸易中的应用

买卖双方对货物是否具有可保利益是由双方承担的货物在运输途中的风险决定的。贸易术语具体规定了买卖双方对运输途中的货物承担的责任、费用和风险。

(1) 工厂交货(……指定地点)(EXW)。工厂交货属于原产地交货的贸易术语。卖方一般无须办理货物的运输保险,而买方必须办理将货物从指定地点运送到买方仓库的运输保险,对货物在运输途中所受的损失,买方可向保险人提出赔偿要求。

(2) 目的港船上交货(……指定港口)(DES),目的港码头交货、关税已付(……指定港口)(DEQ),目的地未完税交货(……指定地点)(DDU),目的地边境交货(……指定地点)(DAF),目的地完税后交货(……指定地点)(DDP)。以上术语均属于到货合同的贸易术语。卖方于规定日期或期间内,在目的港船上、目的港码头、边境或指定目的地约定地点将货物置于买方支配之下,风险即告转移。此前的风险由卖方承担,卖方对货物享有可保利益,可办理投保;在货物置于买方支配下之后,风险随即转移给买方,此后买方对货物享有可保利益,可向保险公司办理投保。

(3) 装货港船边交货(FAS)。卖方承担的货物风险责任至货物运送到起运港船边为止,期间卖方对货物享有可保利益,从卖方仓库至起运港的内陆运输风险,应由卖方投保陆上运输险。买方从货物有效地交到船边开始对货物享有可保利益,投保后对该阶段发生的损失可向保险公司索赔。

(4) 装运港船上交货(FOB)和成本加运费(CFR)。卖方承担货物在装运港越过船舷之前的风险,应自行办理投保,或委托买方在保险时代保。按照习惯做法,在 FOB 和 CFR 条件下,是由买方负责投保海上货物运输保险的,保险公司对买方所负的赔偿责任,仅限于货物在起运港有效地越过船舷以后,由承保风险所造成的损失。因此,在这两种条件下,是两张保单保了一个全程"仓至仓"。

(5) 成本加运费、保险费(CIF)。买卖双方关于货物风险转移时间的规定及可保利益的转移时间与 FOB、CFR 相同,也是从货物在起运港有效地越过船舷时转移的;但不同的是,在 CIF 条件下,卖方以自己的名义投保海上货运险,当货物越过船舷后,卖方以背书的方式将保险单的权利转移给买方。因此,货物自发货人仓库运出至越过船舷以前,这一段时间发生的损失,除了卖方可向保险公司提出索赔之外,买方也可以凭背书转让的保险单向保险公司索赔。

2.2.2 最大诚信原则

最大诚信原则是指在保险合同签订和履行过程中,双方均应本着绝对的诚意办事,恪守信用,互不隐瞒和欺骗。签订保险合同时,无论是否被问及,双方均应主动把与保险标的有关的重要情况向对方进行充分、正确的披露。最大诚信原则主要涉及以下四个方面:

1. 告知

告知是指被保险人在投保时把所知道的有关保险标的的重要事项告诉保险人。所谓重要事项,是指一切可能影响保险人做出是否承保以及确定保险费率的有关情况。若投保时被保险人对重要事项故意隐瞒,即构成不告知。对于不告知的法律后果,我国海商法有下列规定:如果被保险人的不告知是故意所为,保险人有权解除合同,并且不退还保险费,合同解除前发生保险事故,造成损失的,保险人不负赔偿责任。如果被保险人的不告知不是故意所为,保险人有权解除合同或者要求相应增加保险费。保险人解除合同的,对于合同解除前发生保险事故造成的损失,保险人应当负赔偿责任,但是,未告知或者错误告知的重要情况对保险事故的发生有影响者除外。

各国保险立法关于投保人告知义务的形式有两种:

(1) 无限告知。即投保人应自动将所知道的与保险标的有关的一切重要事实告知保险人,我国海商法采用的是无限告知义务。

(2) 询问回答告知。即保险人在投保单上所询问的事项,均视为重要事实,投保人只需逐项如实回答,即认为已履行告知义务,我国保险法采取的是询问回答告知形式。

2. 陈述

陈述是指在保险合同的磋商过程中,由投保人或被保险人将其所知悉的与保险标的有关的事实,向保险人所做的说明。陈述有口头和书面两种类型,书面形式的陈述如与保险单内记载的不同,陈述应被视为一种明示保证,被保险人必须严格遵守,如有违法,不论其重要性如何,保险人均有权自违反之日起解除合同。

3. 保证

保证又称担保,是指被保险人在保险合同中保证要做或不做某种事情,保证某种情况的存在或不存在,或保证履行某一项条款等。

保证可以分为明示保证和默示保证两种,明示保证是指在保险单内明文表示的保证;默示保证是指在保险单内虽未明文规定,但是按照法律或惯例,不言而喻地必然包括在保险单内的保证。

4. 弃权与禁止反言

(1) 弃权。合同一方以明示和默示的方式表示放弃其在保险合同中可以主张的权利,包括解约权和抗辩权。

(2) 禁止反言。合同的一方既然已放弃在保险合同中可以主张的某种权利,日后便不得再向他方主张该种权利。

2.2.3 损失补偿原则

损失补偿原则是指在保险标的遭受保险责任范围内的损失时,保险人应按照合同规定履行全部赔偿责任,但保险人的赔偿金额不得超过保险单上的保险金额或被保险人遭受的实际损失,即不能超过被保险人对保险标的所具有的可保利益,被保险人不能因保险赔偿而获得额外的利益。此外,还受到保险合同中约定的其他一些限制,如免赔额、赔偿限额、按比例投保因而按比例赔偿的限制等。

1. 损失补偿的限制

(1) 以实际损失为限。保险人支付的赔款不得超过被保险人的实际损失,实际损失应根据发生损失时财产的市场价值(定值保险和重置价值保险除外)来确定,以防止被保险人因保险事故而额外获利。实际损失的确定方法有以下几种:

①按市场价格确定　如果保险标的遭受损毁,保险人可以按同等类型以及新旧程度的物品的市场价格来确定保险标的的实际损失,将其作为补偿的依据。

②按恢复原状所需的费用确定　保险标的遭受部分损失时,多数情况下可修复,因恢复原状所需费用,应视为被保险人遭受的实际损失。如果恢复后的形态和使用功能与原状有差异,则提高价值的部分从保险赔款中扣除,未及的部分从保险赔款中补偿。

③按重置成本减折旧确定　当保险标的发生损失时,可能在市场上找不到同类物品,这时可以用当时的实际造价减去折旧的方法来确定保险标的的实际损失。

(2)以保险利益为限。被保险人对遭受损失的财产具有保险利益是索赔的基础,保险利益是保险保障的最高限度,故所获得的赔款也不得超过其对受损财产具有的保险利益。

(3)以直接损失为限。除非合同另有约定,保险赔偿只负责保险合同承保范围中被保险人的直接经济损失。因保险事故发生而造成的间接损失保险人一般不负赔偿责任。

(4)以保险金额为限。保险金额是投保人对保险标的的实际投保金额,它是保险单上规定的保险人承担赔偿或给付责任的最高限额。在投保财产险时,可采用不定值保险和定值保险两种形式。

不定值保险又分为足额保险、不足额保险和超额保险。足额保险是指保险金额与保险标的的实际价值相等,赔偿金额即按实际损失赔偿;不足额保险指保险金额小于保险标的的实际价值,即使实际损失高于保险金额,赔偿金额也不能超过保险金额;超额保险指投保的保险金额大于保险标的的实际价值,赔偿金额不能超过保险标的的实际价值。

定值保险是指投保时,双方对保险标的的价值加以约定,并以这个价值作为保险金额投保。当保险标的发生承保责任范围内的损失时,保险人则以这个确定的价值作为计算赔偿金额的依据,不再核实标的受损时的实际价值。因此,定值保险的赔偿金额是在保险金额的限度内按实际损失赔偿,最高赔偿金额不得超过双方约定的保险金额。海运货物保险一般采用定值保险。

2. 损失补偿的方式

财产保险赔偿金额的计算除了受保险金额、保险价值和实际损失金额三个因素影响外,还与合同中约定的赔偿方式有很大关系。

(1)第一损失赔偿方式。第一损失是指保险金额限度内的损失;超过保险金额的损失称为第二损失。第一损失赔偿方式即在保险金额限度内,按照实际损失赔偿。超过保险金额之外的损失,不予赔偿。即第一损失由保险人完全负责,第二损失由被保险人自己负责。

由于保险标的遭受损失往往是局部性的,所以采取第一损失赔偿方式对被保险人较有利,而保险人所承担的责任更大。因此,采用这种方式的保险合同,其费率要略高于采取比例赔偿方式的保险合同。在我国主要适用于家庭财产保险。

(2)比例赔偿方式。当保险事故发生后,按照保险金额与损失时保险标的的实际价值比例计算赔偿金额,适用于不足额保险。对于超额保险和足额保险,由于保险金额大于或等于保险价值,故保障程度为百分之百,赔偿金额等于损失金额。其计算公式为

$$赔偿金额 = 损失金额 \times 保险金额 / 损失时保险标的的实际价值$$

(3)限额赔偿方式。指保险人仅在损失超过一定限额或未达到一定限额时才负赔偿责任。

(4)固定责任赔偿方式。保险人在订立保险合同时规定保险保障的标准限额,保险人只对实际价值低于标准保障限额之差予以赔偿。这种方式通常适用于农作物保险。

(5)免赔限额赔偿方式。保险人事先规定一个免赔限额,在损失超过该限额时才予以赔偿。按免赔方式不同又分为绝对免赔和相对免赔。绝对免赔方式是当保险标的的损失程度超

过规定免赔限额时,保险人只对超过限额的那部分损失予以赔偿;相对免赔方式是当保险标的的损失程度超过规定的免赔限额时,保险人按全部损失予以赔偿。从保险人的角度看,这种方式有可能鼓励被保险人提高损失额。因此,这种方式在实践中用得不多,主要用于海洋运输和农作物保险。

2.2.4 代位追偿原则

1. 代位追偿的含义

代位追偿权(Right of Subrogation)是指因第三者对保险标的的损害负有责任,保险人自向被保险人赔偿保险金之日起,在赔偿金额范围内取代被保险人的地位行使被保险人对第三者请求赔偿的权利。保险人的代位追偿权有两种,一是权利代位,即代位求偿权;二是物上代位权,即在保险标的遭受保险事故的损失后,保险人一旦全额履行了对被保险人的赔偿义务,即取得受损标的的所有权,如委付。代位追偿只适用于财产保险,不适用于人身保险,在海上货物运输保险中较为常见。

2. 代位追偿的构成要件

(1) 保险标的损失的原因是保险责任事故。
(2) 保险事故的发生应由第三者承担责任,否则被保险人不具有对第三者的赔偿请求权,也就不可能向保险人转移其赔偿请求权。
(3) 被保险人要求第三者赔偿,这既是代位的条件,也是保险人赔偿的条件。如果被保险人不要求第三者赔偿,第三者就不存在债务,代位就没有基础;如果在保险事故发生以后、保险人赔偿保险金之前,被保险人放弃对第三者请求赔偿的权利,那么保险人不承担赔偿责任;如果在保险人向被保险人赔偿保险金后,被保险人未经保险人同意放弃对第三者请求赔偿的权利,则该行为无效。
(4) 保险人必须事先向被保险人履行赔偿责任,这是保险人取得代位求偿权的时间条件,保险人尚未履行义务时无权取得代位求偿权。
(5) 保险人只能在赔偿金额限度内行使代位求偿权,如保险人向第三者追偿取得的款项超过赔偿金额,其超过部分须归还被保险人。在被保险人转让索赔权后,对于未完全获得补偿的部分,被保险人可以继续向第三者请求赔偿,并不妨碍保险人代位追偿权的行使。

3. 委付的含义

当保险标的的损失程度符合推定全损(见2.4.1)时,被保险人表示愿意将其对保险标的的一切权利和义务转移给保险人,要求保险人按照全部保险金额进行赔付的法律行为称为委付。

委付一经成立,对保险双方均产生约束力。被保险人有权要求保险人按合同约定的保险金额全额赔偿,同时必须将保险标的的一切权利和义务转移给保险人。

4. 委付成立的条件

(1) 保险标的推定全损。
(2) 必须就保险标的的全部提出委付要求。

(3) 必须经保险人承诺方为有效。保险人可以选择是否接受,一经接受,不得撤回。
(4) 被保险人必须在法定时限内提出委付申请。
(5) 被保险人必须将保险标的的一切权利和义务转移给保险人,不得附加条件。

2.2.5 重复保险的分摊原则

重复保险是指被保险人对同一保险标的就同一风险向几个保险人重复订立合同,而使该保险标的的保险金额总和超过保险标的的实际价值。

在善意重复保险的情况下,被保险人所能得到的赔偿金由各保险人采用适当的方法进行分摊,赔偿金额不得超过实际损失额。分摊的目的是为了防止被保险人利用重复保险额外获利,这一原则只适用于财产保险,是损失补偿原则的派生原则。分摊的方式有:

1. 比例责任制(比例分摊主义)

以各保险人承保的保险金额占保险金额总和的比例来分摊,其计算公式为

A 分摊的赔偿责任＝A 承保的保险金额/所有保险人承保的保险金额总和×损失金额

2. 独立责任制(限额责任制)

假设不存在重复保险,以各保险人在没有其他保险人的情况下,各自单独承保时应负的赔偿责任限额与各保险人应负赔偿限额总和的比例来分摊赔款。这种方式与比例责任制的区别在于计算比例的基础不同,比例责任制的计算基础是保险金额,限额责任制的计算基础是独立责任限额。

3. 顺序责任制(先来后到主义)

根据各保险人出立保单的先后顺序来确定赔偿责任。即先出单的保险人首先在其保险金额限度内负责赔偿,当损失金额超出其保额时,再由其他保险人按照承保时间的先后顺序在有效保额内依次赔偿。

第一种方法按照保险金额的比例分摊损失,实际上是按每个保险人收取保险费的比例来承担相应的赔偿义务,能较好地体现权利与义务对等的原则,因此被许多国家保险理赔所采用。我国保险法也规定一般采用比例责任制的分摊方法。

2.2.6 近因原则

1. 近因与近因原则的定义

(1) 近因。近因是指引起保险标的损失的直接的、有效的、起决定作用或支配作用的因素。各国在保险立法和实务中普遍认同近因不一定指与损害发生时间或空间关系最接近的原因,而是要对损失结果起决定作用的原因。

(2) 近因原则。保险赔偿和保险金给付的先决条件是,造成保险标的损失的近因必须是保险责任事故。若造成保险标的损失的近因属于保险责任范围内的事故,则保险人承担赔付责任;反之,若造成保险标的损失的近因属于责任免除,则保险人不负赔付责任。若兼有保险责

任和责任免除,则按不同情况分别处理。

2. 近因原则的运用

要确定近因,首先要确定损失的因果关系,基本方法有从原因推断结果和从结果推断原因两种方法。从近因认定和保险责任认定来看,可分为下述情况:

(1)损失由单一原因所致。若保险标的损失由单一原因所致,则该原因即近因,若该原因属于保险责任事故,则保险人应负赔偿责任;反之,若该原因属于责任免除,则保险人不负赔偿责任。

(2)损失由多种原因所致

①多种原因同时发生 同时发生是指同时存在、共同作用造成损失,不一定在时间上同始同终,各原因之间没有前后继起的关系。如果同时发生导致损失的多种原因均属保险责任,保险人应负全部损失赔偿责任;如均属责任免除,则保险人不负任何损失赔偿责任;若多种原因不全属保险责任,则对于能区分保险责任和责任免除的,保险人只负保险责任范围所致损失的赔偿责任;对于不能区分的,有的学者主张不予赔付,有的主张按公平原则分摊。

②多种原因连续发生 连续发生是指各种原因依次发生,后因是前因的必然结果,是前因的合理的连续,各种原因之间的因果关系没有中断,这种情况下,以最先发生的原因为近因。如果连续发生导致损失的多种原因均属保险责任,则保险人应负全部损失赔偿责任,如均属责任免除,则保险人免责。在多种原因不全属保险责任情况下,若前因是保险责任,而后因属于责任免除,由于近因属于保险责任,所以保险人负赔偿责任;若前因是责任免除,而后因属于保险责任,由于近因属于责任免除,所以保险人不负赔偿责任。

③多种原因间断发生 导致损失的原因有多个,它们是间断发生的。在一连串发生的原因中,有一项新的独立的原因介入,使原有的因果关系链条断裂,并导致损失,则新介入的独立原因是近因。若近因属于保险责任范围,则保险人应负赔偿责任;反之,若近因不属于保险责任范围,则保险人免责。

2.3 保险合同

2.3.1 保险合同的定义

保险合同是指保险人(保险公司)和投保人(公民、法人)之间关于承担风险的一种民事协议。根据该协议来明确投保人与保险人之间的权利、义务关系,即由投保人向保险人缴纳保险费,保险人则应在约定的保险事故发生后,对事故造成的财产损失承担经济赔偿责任,或者在约定的人身保险事件如被指定的人死亡、伤残、疾病出现时,或期限届满如达到合同约定的年龄时,履行给付保险金的义务。

2.3.2 保险合同的形式

我国保险合同的书面形式主要包括投保单、暂保单、保险单、保险凭证、联合保险凭证、预约保险单以及其他书面协议形式。

1. 投保单（Application Form）

投保单是投保人向保险人申请订立保险合同的书面要约。投保单本身并非正式合同文本，一经保险人接受后，即成为保险合同的一部分。

2. 暂保单（Binding Slip）

暂保单是保险人或其代理人在正式保险单签发之前出具给被保险人的临时保险凭证。其内容比较简单，只载明被保险人的姓名或名称、承保危险的种类、保险标的等重要事项。

3. 保险单（Insurance Policy）

保险单俗称"大保单"，是保险人与投保人订立保险合同的正式书面凭证，由保险人制作、签章并交付给投保人。海上保险最常用的有船舶保险单、货物保险单、运费保险单、船舶所有人责任保险单等，其内容除载明被保险人、保险标的、运输工具、险别、起讫地点、保险期限、保险价值和保险金额等项目外，还附有保险人责任范围以及保险人和被保险人的权利、义务等条款。保险单是被保险人向保险人索赔的正式文件，也是保险人理赔的主要依据。

4. 保险凭证（Insurance Certificate）

保险凭证俗称"小保单"，是保险人出具给被保险人以证明保险合同已有效成立的文件，它不印刷保险条款，只印刷承保责任界限，以保险公司的保险条款为准，是一种简化的保险单，与保险单具有相同的效力。

5. 联合保险凭证（Combined Insurance Certificate）

利用商业发票并在其上面加盖保险章，注明保险编号、险别、金额、装载船名、开船日期等，以此作为保险凭证，称为联合保险凭证。它与保险单具有同等效力，但不能转让。

6. 预约保险单（Open Policy）

预约保险单是保险人承保被保险人在一定时期内发运的、以 CIF 价格条件成交的出口货物或以 FOB、CFR 价格条件成交的进口货物的保险单。载明保险货物的范围、险别、保险费率、每批运输货物的最高保险金额以及保险费的结算办法等。凡属于预约保险范围内的进出口货物，一经起运，即自动按预约保险单所列条件承保，但被保险人在获悉每批保险货物起运时，应立即以起运通知书或其他书面形式将该批货物的名称、数量、保险金额、运输工具的种类和名称、航程起讫地点、开航日期等情况通知保险公司。

7. 其他书面协议形式

除上述几种形式外，保险合同还可以采用其他书面协议形式，如附加保险条款和批单，也构成保险合同的一部分。在保险合同生效后，如保险标的、风险程度有变动，则需要在保险合同中增加新的内容或对部分合同内容进行修改。因此，保险人在保险合同之外出具批单以注明保险单的变动事项，或者在保险合同上记载附加条款以增加原保险合同的内容。批单和附加保险条款的法律效力都优于原保险单的同类款目。

2.4 货运险投保及理赔实务

2.4.1 投保

可以直接与保险公司或保险代理商联系,或者通过货代公司代办货物运输保险,也可以通过专业货运险网络平台投保。通常是填制一张投保单,经相关公司接受后就开始生效。保险公司出立保险单以投保人的填报内容为准,投保单的主要内容如下:

(1)投保人。填写投保人全称。
(2)被保险人。按照保险利益的实际有关人填写被保险人全称。
(3)标记或发票号码。填写货物唛头、发票号码或其他能确定投保标的的凭证号码。
(4)保险货物名称。填写货物的详细品名、型号、规格。
(5)数量。填写保险货物的包装单位、规格。
(6)保险金额。通常按照发票 CIF 价加成 10%～30% 计算。
(7)运输方式、工具名称。写明车次、船名、车号、航班号。如联运,则应根据正式联运货票,在"联运"栏中写明转运的运输方式及运输工具名称。
(8)起运日期。填写投保货物起运的年、月、日等确切时间。
(9)运输路线。填写货物起运地和目的地行政区域或车站、港口、航站、发(收)货人仓库等名称,并注明转载地点。
(10)投保险别及费率。按商定的险别和货运险条款货物分类对应的费率分别填入。
(11)赔款地点。除特别声明外,一般在保险目的地支付赔款。
(12)投保日期。应在船舶开航前或运输工具起运前。
(13)备注。投保单中所列事项的未尽事宜在此注明。例如:有无附加险;有无货物清单;有无其他需要告知的事实;对有无途耗(免赔)情况的规定。
(14)投保人(单位)签章、联系电话、联系地址、日期。

2.4.2 保险费的计算

1. 保险金额(Insured Amount)

(1)国内货物运输保险。按起运地成本价或者协商价确定。起运地成本价按货物在起运地购进时的发票价值加运费、包装费、搬运费等来确定;协商价不得超过保险价值。一张投保单中不同单价、不同品名的货物,保险金额应分别列明,同时须填写总保险金额。此外,也可按照增值税发票价计算保险金额,即

$$保险金额 = 货价 \times (1 + 增值税)$$

(2)出口货物运输保险。各国保险法及国际贸易惯例一般都规定出口货运险的保险金额在 CIF 价基础上适当加成,即

$$保险金额 = CIF 价 \times (1 + 加成率)$$

> **知识链接**
>
> 在我国出口业务中,CFR 价和 CIF 价是两种常用的术语,二者换算如下:
>
> 由 CIF 价换算成 CFR 价　　CFR 价=CIF 价×[1-保险费率×(1+加成率)]
>
> 由 CFR 价换算成 CIF 价　　CIF 价=CFR 价/[1-保险费率×(1+加成率)]
>
> 如果是 FOB 价,则需先在 FOB 价中加入运费,变成 CFR 价后,再折算成 CIF 价。

(3) **进口货物运输保险**。进口货运险保险金额以进口货物的 CIF 价为准,若要加成投保,以加成 10%为宜。若按 CFR 价或 FOB 价条件进口,保费率按"特约费率表"规定的平均费率计算;如果按 FOB 价条件进口货物,则按平均运费率换算为 CFR 价货值后再计算保险金额,其计算公式为

FOB 价进口货物保险金额=[FOB 价×(1+平均运费率)]/(1-平均保险费率)

CFR 价进口货物保险金额=CFR 价/(1-平均保险费率)

2. 保险费(Premium)

保险费率(Premium Rate)是由保险公司根据一定时期、不同种类的货物的赔付率,按不同险别和目的地确定的。保险费则根据保险费率表按保险金计算,其计算公式为

保险费=保险金额×保险费率

2.4.3　索赔

索赔是指当货物遭受承保责任范围内的风险损失时,被保险人向保险人提出的赔偿要求。如由卖方办理投保,则卖方在交货后即将保险单背书转让给买方或其收货代理人。当货物抵达目的港(地)且发现残损时,买方或其收货代理人作为保险单的合法受让人,应就地向保险人或其代理人要求赔偿。索赔时,应做好以下工作:

(1) *损失通知*。当被保险人得知或发现货物已遭受保险责任范围内的损失时,应及时通知保险公司,并尽可能保护现场。由保险人会同有关方面进检验,勘察损失程度,调查损失原因,确定损失性质和责任,采取必要的施救措施,并签发联合检验报告。若延迟通知,会耽误保险人进行有关工作,引起异议,影响索赔。

(2) *向有关责任方提出索赔*。当被保险货物运抵目的地,被保险人或其代理人提货时发现货物有明显的受损痕迹、整件短少或散装货物已经残损,应立即向理货部门索取残损或短理证明。如货损涉及第三者责任,应首先向有关责任方以书面形式提出索赔,并保留追偿权利,必要时还要申请延长索赔,以保障保险人在支付保险补偿的同时,获得代位追偿权。

(3) *采取合理的施救措施*。保险货物受损后,被保险人和保险人都有责任采取可能的、合理的施救措施,以防止损失扩大。因抢救、阻止、减少货物损失而支付的合理费用,保险公司负责补偿。被保险人能够施救而不履行施救义务,保险人对于扩大的损失甚至全部损失有权拒赔。

(4) *备全必要的索赔单证*。保险索赔时,通常应提供的证据有:保险单或保险凭证正本;运

输单据；商业发票和重量单、装箱单；检验报告；货损货差证明；向承运人或有关责任方请求赔偿的函电或其证明文件；必要时还需提供海事报告或海事声明书；索赔清单，主要列明索赔的金额及其计算依据，以及有关费用项目和用途等。

(5) **索赔时效**。根据国际保险业的惯例，保险索赔或诉讼的时效为自货物在最后卸货地卸离运输工具时起算，最多不超过两年。

拓展资讯

国际货运代理业责任保险的发展

能力培养

一、名词解释

保险	再保险	可保利益	告知	陈述
保证	弃权	禁止反言	保险金额	定值保险
不定值保险	代位追偿	委付	重复保险	保险凭证
联合保险凭证	预约保险单

二、简答题

1. 保险的种类有哪些？
2. 简述可保利益的构成要件。
3. 最大诚信原则包括哪些内容？
4. 简述代位追偿的构成要件。
5. 简述委付成立的条件。
6. 保险合同有哪些形式？
7. 简述货运险索赔的程序。

三、计算题

1. 有一批货物投保一切险，投保金额为 20 000 美元。货物在运输途中遭受了承保范围内的损失。已知该货物在目的地的完好价值为 28 000 美元，受损后仅值 15 000 美元。问保险公司应赔偿多少？（结果保留两位小数）

2. 深圳某公司对某外商出口茶叶 200 箱（每箱净重 30 kg），价格条款 CIF 价伦敦每箱 50 英镑，向中国人民保险公司投保 FPA 平安险，以 CIF 价加成 10% 作为投保金额，保险费率为 0.6%。问保险金额及保险费分别是多少？

3. 某商品对伦敦的出口价格为 CFR 价 32 英镑，如果客户要求报 CIF 价，并按发票的 120% 投保水渍险（保险费率为 0.3%）和战争险（保险费率为 0.05%），应报价多少？（结果保留 3 位小数）

4. 我国某公司出口一批农产品到美国纽约,报 CFR 价,总金额为 10 000 美元,投保一切险(保险费率为 0.4%)及战争险(保险费率为 0.1%),保险加成率为 20%。请根据 CFR 价与 CIF 价之间的关系计算保险金额。(结果保留两位小数)

5. 出口纽约商品 1 000 吨 CFR 价,每吨 100 美元,投保一切险加战争险,保险费率为 1%,投保加成率为 10%,应付保险费多少?(结果保留 1 位小数)

6. 某保险标的的实际价值是 100 万元,投保人分别向甲保险公司投保了 40 万元,向乙保险公司投保了 60 万元,向丙保险公司投保了 20 万元。如果在这三张保单同时有效的期间内,该保险标的发生了 60 万元的实际损失,按最大责任分摊法进行损失分摊,甲、乙、丙三个保险人的分摊金额分别是多少?

四、案例分析

1. 卖方以 CIF 价出口茶叶三个货柜,投保了一切险,在组织运输的过程中,由于承运人的责任,误用了上一航次装载挥发性化学品的集装箱,目的港收货人提货时发现三个货柜中有一个货柜的茶叶严重串味。收货人随即凭保单向保险公司提出索赔,保险公司认为船方应承担赔偿责任。请陈述该事故的正确处理程序。

2. 中方以 CFR 价出口货物一批,在从出口公司仓库运到码头待运过程中,货物发生损失,该损失应该由何方负责?如果买方已经向保险公司办理了货物运输保险,保险公司对该项损失是否给予赔偿?并说明理由。

3. 一份 CIF 价合同,卖方投保了一切险,自法国内陆仓库起,直到美国纽约的买方仓库为止。合同规定,投保金额是 CIF 价加成 10%。卖方在货物装船后,已凭提单、保险单、发票、品质检验证书等单证向买方银行收取了货款。后货物在运到纽约港前遇险而全部损失。买卖双方谁应向保险公司索赔?是否能得到加成 10% 部分的赔偿?

4. 有一份 CIF 价合同,出售可可共 15 吨,卖方投保了一切险,自巴西内陆卖方仓库至美国费城的买方仓库为止。后来货物从卖方仓库运往码头装船的途中,发生了承保范围内的风险损失。当美国买方凭卖方转让的保险单向保险公司要求赔偿时,保险公司以买方当时对货物没有保险利益为由,拒绝赔偿。试问:在上述情况下,买方有没有权利凭受让的保险单向保险公司索赔?为什么?

5. 中国某外贸公司与外商签订了一份 FOB 价出口合同,货物在上海装船后,中方及时向买方发出装船通知,买方向新华保险公司投保"仓至仓条款"一切险,但因货物在从中方仓库运往上海码头的途中由于恶劣气候导致 5% 的货物受损,共计损失 5 万美元。事后,买方以投保"仓至仓条款"一切险为由要求新华保险公司赔偿,但新华保险公司拒绝赔偿。试问:新华保险公司拒赔是否合理?为什么?

情境 3
国际海上货物运输

学习目标

【知识目标】

了解船舶与海运航线知识、班轮运输与租船运输的特点、班轮运输合同、航次租船与定期租船合同的内容、我国人保和伦敦协会海运货物险的险别及条款;掌握班轮运输的货运与单证流程、提单的基础知识、海上货物运输保险的承保范围、投保手续、保险单据、索赔程序等。

【能力目标】

能够以海运货代身份完成海运进出口的全程操作;能够洽订适当的租船条款;能够选择适当的海上货运险别;能够对海运提单、租船合同、货运保险的各种案例进行分析;能够合理规避海上货物运输活动中的各种风险。

【技能目标】

会计算班轮运费;会计算装卸时间和滞期速遣费;会计算保险赔偿金额;会计算共同海损分摊;会缮制提单;会缮制保险单。

情境引导

国际海上货物运输

海上货物运输基础	海上运输船舶	船舶构造;种类;船舶吨位;载重线;船籍和船旗;船级;航速;主要文件
	海运航线	中国主要海运航线:近洋航线;远洋航线
		世界主要海运航线:太平洋航线组;大西洋航线组;印度洋航线组等
	海上运输经营方式	班轮运输:特点和作用;班轮公会;1974年联合国班轮公会行动守则公约
		租船运输:特点和作用;租船运输方式(程租、期租、光租)

续表

班轮运输实务	班轮运输业务流程	关系人：承运人；托运人；收货人；船代；货代；经纪人；装卸、理货人 杂货班轮的货运流程：货物出运；装卸；提货（保函、电放、海运单、卸货港） 杂货班轮货运单证流转程序：装货港单证；卸货港单证；单证流转程序
	班轮运输合同与海运提单	班轮运输合同：定义；合同当事人；条款内容；合同的订立与解除 海运提单：定义、关系人、功能；提单的签发；海牙规则、维斯比规则、汉堡规则；提单记载事项、正面条款、背面条款；提单的类型；提单的缮制
	班轮运价与班轮运费	班轮运价表：班轮运价表的分类；运价表的内容 班轮运价的构成：基本费率；附加费 班轮运费的计算：计算标准；计算方法
租船运输实务	航次租船合同	航次租船合同概述：特点；当事人的权利与义务；程租合同范本 航次租船合同主要条款
	定期租船合同	定期租船合同范本：NYPE；BALTIME；SINOTIME1980 定期租船合同的主要内容
海上货物运输保险	海上货运保险的保障范围	风险：海上风险（自然灾害、意外事故）；外来风险（一般、特殊） 损失：实际全损、推定全损；单独海损、共同海损 费用；施救费用；救助费用
	海上货运保险的险别与条款	我国海运货物险C.I.C：基本险；附加险；专门险 伦敦协会货物险ICC；ICC（A）、ICC（B）、ICC（C）、战争险、罢工险、恶意损害险
	海上货运保险实务	投保；险别的选择；保险费率；投保手续 海上保险单据：保险单的种类；保险单的批改与转让 索赔；提赔手续；赔偿金额的计算

3.1 海上货物运输基础

海上运输是以船舶为工具，通过海上航道运送旅客或货物的一种运输方式，简称海运。国际海运的主要特点是运量大；通过能力强（不受道路的限制）；投资小、运费低；对货物的适应性强；运输速度慢；风险较大；受气候等自然条件影响大，航期不稳定等。

3.1.1 海上运输船舶

1. 船舶构造

(1) 船壳。船的外壳，是将多块钢板铆钉或电焊结合而成的。
(2) 船架。支撑船壳所用各种材料的总称。
(3) 甲板。铺在船梁上的钢板，将船体隔成几层以加固船体和便于分层配载及装货。
(4) 船舱。甲板以下各种用途空间，包括船首舱、船尾舱、货舱、机器舱和锅炉舱等。
(5) 船面建筑。主甲板上面的建筑，供船员工作、起居及存放船具。

2. 船舶种类

货物运输船舶按照其用途不同，可分为干货船和油槽船两大类。
(1) 干货船(Dry Cargo Ship)
①杂货船(General Cargo Ship)　定期航行于货运繁忙的航线，以装运零星杂货为主的船

舶。航行速度较快,配有足够的起吊设备,有多层甲板把船舱分隔成多层货舱。

②干散货船(Bulk Cargo Ship)　用以装载无包装的大宗货物的船舶。依所装货物的种类不同,又可分为粮谷船(Grain Ship)、煤船(Collier)和矿砂船(Ore Ship)。习惯上仅把装载粮食、煤等积载因数相近货物的船舶称为散货船,而将装载积载因数较小的矿砂等货物的船舶称为矿砂船。

③冷藏船(Refrigerated Ship)　专门用于装载冷冻易腐货物的船舶。船上设有冷藏系统,能调节多种温度以适应各舱货物对不同温度的需要。

④木材船(Timber Ship)　专门用以装载木材或原木的船舶。舱口大,舱内无梁柱及其他妨碍装卸的设备。船舱及甲板上均可装载木材。

⑤集装箱船(Container Ship)　航速快,大多需要依靠码头上的起吊设备进行装卸。分为部分集装箱船、全集装箱船和可变换集装箱船三种。

⑥滚装船(又称滚上/滚下船,Roll on/Roll off Ship)　主要用来运送汽车和集装箱。

⑦载驳船(Barge Carrier)　又称子母船,是指在大船上搭载驳船,驳船内装载货物的船舶。其不受港口水深限制,不需要占用码头泊位,装卸货物均在锚地进行。

(2)油槽船(Tanker)。油槽船是主要用来装运液体货物的船舶,可分为油轮(Oil Tanker)和液化天然气船(Liquefied Natural Gas Carrier)。

3. 船舶吨位(Ship's Tonnage)

船舶吨位是船舶大小的计量单位,可分为重量吨位和容积吨位两种。

(1)船舶的重量吨位(Weight Tonnage)。船舶的重量吨位是表示船舶重量的一种计量单位。其主要用途包括:用于对货物的统计;作为期租船月租金计算的依据;表示船舶的载运能力;作为新船造价及旧船售价的计算单位。它可分为排水量吨位和载重吨位。

①排水量吨位(Displacement Tonnage)　船舶在水中所排开水的吨数,也是船舶自身重量的吨数。排水量吨位又可分为轻排水量、重排水量和实际排水量三种。

● 轻排水量(Light Displacement)　又称空船排水量,是船舶本身加上船员和必要的给养物品三者重量的总和,是船舶最小限度的重量。

● 重排水量(Full Load Displacement)　又称满载排水量,是船舶载客、载货后吃水达到最高载重线时的重量,即船舶最大限度的重量。

● 实际排水量(Actual Displacement)　是船舶每个航次载货后实际的排水量。

②载重吨位(Dead Weight Tonnage,DWT)　表示船舶在营运中能够使用的载重能力。载重吨位可分为总载重吨和净载重吨。

● 总载重吨(Gross Dead Weight Tonnage)　是指船舶根据载重线标志规定所能装载的最大限度的重量,包括船舶所载运的货物、船上所需的燃料、淡水和其他储备物料重量的总和。即

$$总载重吨=满载排水量-空船排水量$$

● 净载重吨(Dead Weight Cargo Tonnage,DWCT)　是指船舶所能装运货物的最大限度重量,又称载货重吨,即从船舶的总载重量中减去船舶航行期间需要储备的燃料、淡水及其他储备物品的重量所得的差数。

(2) 船舶的容积吨位(Registered Tonnage)。船舶的容积吨位是表示船舶容积的单位,又称注册吨,是各海运国家为船舶注册而规定的一种计算和丈量的单位,以 100 ft^3 或 2.83 m^3 为 1 注册吨。容积吨位又可分为容积总吨和容积净吨两种。

①容积总吨(Gross Registered Tonnage,GRT) 又称注册总吨,是指船舱内及甲板上所有关闭的场所的内部空间(或体积)的总和。容积总吨可用于国家对商船的统计;表明船舶的大小;用于船舶登记;用于政府确定对航运业的补贴或造舰津贴;用于计算保险费用、造船费用以及船舶的赔偿等。

②容积净吨(Net Registered Tonnage,NRT) 又称注册净吨,是指从容积总吨中扣除那些不供营业用的空间后所剩余的吨位,也就是船舶可以用来装载货物的容积折合成的吨数。容积净吨主要用于船舶的报关,也可作为船舶向港口交纳各种税收和费用的依据,还可作为船舶通过运河时交纳运河费的依据。

4. 船舶载重线(Ship's Load Line)

船舶载重线指船舶满载时的最大吃水线。它是绘制在船舷左、右两侧船舶中央的标志,指明船舶入水部分的限度。船级社或船舶检验局根据船舶的用材结构、船型、适航性和抗沉性等因素以及船舶航行的区域及季节变化等制定船舶载重线标志。

5. 船籍和船旗(Ship's Nationality and Flag)

船籍指船舶的国籍。商船的所有人向本国或外国有关管理船舶的行政部门办理所有权登记,取得本国或登记国国籍后才能取得船舶的国籍。船旗是指商船在航行中悬挂其所属国的国旗。船旗是船舶国籍的标志。方便旗船(Flag of Convenience)是指在外国登记、悬挂外国国旗并在国际市场上进行营运的船舶。一些海运较发达国家和地区的船东将船舶转移到外国去进行登记,以逃避国家重税和军事征用,自由制定运价不受政府管制,自由处理船舶与运用外汇,自由雇佣外国船员以支付较低工资,降低船舶标准以节省修理费用,降低营运成本以增强竞争力等。

6. 船级(Ship's Classification)

船级是表示船舶技术状态的一种指标。船舶建造前,各部分的规格须经船级社或船舶检验机构批准,建造完毕则由船级社或船舶检验局对船体、船上机器设备、吃水标志等项目和性能进行鉴定,发给船级证书。证书有效期为 4 年,期满后需重新予以鉴定。

船舶入级可保证船舶航行安全,有利于国家对船舶进行技术监督,便于租船人和托运人选择适当的船只,便于保险公司决定船、货的保险费用。

7. 航速(Ship's Speed)

航速以"节"表示。船舶的航速依船型不同而不同,其中干散货船和油轮的航速较慢,散货船一般为 12~17 节,杂货船一般为 15~17 节,集装箱船的航速较快,最快的超大型集装箱船舶的航速可以达到 25~32 节。

8. 船舶文件(Ship's Documents)

船舶文件是证明船舶所有权、性能、技术状况和营运必备条件的各种文件的总称。船舶必须通过法律登记和技术鉴定并获得这类有关正式证书后,才能参加营运。船舶文件主要有:国籍证书、船舶所有权证书、船级证书、船舶吨位证书、载重线证书、船员名册、航行日志、轮机日志、卫生日志和无线电日志等。

3.1.2 海运航线

1. 中国主要海运航线

中国主要海运航线见表 3-1。

表 3-1　　中国主要海运航线

航线类别	航线名称	航线路径
近洋航线	港澳线	到香港、澳门特别行政区
	新马线	到新加坡、马来西亚的巴生港、槟城和马六甲等港
	暹罗湾线	又称为越/柬/泰线。到越南的海防、柬埔寨的磅逊和泰国的曼谷等港
	科伦坡、孟加拉湾线	到斯里兰卡的科伦坡和缅甸的仰光,孟加拉的吉大港和印度东海岸的加尔各答等港
	菲律宾线	到菲律宾的马尼拉港
	印度尼西亚线	到爪哇岛的雅加达、三宝垄等港
	澳新线	到澳大利亚的悉尼、墨尔本、布里斯班和新西兰的奥克兰、惠灵顿等港
	巴布亚新几内亚线	到巴布亚新几内亚的莱城、莫尔兹比等港
	日本线	到日本九州岛的门司、本州岛的神户、大阪、名古屋、横滨、川崎等港
	韩国线	到釜山、仁川等港
远洋航线	波斯湾线	又称阿拉伯湾线。到巴基斯坦的卡拉奇,伊朗的阿巴斯、霍拉姆沙赫尔,伊拉克的巴士拉,科威特的科威特港,沙特阿拉伯的达曼等港
	地中海线	到地中海东部黎巴嫩的贝鲁特、的黎波里,以色列的海法、阿什杜德,叙利亚的拉塔基亚,地中海南部埃及的塞得港、亚历山大,突尼斯,阿尔及利亚的阿尔及尔、奥兰,地中海北部意大利的热那亚,法国的马赛,西班牙的巴塞罗那和塞浦路斯的利马索尔等港
	西北欧线	到比利时的安特卫普,荷兰的鹿特丹,德国的汉堡、不来梅,法国的勒弗尔,英国的伦敦、利物浦,丹麦的哥本哈根,挪威的奥斯陆,瑞典的斯德哥尔摩和哥德堡,芬兰的赫尔辛基等港
	美国加拿大线	包括加拿大西海岸港口温哥华,美国西岸港口西雅图、波特兰、旧金山、洛杉矶,加拿大东岸港口蒙特利尔、多伦多,美国东岸港口纽约、波士顿、费城、巴尔的摩、波特兰和美国墨西哥湾港口莫比尔、新奥尔良、休斯敦等港。美国墨西哥湾各港也属于美国东海岸航线
	南美洲西岸线	到秘鲁的卡亚俄,智利的阿里卡、伊基克、瓦尔帕莱索、安托法加斯塔等港

2. 世界主要海运航线

表 3-2　　　　　　　　　　　　　　　　　世界主要海运航线

航线类别	航线名称	航线路径
太平洋航线组	远东-北美西海岸航线	从中国、朝鲜、日本、俄罗斯等远东海港到加拿大、美国、墨西哥等北美西海岸各港。一般夏季偏北、冬季南移，以避开北太平洋的海雾和风暴。从我国沿海各港出发，偏南的经大隅海峡出东海；偏北的经对马海峡穿越日本海后，或经清津海峡进入太平洋，或经宗谷海峡穿过鄂霍次克海进入北太平洋。它是货运量增长最快、量最大的航线之一
	远东-加勒比海、北美东海岸各港航线	横渡北太平洋，越过巴拿马运河，一般偏南，横渡大洋的距离较长。船舶在夏威夷群岛的火奴鲁鲁港添加燃料和补给品等。从我国北方沿海港口出发的船只多半经大隅海峡或经琉球庵美大岛出东海。它是太平洋货运量最大的航线之一
	远东-南美西海岸航线	横渡大洋，航线长，经过太平洋中枢纽站火奴鲁鲁，但不过巴拿马运河。该航线也有先南行至南太平洋的枢纽港，后横渡南太平洋到达南美西岸的。从我国北方沿海各港出发的船只多经琉球庵美大岛、硫黄列岛、威克岛、夏威夷群岛之南的莱恩群岛，穿越赤道进入南太平洋，至南美西海岸各港
	远东-澳、新及西南太平洋岛国各港航线	在西太平洋南北航行，离陆地近，航线较短。由于北部一些岛国（地区）工业发达而资源贫乏，而南部国家资源丰富，因而初级产品运输特别繁忙
	东亚-东南亚各港航线	指日本、韩国、朝鲜、俄罗斯等远东及中国各港西南行至东南亚各国港口。该航线较短，但往来频繁，地区间贸易兴旺，且发展迅速
	远东-北印度洋、地中海、西北欧航线	该航线大多经马六甲海峡往西，也有许多初级产品如石油等经龙目海峡与北印度洋国家间往来。经苏伊士运河至地中海、西北欧的运输以制成品集装箱运输为多。本航线货运繁忙
	东亚-东南非、西非、南美东海岸航线	该航线大多经东南亚过马六甲海峡或过巽他海峡南行至东南非各港，或再过好望角去西非国家各港，或横越南大西洋至南美东海岸国家各港。该航线也以运输资源型货物为主
	澳、新-北美西、东海岸航线	澳新至北美西海岸各港，一般都经苏瓦和火奴鲁鲁等太平洋航运枢纽。至北美东海岸各港及加勒比海国家各港，需经巴拿马运河
	澳、新-南美西海岸国家各港航线	该航线需横越南太平洋。由于两岸国家和人口均少，故贸易量最少，航船稀疏
	北美东、西海岸-南美西海岸航线	在南北美洲大陆近洋航行，由于南美西海岸国家人口少，所以船舶往来较少。南北美西海岸至北美东海岸各港要经巴拿马运河
大西洋航线组	西北欧-北美东海岸各港航线	该航线连接北美和西北欧这两个经济发达的地区，航运贸易的历史也悠久，船舶往来特别繁忙，客货运量大
	西北欧-地中海、中东、远东、澳新各港航线	西北欧至地中海航线连接欧洲西北部与南部，距离较短。但过苏伊士运河至中东、远东、澳新的航线就大大增长，是西北欧与亚太地区、中东海湾间最便捷的航线，货运量大，是西北欧地区第二大航线
	西北欧-加勒比海岸各港航线	横渡北大西洋，过向风、莫纳海峡，有的还与过巴拿马运河的太平洋航线连接
	欧洲-南美东海岸或非洲西海岸各港航线	该航线多经加纳利群岛或达喀尔港，是欧洲发达国家与南大西洋两岸发展中国家的贸易航线，欧洲国家输出的大多是工业品，输入的都以初级产品为多
	北美东海岸-地中海、中东、亚太地区航线	该航线与西北欧-地中海、中东、远东航线相似，但航更长，需横渡北大西洋。货物以石油、集装箱货为主
	北美东海岸-加勒比海沿岸各国港口航线	该航线较短，但船舶密集繁忙，不仅有两地区往来船只，还有过巴拿马运河至远东、南北美西海岸国家港口间往来船只
	北美东海岸-南美东海岸港口航线	南北美洲之间工业品与农矿产品对流航线
	南北美洲东海岸-好望角航线	北美东海岸港口经好望角至中东海湾是巨型油轮的运输线，20万吨级以上油轮、西北欧的巨型油轮都经此。除了原油以外，还有铁矿石等初级产品，中国、日本、韩国等运输巴西的铁矿石经过此航线

续表

航线类别	航线名称	航线路径
印度洋航线组	中东海湾-远东各国港口航线	东行以石油为主,特别是往日本、韩国的石油运输,西行以工业品、食品为多
	中东海湾、欧洲、北美东海岸港口航线	该航线的超级油轮都经莫桑比克海峡、好望角绕行。随着苏伊士运河的不断开拓,通过运河的油轮日益增多
	远东-苏伊士运河航线	该航线连接远东与欧洲、地中海两大贸易区各港,航船密度大,尤以集装箱船运输繁忙
	澳大利亚-苏伊士运河、中东海湾航线	该航线把澳大利亚、新西兰与西欧各国间传统贸易联系在一起,也把海湾的石油与澳新的农牧产品进行交换
	南非-远东航线	巴西、南非的矿产流入日本、韩国、中国,工业品回流
	南非-澳新航线	南印度洋横渡航线,在印度洋中航船最少

北冰洋系欧、亚、北美三洲的顶点,为联系三大洲的捷径。鉴于地理位置的特殊性,目前,北冰洋已开辟有从摩尔曼斯克经巴伦支海、喀拉海、拉普捷夫海、东西伯利亚海、楚科奇海、白令海峡至俄罗斯远东港口的季节性航线;从摩尔曼斯克直达斯瓦尔巴群岛、冰岛的雷克雅未克和英国的伦敦等航线。随着航海技术的进一步发展和北冰洋地区经济的开发,北冰洋航线也将会有更大的发展。

3.1.3 海上运输经营方式

国际海上运输按照船舶的经营方式主要有班轮运输(又称定期船运输)和租船运输(又称不定期船运输)两种。

1. 班轮运输

班轮运输(Liner Transport)是指船舶在固定的航线上和港口间按事先公布的船期表航行,从事客、货运输业务并按事先公布的费率收取运费的运输方式。

(1)班轮运输的特点和作用
①班轮运输的特点
- "四固定"。即航线固定、港口固定、船期固定和费率相对固定。
- 运价内含装卸费。承运人负责货物配载、装卸,承托双方不计滞期费和速遣费。
- 承托双方的权利、义务、责任、豁免以船公司签发的提单条款为依据。

②班轮运输的作用
- 有利于一般杂货和小额贸易货物运输。零星成交、批次多、到港分散的货物,不论数量多少,直达或转船,只要有航班和舱位,班轮公司一般均愿意接受承运。
- 有利于国际贸易的发展。班轮运输"四固定"的特点,使买卖双方有可能事先根据班轮船期表商定交货期、装运期以及装运港口,并且根据班轮费率表事先核算运费和附加费用,从而能比较准确地进行比价和核算货物价格。
- 提供较好的运输质量。班轮公司所追求的目标是:保证船期,提高竞争力,吸引货载。其所派出的船舶技术性能好,设备全,船员技术水平也较高。班轮停靠的港口一般都有自己专用的码头、仓库和装卸设备,有良好的管理制度,货运质量较有保证。

● 手续简便,方便货方。班轮承运人一般采取在码头仓库交接货物的做法,并负责办理货物的装卸作业和全部费用,通常班轮承运人还负责货物的转口工作。

(2) 班轮公会(Freight Conference)

① 班轮公会的定义 班轮公会又称航运公会,是由两个或两个以上在同一条航线上经营班轮运输的船公司,为避免相互间的竞争,维护共同利益,通过在运价和其他经营活动方面签订协议而组成的国际航运组织。

② 班轮公会的业务 班轮公会的业务主要是限制和调节班轮公会内部的相互竞争,同时防止或应对来自班轮公会外部的竞争,从而达到垄断航线货载的目的。

● 在限制和调节班轮公会内部的相互竞争时,班轮公会主要采取以下措施:

a. 制定费率。所有参加班轮公会的会员公司,协定共同遵守的费率,又称协定费率。

b. 统一安排营运。班轮公会在其控制的航线上,限制航次及挂靠港口,规定各会员公司在一定时期内船舶艘次数和每一航次的靠港数;限制货载,为各会员公司划定装货区域,规定各会员公司在一定时期内货载的分配数额。

c. 统筹分配收入。为了平衡各会员公司的利益,将会员公司的运费收入的全部或部分集中起来,按预先规定的比例进行分配。

● 着眼于防止或应对来自外部的竞争,班轮公会大多采取以下措施:

a. 延期回扣制。货主必须同班轮公会签订"忠诚信约",在一定时期内,将自己的货物全部交由某一班轮航线的班轮公司运输,在计算期间届满时,可按整个计算期间所支付运费总额的一定百分比从班轮公会取得回扣。

b. 合同费率制。实际上是延期回扣制的替代方式,货主与班轮公会签订全部交运合同,享受特别低廉的班轮公会运价或运价不变的待遇。

c. 安排战斗船。这是班轮公会船舶与非会员船舶展开竞争的重要方式。当班轮公会垄断的航线上出现非会员船舶营运时,班轮公会即按照非会员船舶航行的相同船期和停靠港口,派出战斗船,以低于非会员的费率揽货承运,直到对方被挤出该航线为止。

(3) 班轮公会行动守则公约。 为了改变班轮公会的各种垄断性做法,1972年,在智利首都圣地亚哥举行的第三届联合国贸易和发展会议上,"77国集团"拟定了《班轮公会行动守则公约草案》,以限制班轮公会的活动。其主要内容如下:

① 宗旨 维护世界海洋货运有序发展,促进班轮运输更有效地为国际贸易服务,保证班轮运输的提供者和使用者之间的利益均衡,不对任何国家的船主、托运人或对外贸易实行任何歧视。

② 货载分配原则 在班轮公会服务的航线上,对于班轮公会揽运的货载,由航线两端国家的会员公司各占40%,其余20%由第三国会员公司承运。这就是著名的班轮公会会员公司间4∶4∶2的货载分配原则。

③ 公会协议 这一条款是对班轮公会做出协议的程序规定。公约规定,一项公会协议作出决定的程序,应以全体正式会员公司一律平等的原则为基础。未经两国中的一国航运公司的同意,不能对公会协议中规定的有关该两国间贸易方面的问题作出决定。

④ 费率 公约规定,运费率应视商业上可行的范围,尽量确定在最低水平,同时应当使船东获得合理的赢利。如果班轮公会要求全面提高费率,应将其提高的幅度、实施的日期、提高的理由等,至少150日前通知托运人或托运人组织,并规定2次提高费率的间隔时间不得少于10个月。

⑤ 战斗船 公约规定禁止使用战斗船。

2. 租船运输

租船运输(Shipping by Chartering)又称不定期船(Tramp)运输,其船期、航线及港口均按租船人(Charterer)和船东(Shipowner)签订的租船合同(Charter Party)规定的条款执行。根据租船合同,船东将船舶出租给租船人使用,以完成特定的货运任务,并按商定运价收取运费。

(1) 租船运输的特点和作用

① 租船运输的特点

- 没有固定的航线、装卸港口和船期。它根据租船人的需要和船东的意愿,由双方洽商租船运输条件,并以租船合同作为双方权利与义务的依据。
- 没有固定的运价。租船运价受租船市场供求关系的制约。
- 一般是整船洽租并以装运货值较低、成交数量较多的大宗货物为主。

② 租船运输的作用

- 国际大宗货物主要是采用租船运输,由于运量大,所以单位运输成本较低。
- 租船运价一般比班轮运价低,有利于低值大宗货物的运输。
- 只要是船舶能安全出入的港口,租船都可以进行直达运输,不受航线制约。
- 货运量增加时,租船运输可起到弥补需要的作用;货载不足时,可将船舶转租。

(2) 租船运输的方式

① 定程租船(Voyage Charter) 又称航次租船,是以航程为基础的租船方式。船方按租船合同规定的航程完成货物运输任务,并负责船舶的经营管理以及航行中的一切费用开支,租船人按约定支付运费。定程租船有以下特点:船舶的经营管理由船方负责;规定一定的航线和装运的货物种类、名称、数量以及装卸港口;船方除对船舶航行、驾驶、管理负责外,还应对货物的运输负责;多数情况下,运费按所运货物数量计算;规定一定的装卸期限或装卸率,并计算滞期费、速遣费;船租双方的责任、义务以定程租船合同为准。定程租船按运输形式又可分为以下几种:

- 单航次租船。所租船舶只装运一个航次,航程结束时租船合同即告终止。
- 来回程租船。租船合同规定在完成一个航次任务后接着再装运一个回程货载。
- 连续航次租船。在同一去向的航线上连续完成几个单航次运输,回程空载。
- 包运合同租船。船东在约定的期限内,派若干条船,将规定的一批货物,按照同样的租船条件,由甲地包运到乙地,至于航程次数则不作具体规定。

② 定期租船(Time Charter) 简称期租船。船舶出租人将船舶租给租船人使用一定期限,在规定的期限内由租船人自行调度和经营管理。期租船有以下特点:船舶的经营管理由租船人负责,租方需了解船舶的各项性能指标,需具备一定的专业技术知识,并掌握航运动态等;船方只负担少数几项船舶营运费,如船员工资、船舶维修和船壳机器保险费,至于其他开支如装货、理舱、平舱、卸货等费用都由租方负担;租金按租期每月(或30日)每载重吨(DWT)若干金额计算;不规定装卸期限或装卸率,不计算滞期费、速遣费;不规定航线和装卸港,只规定航行区域;除特别规定外,可以装运各种合法货物;船租双方的权利与义务,以期租船合同为准。

③ 光船租船(Bare Boat Charter) 船东将船交给租方使用,由租方自行配备船员,负责船舶的经营管理和航行各项事宜。但是,把船交给租船人支配,船东往往心存疑虑;由于雇佣和管理船员工作繁重复杂,所以租船人较少采用这种方式。因此,光船租船方式在租船市场上较少采用。

3.2 班轮运输实务

虽然随着集装箱运输的发展,件杂货货源大量转向通过集装箱方式运输,但传统的件杂货班轮仍然拥有一定的货源市场。件杂货班轮与集装箱班轮既有很多相同之处,又有一定的区别,本节主要学习传统的件杂货班轮运输。

3.2.1 班轮运输业务流程

1. 班轮运输关系人

(1)承运人。承运人是指本人或者委托他人以本人名义与托运人订立海上货物运输合同的人。承运人可以是拥有或经营船舶的船舶所有人,也可以是租用船舶的承租人,也可以是从事货运代理的运输组织者或者是无船承运人。

(2)托运人。托运人包括本人或者委托他人以本人名义或者委托他人为本人与承运人订立海上货物运输合同的人;本人或者委托他人以本人名义或者委托他人为本人将货物交给与海上货物运输合同有关的承运人的人。前者所指托运人是与承运人订立海上货物运输合同的人,后者所指托运人是将货物交给承运人的发货人。

(3)收货人。收货人是指有权提取货物的人。提单收货人栏内填明的人就是有权提取货物的人。由于提单的主要功能之一是物权凭证,可以经背书转让,必须凭提单交付货物。因此,收货人也可以说是合法的提单持有人。

(4)船舶代理人。船舶代理人是指船舶代理机构或代理人接受船舶所有人(船公司)、船舶经营人、承租人或货主的委托,在授权范围内代表委托人(被代理人)办理与在港船舶有关的业务、提供有关的服务或完成与在港船舶有关的其他经济或法律行为的代理人。

(5)货运代理人。接受货主或承运人的委托,在授权范围内,代表货主办理进出口货物的报关、交接、仓储、调拨、检验、包装、租船订舱等业务,或代表承运人承揽货载的人。

(6)海运经纪人。以中间人的身份代办洽谈业务,促使交易成交的人。在远洋运输中,由海运经纪人作为媒介代办洽谈有关货物的订舱和揽载以及托运和承运,尤其是船舶的租赁和买卖等项业务,已成为传统的习惯。

(7)装卸、理货人。接受货主或船舶经营人的委托,在港口分别为开航前或到达目的港后的船舶进行货物装卸、清点、交接、检查货物损坏程度和原因并进行公证、衡量散装货物量等项作业的人。办理将货物装船和从船上将货物卸下的被称为装卸人;在装货或卸货时,对货物的件数进行清点,并对货物的交接做出证明的被称为理货人。

2. 杂货班轮的货运流程

(1)货物出运。班轮公司的货物出运工作包括揽货、订舱和确定航次货运任务等内容;货运代理人的货物出运工作则包括安排货物托运手续、办理货物交接等内容。

①揽货(Canvassion) 是指班轮公司通过各种途径从货主那里争取货源的行为。通常在

所经营的班轮航线的各挂靠港口及货源地通过自己的营业机构或船舶代理人与货主建立业务关系；通过各种行业媒体定期刊登班轮船期表；通过与货主、无船承运人、货运代理人等签订货物运输服务合同或揽货协议来争取货源。

②订舱（Booking） 是托运人（包括货运代理人）向班轮公司（或其船舶代理人）申请货物运输，承运人对这种申请给予承诺的行为。

③确定航次货运任务 是确定某一船舶在某一航次所装货物的种类和数量。应充分考虑各票货物的性质、包装、重量、尺码、对运输及保管的不同要求，以及各港口的装卸限制和有关的法律和规章规定。

(2) 装船与卸船

①货物装船 杂货班轮运输中，有两种接货装船的形式：一是托运人将货物送至船边直接装船，对于特殊货物多采用这种形式，如危险货物、鲜活货、贵重货、重大件货物等；二是托运人将货物送至码头指定地点（通常为港口码头仓库），即采用"仓库收货，集中装船"的形式。不论装船的形式是直接装船还是集中装船，班轮公司与托运人之间的责任界限和装船费用的分担仍然以船边货物挂上吊钩为界。

②货物卸船 与装船的情况相同，有船边直接卸船和"集中卸船，仓库交货"两种形式。同样，不论采取哪种卸船交货形式，船公司的责任都以船边为责任界限。

(3) 提取货物。通常是收货人先取得提单，办理进口手续后，再凭提单到堆场、仓库等存放货物的现场提取货物。而收货人只有在符合法律规定及航运惯例的前提条件下，方能取得提单。在使用提单的情况下收货人必须把提单交回承运人，并且该提单必须经适当正确的背书（Duly Endorsed），否则船公司没有交付货物的义务。此外，收货人还须付清所有应该支付的费用，如到付的运费、共同海损分担费等，否则船公司有权根据提单上的留置权条款的规定，暂时不交付货物，直至收货人付清各项应付的费用。在提取货物这一流程的实际操作中，应注意以下问题：

①凭保函提货 在货运实践中，有时由于提单邮寄延误，或提单未到达进口地银行，或虽然提单已到达进口地银行，而因汇票的兑现期限的关系，在货物已运抵卸货港的情况下，收货人还无法取得提单，也就无法凭提单换取提货单提货。此时，按照一般的航运习惯，收货人就会开具由银行签署的保函，以交换提货单提货。

> **知识链接**
>
> 保函即保证书，其作用包括凭保函交付货物、凭保函签发清洁提单、凭保函倒签预借提单等。在凭保函交付货物的情况下，收货人保证在收到提单后立即向船公司交回全套正本提单，承担应由收货人支付的运费及其他费用的责任；对因未提交提单而提取货物所产生的一切损失均承担责任，并表明对于保证内容由银行与收货人一起负连带责任。凭保函签发提单则使得托运人能以清洁提单、已装船提单顺利结汇。考虑到保函在海运业务中的实际意义和保护无辜的第三方的需要，汉堡规则第一次就保函的效力做出明确的规定：保函是承运人与托运人之间的协议，只在无欺骗第三方意图时才有效；如发现有意欺骗第三方，则承运人在赔偿第三方时不得享受责任限制，且保函也无效。

②电放 电放（Telex Release）是指在装货港货物装船后，承运人应托运人的请求，收回已

签发的全套提单或者不签发提单,而以电信方式授权其在卸货港的代理人,在收货人不出具提单的情况下,交付货物给托运人指定的收货人。电放情况下,托运人和收货人都要出具保函,但收货人不需要履行解除担保的责任。同时,承运人不能交错货,托运人(卖方)应能收到货款,而收货人(买方)应能提到货物,这是电放中各方应注意的问题。

③使用海运单　海运单(Sea Waybill)与提单相比,也具有承运人收到货物的收据和运输合同成立的证明作用,但它不是物权凭证,不得转让。使用海运单,实践中应注意的问题主要有:对一票货物,使用海运单就不再使用提单等单证;海运单必须记名收货人;海运单通常签发一份正本;收货人提货时无须出具正本海运单,而只要证明其是海运单中的收货人;在收货人向承运人请求提货之前,只要符合要求,托运人有权改变收货人的名称。

④选港和变更卸货港　提单上的卸货港(Port of Discharge)一栏内有时会记载两个或两个以上可供货主选择的卸货港名称,这种货物称为"选港货"。对于选港货,要求货主必须在船舶自装货港开航后,抵达第一个选卸港之前的一定时间以前(通常为 24 小时或 48 小时),通知船公司或卸货港船代已确定的卸货港,否则船长有权在任何一个选卸港将货物卸下。

如果收货人要变更卸货港,可以向船公司提出申请,但是,所变更的卸货港必须是在船舶停靠港口范围之内,且必须在船舶抵达原卸货港或到达变更的卸货港之前提出。在此情况下,收货人必须交出全套提单才能换取提货单,而且,收货人还应负担因这种变更而发生的各种额外费用。

3. 杂货班轮货运单证流转程序

(1) 杂货班轮货运单证

①在装货港编制使用的单证

● 托运单(Booking Note,B/N)　由托运人根据买卖合同和信用证的有关内容向承运人或其代理人办理货物运输的书面凭证。

● 装货联单　目前我国各个港口使用的装货联单的组成不尽相同,但是,主要都由以下各联所组成:

a. 托运单(Booking Note,B/N)及其留底(Counterfoil)　托运人如果以口头形式预订舱位,而船公司对这种预约表示承诺,则运输合同关系即告建立。国际航运界的通常做法是由托运人向船公司提交详细记载有关货物情况及对运输的要求等内容的装货联单。原则上,托运人应先将托运单交给船公司办理托运手续,船公司接受承运后在托运单上签章确认,然后发给托运人装货联单;但是,实务中,通常却是由货运代理人向船舶代理人申请托运,然后由货运代理人根据托运人提供的买卖合同和信用证的内容以及货运委托书或货物明细表等,填写装货联单后提交给船公司的代理人。

b. 装货单(Shipping Order,S/O)　亦称下货纸,是由托运人(通常是货运代理人)填制,经交船公司(通常是船舶代理人)审核并签章后,据以要求船长将货物装船承运的凭证。由于托运人必须在办理了货物装船出口的海关手续后,才能要求船长将货物装船,所以装货单常称为关单。当每一票货物全部装上船后,现场理货员即核对理货计数单的数字,在装货单上签注实装数量、装船位置、装船日期并签名,然后随同收货单一起交船上大副,大副审核属实后在收货单上签字,留下装货单,将收货单退给理货长转交托运人(或货运代理人)。

船公司或其代理人接受承运后,便予以编号并签发装货单。装货单签发后,船、货、港等方面都需要有一段时间来进行编制装货清单、积载计划,办理货物报关、查验放行、货物集中等装船的准备工作。因此,对每一航次在装货开始前一定时间应截止签发装货单。若在截止签发装货单日之后,再次签发装货单,则称之为加载。

c. 收货单(Mute's Receipt,M/R) 又称为大副收据,是某一票货物装上船后,由船上大副签署给托运人的证明船方已收到该票货物并已装上船的凭证。托运人取得了经大副签署的收货单后,即可凭以向船公司或其代理人换取已装船提单。大副在签署收货单时,会认真检查装船货物的外表状况、货物标志、货物数量等情况。如果货物外表状况不良,标志不清,货物有水渍、油渍或污渍等情况,数量短缺,货物损坏,大副就会将这些情况记载在收货单上。这种在收货单上记载有关货物外表状况不良或有缺陷的情况称为批注(Remark),习惯上称为大副批注。

②装货清单(Loading List,L/L) 是根据装货联单中的托运单留底联,将全部货物按目的港和货物性质归类,依航次挂靠港顺序排列编制的装货单的汇总单。装货清单是大副编制积载计划的主要依据,又是供现场理货人员进行理货、港口安排驳运、进出库场以及掌握托运人备货及货物集中情况等的业务单据。

③载货清单(Mainfest,M/F) 亦称"舱单",它是在货物装船完毕后,根据大副收据或提单副本编制的一份按卸货港顺序逐票列明全船实际载运货物的汇总清单。

载货清单是国际航运实践中一份非常重要的通用单证,船舶办理进出口报关手续时,必须递交载货清单。载货清单是海关对船舶所载货物进出境进行监管的单证,又是港方及理货机构安排卸货的单证之一。在我国,载货清单还是出口企业在办理货物出口后,海关据以办理出口退税手续的单证之一;载货清单还是随船单证之一,以备中途挂靠港或到达卸货港时办理进口报关手续时使用;此外,进口货物的收货人在办理货物进口报关手续时,载货清单也是海关办理验放手续的单证之一。

如果在载货清单上增加运费项目,则可制成载货运费清单(Freight Manifest,F/M)。

④货物积载图(Stowage Plan) 出口货物在装船前,按货物装船顺序、货物在船上的装载位置等情况制订一个详细计划,以指导有关方面安排泊位、货物出舱、下驳、搬运等工作。当每一票货物装船后,应重新标出货物在舱内的实际装载位置,最后绘制成一份货物积载图。

⑤危险货物清单 专门列出船舶所载运全部危险货物的明细表,该单的主要作用是提供给港口、有关部门和船上进行危险品的作业和保管之用。

(2)在卸货港编制使用的单证

①过驳清单(Boat Note) 采用驳船作业时,作为证明货物交接和表明所交货物实际情况的单证。过驳清单是根据卸货时的理货单证编制的,由收货人、卸货公司、驳船经营人等收取货物的一方与船方共同签字确认。

②货物溢短单(Overlanded & Shortlanded Cargo List) 货物所卸下的数字与载货清单记载的数字不符,发生溢卸或短卸的证明单据。货物溢短单由理货员编制,并且必须经船方和有关方(收货人、仓库)共同签字确认。

③货物残损单(Broken & Damaged Cargo List) 卸货完毕后,理货人根据卸货过程中发现的货物破损、水湿、水渍、渗漏、霉烂、生锈、弯曲变形等情况记录编制的,证明货物残损情况的单据。货物残损单必须经船方签字确认。

以上三种单据通常是收货人向船公司提出损害赔偿要求的证明材料,也是船公司处理收货人索赔要求的原始资料和依据。

④提货单(Delivery Order,D/O) 亦称小提单,是船公司指令码头仓库或装卸公司向收货人交付货物的凭证,不具备流通及其他作用。因此,提货单上一般记有"禁止流通"(Non-

Negotiable,N/N)字样。

(3)杂货班轮货运单证流程(图3-1)

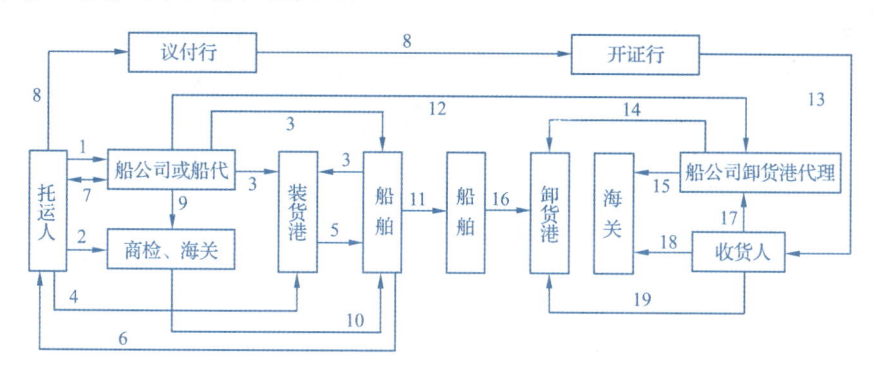

图 3-1 杂货班轮货运单证流程

①托运人向船公司或其代理人提出货物装运申请单,递交 B/N,填写装货联单;船公司或其代理人同意承运后,指定船名并核对 S/O 与 B/N 上的内容无误后,签发 S/O,留下留底联后退还给托运人,要求托运人将货物及时送至指定的码头仓库。

②托运人持 S/O 及有关单证向商检、海关办理货物出口报检、报关手续,检验合格后,海关在 S/O 上加盖放行图章后,货物准予装船出口。

③船公司或其代理人根据装货单留底联编制装货清单(L/L)送港口有关部门(装卸公司、理货公司等)以及船舶;船舶大副根据装货清单编制货物积载计划(Cargo Plan)分送港口有关部门(理货、装卸公司等)按计划装船。

④托运人将货物送至指定的码头仓库准备装船。

⑤理货、装卸公司、大副根据装货清单、货物积载图装船,并核实货物。

⑥装货后理货长将 S/O 交大副,大副核实后留下 S/O 并签发收货单(M/R)给托运人。

⑦托运人持收货单到船公司或船代处(预付运费付清)换取正本已装船提单(B/L)。

⑧托运人持 B/L、信用证等有关单证到议付行结汇,取得货款。然后议付行再将提单(B/L)等有关单证邮寄开证行。

⑨货物装船完毕后,船公司或其代理人向海关办理船舶出口手续。

⑩船舶出口报关通过后,船舶起航。

⑪船公司或其代理人将出口载货清单(M/F)交船上,随船起航。

⑫船公司或其代理人将有关货物单证等资料寄给船公司在卸货港的代理人,以便船公司卸港代理人了解船舶动态,及时通知收货人船舶到港日期,做好提货准备。

⑬开证行收到议付行寄来的正本提单等有关单证后,通知收货人到开证行付清货款,取回 B/L(在信用证支付方式下)。

⑭卸货港船代根据寄来的货运单证,编制进口载货清单,准备有关船舶进口报关和卸货所需的单证,约定装卸、理货公司,联系安排泊位,做好接船及卸货的准备工作。

⑮船舶抵港后,船公司在卸货港的代理人办理船舶进口手续。

⑯船舶进口手续办妥后,船舶靠泊开始卸货。

⑰收货人持正本 B/L 向船公司在卸货港的代理人办理提货手续,付清应付的费用后换取代理人签发的提货单(D/O)。

⑱收货人办理货物进口手续,支付进口关税。

⑲收货人持 D/O 到码头仓库或船边提取货物。

3.2.2 班轮运输合同与海运提单

1. 班轮运输合同

(1) *班轮运输合同概述*。班轮运输合同又称件杂货运输合同,是承运人接受多个托运人的货物,将多批货物装载于同一船舶,按规定的船期,在一定的航线上,以规定的港口顺序运输,负责将件杂货由一港运至另一港,而托运人支付运费的协议。这种合同大多是以提单的形式表现和证明的,因此,件杂货运输又被称为提单运输。目前,海运单作为件杂货运输的特别形式,在国际海运实践中已开始为人们所接受。

(2) *班轮运输合同的当事人*。《中华人民共和国海商法》(以下简称《海商法》)第四十一条规定:"海上货物运输合同由托运人与承运人协商订立,托运人与承运人是海上货物运输合同的缔约当事人和合同当事人。"第四十二条规定了承运人和托运人都可以以自己的名义或委托他人以自己的名义与相对人订立运输合同。在实务中,班轮运输合同往往由货方代理(简称货代)和船方代理(简称船代)缔结成立。

(3) *班轮运输合同的订立*

①班轮运输合同的缔约过程

- 船公司公布船期表的行为可视为要约邀请。
- 货主(货代)的订舱属于要约。
- 船公司(船代)的接受订舱属于承诺。

②班轮运输合同成立的时间　班轮运输合同成立的时间应是船方接收订舱,同时在托运单上盖订舱确认章之时。以 EDI 方式订舱时,船方接受货方的 EDI,并对此没有提出异议,便应视为承诺,班轮合同成立。当货方就同一票货物,既提供纸面托单订舱,又发送 EDI,时间有先后、内容有差异时,双方如果没有约定,应已先为的行为方式作为合同订立的方式。

(4) *班轮运输合同的主要条款*。班轮运输形式下的运输合同一般包括以下条款:承运人、托运人和收货人名称;货物名称、件数、重量、体积(长、宽、高);运输费用及其结算方式;船名、航次;起运港(站、点)(以下简称起运港)、中转港(站、点)(以下简称中转港)和到达港(站、点)(以下简称到达港);货物交接的地点和时间;装船日期;运到期限;包装方式;识别标志;违约责任;解决争议的方法。

(5) *班轮运输合同的解除*

①按惯例解除合同　实务中,托运人在货物装船前往往可以任意退运而无须向承运人做出赔偿。同样,承运人也可以在超载满舱时任意甩箱而无须赔偿。这已在承托双方之间形成惯例。

人们历来忽视班轮运输合同的缔约过程和成立时间,习惯性地把合同成立的时间界定在货物装上船后,使班轮运输合同变相为实践性合同。此外,承托双方从各自的切身利益出发,认为有必要保留在货物装船前任意解除合同而不赔偿的权利。

②班轮公司的原因　班轮公司在货物订舱后、装船前解除合同的主要原因是避免船舶超载。由于托运人在订舱后至船舶开航前,会因各种原因而退运,因此承运人在接受订舱时常留有余地,适度超过该船的实际舱位。但是,如果该航次托运人没有退运或退运很少,那么承运人必将面临真正的超载问题,于是不得不船边甩箱。在实践中也有由于港口装卸作业效率的原因,导致没有完成全部货物的装载而船舶被迫离港的情况。

③托运人的原因　在国际货物交易中,因为工厂在生产中突然出现问题,或审批、报验等环节未办妥,使本来可以及时出运的货物无法出运或延误出运实属正常。这使托运人虽已订舱,但事后又不得不退运。托运人无须为此承担赔偿责任,订舱时匆忙而草率,尽可能选择最近的船期出运,以节省仓储、堆存等费用,加剧了退运的现象。

(6)法律规定的班轮运输合同可解除的情形

①《海商法》对合同解除的规定　《海商法》第八十九条规定:"船舶在装货港开航前,托运人可以要求解除合同。但是,除合同另有约定外,托运人应当向承运人支付约定运费的一半,货物已经装船的,并应当负担装货、卸货和其他与此有关的费用。"此条款规定了托运人在开航前任意解约的合法性,但也明确了托运人应承担一定的损害赔偿,除非双方另有约定。就班轮公司而言,显然没有任意解除合同的权利。

《海商法》第九十条规定:"船舶在装货港开航前。因不可抗力或者其他不能归责于承运人和托运人的原因致使合同不能履行的,双方均可以解除合同,并互相不负赔偿责任。"

②《中华人民共和国合同法》(以下简称《合同法》)对合同解除的规定　《合同法》中规定了合同解除的三种类型,即协议解除、约定解除和法定解除。在班轮运输合同的解除中,承托双方可以通过协议和约定的方式解除,例如:已订舱货物来不及出运,托运人不承担违约责任;由于满舱超载,承运人有权退运且不承担违约责任等。若没有解除协议或约定,则按法定条件解除:一方不履行合同致使另一方无法继续履行合同或严重影响订立合同所期望的利益,另一方可以单方解除合同而不承担责任。

2. 海运提单

(1)提单的基本知识

①提单的定义与关系人　海运提单(Marine Bill of Lading or Ocean Bill of Lading)简称提单(Bill of Lading,B/L),是国际结算中的一种最重要的单据。《海商法》规定:"提单,是指用以证明海上货物运输合同和货物已经由承运人接收或者装船,以及承运人保证据以交付货物的单证。提单中载明的向记名人交付货物,或者按照指示人的指示交付货物,或者向提单持有人交付货物的条款,构成承运人据以交付货物的保证。"

提单的主要关系人是签订运输合同的双方:托运人和承运人。托运人即货方,承运人即船方。其他关系人有收货人和被通知人等。收货人通常是货物买卖合同中的买方,被通知人是承运人为了方便货主提货的通知对象,可能不是与货权有关的当事人。如果提单发生转让,则会出现受让人、持有人等提单关系人。

②提单的功能

● 提单是证明承运人已接管货物和货物已装船的收据。不仅对已装船货物,承运人负有签发提单的义务,即使货物尚未装船,只要货物已在承运人掌管之下,承运人也有签发收货待运提单的义务。提单作为货物收据,不仅证明收到货物的种类、数量、标志、外表状况,而且还证明收到货物的时间,即货物装船的时间。

● 提单是承运人保证凭以交付货物和可以转让的物权凭证。对于合法取得提单的持有人,提单具有物权凭证的功能。提单中所规定的权利和义务也随着提单的转移而转移,转让的方式有两种:空白背书和记名背书,连续背书可以连续转让。提单的合法受让人或提单持有人就是提单上所记载货物的合法持有人。

● 提单是海上货物运输合同成立的证明文件。提单上印就的条款规定了承运人与托运人之间的权利、义务,而且提单也是法律承认的处理有关货物运输的依据,因而常被人们认为提单本身就是运输合同。但是按照严格的法律概念,提单并不具备经济合同应具有的基本条件。

如果在提单签发之前,承托双方之间已存在运输合同,则不论提单条款如何规定,双方都应按原先签订的合同约定行事;但如果事先没有任何约定,托运人接受提单时又未提出任何异议,这时提单就被视为合同本身。不论提单持有人是否在提单上签字,提单条款对其都具有约束力。

③提单的签发　　有权签发提单的人有承运人、船长、船东及其代理人。代理人签署时必须注明其代理身份和被代理方的名称及身份。签署提单的凭证是大副收据,签发提单的日期应该是货物被装船后大副签发收据的日期。提单有正本和副本之分,正本提单一般签发一式两份或三份,这是为了防止提单流通过程中万一遗失时,可以应用另一份正本。各份正本具有同等效力,但其中一份提货后,其余各份均告失效;副本提单承运人不签署,份数根据托运人和船方的实际需要而定,副本提单只用于日常业务,不具备法律效力。

④有关提单的国际公约　　由于提单的利害关系人常分属于不同国籍,提单的签发地或起运港和目的港又分处不同的国家,而提单又是由各船公司根据本国有关法规自行制定的,其格式、内容和词句并不完全相同,一旦发生争议或涉及诉讼,就会产生提单的法律效力和适用法规的问题,因此,统一各国有关提单的法规,一直是各国追求的目标。当前已经生效,在统一各国有关提单的法规方面起着重要作用的有关国际货物运输的国际公约有以下三个:

- 海牙规则(Hague Rules)　　全称是《统一提单若干法律规定的国际公约》,其草案于1921年在海牙通过,因此定名为海牙规则。1924年8月25日由26个国家在布鲁塞尔签订,自1931年6月2日起生效,包括欧美许多国家在内的50多个国家先后加入了这个公约。1936年,美国政府以这一公约作为国内立法的基础制定了《1936年美国海上货物运输法》。海牙规则使得海上货物运输中有关提单的法律得以统一,在促进海运事业发展,推动国际贸易发展方面发挥了积极作用,是最重要的和目前仍被普遍使用的国际公约。我国于1981年承认该公约。海牙规则的特点是较多地维护了承运人的利益,在风险分担上很不均衡,因而引起了作为主要货主国的第三世界国家的不满,纷纷要求修改海牙规则,建立航运新秩序。

- 维斯比规则(Visby Rules)　　在第三世界国家的强烈要求下,修改海牙规则的意见为北欧国家和英国等航运发达国家所接受,对海牙规则中明显不合理或不明确的条款进行了局部的修订和补充,维斯比规则就是在此基础上产生的。因此,维斯比规则也称为海牙-维斯比规则,它的全称是《关于修订统一提单若干法律规定的国际公约的议定书》,或简称为《1968年布鲁塞尔议定书》。于1968年2月23日在布鲁塞尔通过,自1977年6月起生效。目前已有英国、法国、丹麦、挪威、新加坡、瑞典等20多个国家和地区参加了这一公约。

- 汉堡规则(Hamburg Rules)　　即《1978年联合国海上货物运输公约》,1976年由联合国贸易法律委员会草拟,1978年经联合国在汉堡主持召开有71个国家参加的全权代表会议上审议通过。汉堡规则全面修改了海牙规则,其内容在较大程度上加重了承运人的责任,保护了货方的利益,代表了第三世界发展中国家意愿,这个公约已于1992年生效。但因签字国为埃及、尼日利亚等非主要航运国,因此目前汉堡规则对国际海运业影响不是很大。

(2)提单的内容

①提单的正面　　提单正面记载了有关货物和货物运输的事项。这些事项有的是有关提单的国内立法或国际公约规定的,作为运输合同必须记载的事项;有的则属于为了满足运输业务需要而由承运人自行决定,或经承运人与托运人协议,认定应该在提单正面记载的事项。前者称为必要记载事项,后者称为任意记载事项。

- 记载事项　　各国关于提单的法规都对提单的必要记载事项作出规定,所规定的必要记载事项基本相同。《海商法》第七十三条第一款规定,提单内容应包括下列各项:

a. 货物的描述　　货物的品名、标志、包数或者件数、重量或者体积,以及运输危险货物时对危险性质的说明。

b. 当事人　托运人和收货人的名称、承运人的名称和主营业所。

c. 运输事项　船舶名称和国籍、装货港和在装货港接受货物的日期、卸货港和运输路线、多式联运提单增列接受货物地点和交付货物地点。

d. 提单的签发　签发日期、地点和份数；承运人、船长或者其代理人的签字。

e. 关于运费和其他应付给承运人的费用的记载　除了在内陆签发多式联运提单时的船舶名称、签发海运提单时的接收货物地点和交付货物地点，以及关于运费的支付等三项可以缺少外，其他都是不可缺少的。关于提单的签发和其他应付给承运人的费用等几项记载由承运人填写，其他都由托运人填写。如承运人与托运人协议，同意将货物装于舱面；或约定承运人在目的港交付货物的日期；或同意提高承运人的责任限额；或同意扩大承运人的责任；或同意放弃承运人的某些免责；或其他有关法律规定的事项等，都应在提单正面载明。

提单的正面内容还可有一些以打印、手写或印章形式记载的事项。一些是属于承运人因业务需要而记载于提单正面的事项，如航次，运费支付的时间、地点、汇率，提单编号，通知人等；一些是属于区分承运人与托运人之间责任而记载的事项，如关于数量争议的批注；一些是属于为减轻或免除承运人责任而加注的内容，如为了扩大或强调提单上已印妥的免责事项，对于一些易于受损的特种货物，承运人在提单上加盖的以对此种损坏免责为内容的印章等。

● 正面条款　提单的正面条款是指以印刷的形式将以承运人免责和托运人做出的承诺为内容的契约文句，列记于提单的正面。常见的有以下条款：

a. 装船或收货条款　如上列外表状况良好的货物或包装除另有说明者外已装在上述指名船只，并应在上列卸货港或该船能安全到达并保持浮泊的附近地点卸货。

b. 内容不知悉条款　如重量、尺码、标志、号数、品质、内容和价值是托运人所提供的，承运人在装船时并未核对。

c. 承认接受条款　如托运人、收货人和本提单持有人兹明白表示接受和同意本提单和它背面所载一切印刷、书写或打印的规定、免责事项条件。

d. 签署条款　如为证明以上各项，承运人或其代理人已签署各份内容和日期一样的正本提单，其中一份如果已完成提货手续，则其余各份均告失效。

②提单的背面　表明承运人与托运人以及其他关系人之间承运货物的权利、义务、责任与免责的条款，是解决争议的依据。一般分为两类：强制性条款，其内容不能违背有关国家的海商法规、国际公约或港口惯例的规定，否则是无效的；任意性条款，即上述法规、公约和惯例没有明确规定，允许承运人自行拟订的条款。主要条款内容如下：

● 定义(Definition)　对"货方(Merchant)"的含义和范围作出规定，将"货方"定义为"包括托运人、受货人、收货人、提单持有人和货物所有人"。

● 首要条款(Paramount Clause)　说明提单所适用的法律依据，即一旦发生纠纷时，应按哪一国家的法律和法庭裁决。

● 承运人责任条款(Carrier's Responsibility Clause)　说明签发本提单的承运人对货物运输应承担的责任和义务。凡列有首要条款的提单都不再以明示条款将承运人的责任列记于提单条款中。如首要条款规定海牙规则适用于本提单，那么，海牙规则所规定的承运人责任就是签发本提单的承运人对货物运输应承担的责任和义务。

● 承运人责任期间条款(Carrier's Period of Responsibility Clause)　承运人对货物运输承担责任的开始和终止时间的条款。根据海牙规则，承运人从装船开始到卸船为止的期间对货物负责，也即通常所称的"钩至钩(Tackle to Tackle)"责任，具体指货物从挂上船上吊机的吊钩到卸货时下吊钩为止。但这种规定与现行的"仓库收货、集中装船"和"集中卸货、仓库交付"的货物交接做法不相适应,一些船公司为了争揽货载,也常将责任期间向两端延伸,并将延伸了的责任期间列记于提单条款之中。因此,针对这种情况以及集装箱运输出现之后的实际情况,汉堡规则将承运人的责任期间扩大至"包括在装货港、在运输途中以及在卸货港、货物在承运人掌管下的全部时间"。

● 免责条款(Exception Clause)　首要条款规定了提单所适用的法规,不论提单条款中是否列有免责事项条款的规定,承运人都能按照提单适用法规享受免责权利。

● 索赔条款(Claim Clause)　包括损失赔偿责任限制(Limit of Liability),即承运人对货物的灭失和损坏负有赔偿责任应支付赔偿金时,承运人对每件或每单位货物支付的最高赔偿金额;索赔通知(Notice of Claim);诉讼时效(Time Bar)等。

● 包装与唛头标志条款(Packing and Mark Clause)　要求起运前,托运人对货物妥善包装、唛头必须确定、明显,目的港应清楚地标示在货物外表,交货时仍要保持清楚。

● 运费条款(Freight Clause)　预付运费应在起运时连同其他费用一并支付;到付费用在目的港连同其他费用一起支付。承运人有权对货物的数量、重量、体积和内容等进行查对,如发现实际情况与提单所列情况不符,而且所付运费低于应付运费,承运人有权收取罚金,由此而引起的一切费用和损失应由托运人负担。

● 留置权条款(Lien Clause)　如果货方未交付运费、空舱费、滞期费、共同海损分摊的费用及其他一切与货物有关的费用,承运人有权扣押或出售货物以抵付欠款,如仍不足以抵付全部欠款,承运人有权向货方收取差额。

● 转运或转船条款(Transhipment Clause)　如果需要,承运人有权将货物转船或改用其他运输方式或间接运至目的地。由此引起的费用由承运人负担,但风险由货方负担,承运人的责任只限于其本身经营船舶所完成的运输。

● 卸货和交货条款(Discharging and Delivery Clause)　船到卸货港后,收货人应及时提货,否则承运人有权将货物卸到岸上或卸在其他适当场所,一切费用和风险应由货方承担。

● 动植物和舱面货条款(Animals, Plants and on Deck Cargo Clause)　根据海牙规则,承运人对这些货物的灭失或损坏不负赔偿责任。但是,只有对运输合同载明并且实际装在舱面甲板上的"舱面货",承运人才可免责。

● 危险品条款(Dangerous Cargo Clause)　危险品的装运必须由托运人在装船时声明,如不声明,承运人有权将该货卸下、抛弃或消灭而不予赔偿。

(3) 提单的类型

① 按货物是否已装船划分

● 已装船提单(On Board B/L or Shipped B/L)　是指整票货物已全部装进船舱或装在舱面甲板上后承运人才签发的提单。为了确保能在目的地提货,一般都要求卖方提供已装船提单,以证明货物确已装船。

● 收货待运提单(Received for Shipment B/L)　简称待运提单,是在托运人已将货物交给承运人,承运人已接管等待装船的货物后,向托运人签发的提单。有时船公司因船期问题,指定仓库预收货物,根据仓库收据签发收妥待运提单,准备交由日后到港船只装运。特别是集装箱运输大多在内陆收货站收货,不能签发已装船提单。收妥待运提单虽表示货物尚未装船,但签发后,货物已经装载于船只上,承运人可在其上加注"已装船"字样,注明船名和装运日期并由承运人签署,待运提单便转化为已装船提单。

② 按对货物的外表状况是否有不良批注划分

● 清洁提单(Clean B/L)　货物装船时外表状况良好,对提单上所印就的"外表状况明显良好"没有加注相反的批注或附加条文的提单。信用证要求的提单均为清洁提单。

● 不清洁提单(Foul B/L)　承运人在提单上加注了有关货物及包装状况不良或存在缺陷等批注的提单。常见的批注类型有：

a. 对货物与包装状况的批注。
b. 对附加费用的说明。
c. 免责批注。
d. 对运输方式的说明。
e. 未明确表示货物与包装不良的批注。
f. 对货物数量的批注。

其中，a 类是不清洁提单；b 类是说明费用的，除非信用证有相反规定，银行都会接受这种提单；c 类和 d 类是承运人认为需要时重申其权利和责任，对收货人权益并无影响；e 类并没有明确表明货物与包装的缺陷，所以有 b～e 这几类批注的都不属于不清洁提单；f 类说明了货物的短少的情况。货物在装船时由于损坏等原因，出口商一时又不能补齐货物，承运人就在提单上加这类批注，托运人可按实际出运数来缮制发票收取货款，一般说来进口商可以接受这类单据。但是，也有特例。

例 3-1

我国某港货物在夜间装船，不慎货物落海一件，因船即将离港，来不及更换提单，船长在签单时注明：Shut-out One Package(退关一件)，结果进口商以提单是不清洁提单为由提出拒付货款，最后几经交涉，卖方降价，买方才付款。

启示：为谨慎起见，在这种情况下出口商应尽可能更换提单，以防对方拒付。

例 3-2

我国某公司向荷兰某公司出售一批纸箱装货物，以 FOB 价鹿特丹条件成交，在青岛港装船。当船方接收货物时，发现其中 28 箱货外表有不同程度的破碎，于是大副在收货单上批注"该货有 28 箱货外表破碎"。当船方签发提单，欲将该批注转提单时，卖方公司向船方出具了下列保函："若收货人因包装破碎货物受损为由向承运人索赔，由我方承担责任。"船方接受了上述保函，签发了清洁提单。该船起航后不久，接到买方公司指示，要求其将卸货港改为法国马赛港，收货人变更为法国某公司。经过一个多月的航行，船到马赛港，卸货时收货人发现有 40 多箱包装严重破碎，内部货物不同程度受损，于是以货物与清洁提单不符为由，向承运人提出索赔。船公司向法国收货人赔偿 20 多万美元后，凭保函向卖方公司要求偿还该 20 多万美元的损失，但卖方公司以装船时仅有 28 箱破碎为由，拒绝偿还其他十几箱的损失。

启示：承运人凭保函签发清洁提单，导致丧失了公约或法律赋予的可能免除责任的权利。卖方在货物装船时就提供了一部分包装破碎的货物，是一种违约行为；不仅如此，还同承运人一起隐瞒事实真相，从而构成对买方的欺骗。如果买方获悉真相，不仅可以起诉承运人，还可以卖方严重违约甚至以欺诈为由提出解除买卖合同，要求退回货款，同时要求卖方给予损害赔偿。因此，以保函换取清洁提单的做法实不可取。

③按提单中收货人栏的填写方式划分

● 记名提单(Straight B/L) 是指在提单上具体写明收货人名称的提单。记名提单只能由该指定的收货人凭此提货,提单不能转让,可以避免转让过程中可能带来的风险,一般用于贵重商品、展品及援外物资的运输。记名提单的收货人可以是买主、开证行或代收行,但银行一般不愿接收以买主为收货人的记名提单。因为一些国家的惯例是记名提单的收货人可以不凭正本提单而仅凭"到货通知(Notice of Arrival)"上的背书和收货人的身份证明即可提货,这样银行如垫款却不能掌握货权,风险太大。

例 3-3

上海某公司与美国一代理商签订了一份纺织品出口合同,信用证要求出具记名××公司的提单,并指定货物装运美国某船公司。货物出运后全套单据经通知行寄开证行,开证行称单据有一处不符点,暂为保管全套单据。该上海公司查询货物下落,船公司告知货物已被提走。该上海公司要求船公司做出解释,三份正本提单仍在银行,我方也并无放货指令,凭什么放货?船公司告知,记名提单可不凭正本提单,仅凭收货人的身份证明即可放货,船公司无责任。不久三份正本提单连同其他单据被开证行退回。

在要求船公司赔偿无果的情况下,该上海公司向法院起诉。然而被告认为此案适用于美国1936年海上运输法,放货的理由是提单背面条款中已约定,按此法规定记名提单项下承运人可以不凭正本提单放货,只要收货人提供了证明自己合法身份的有关文件即可。法庭通过研读美国1936年海上运输法文本,发现此法只适用于往来美国港口的运输业务,此案并未涉及美国港口,故终审判决:根据《海商法》第十七条的规定,提单无论记名或不记名都是物权凭证,承运人必须凭正本提单放货,现原告正本提单在手,被告已将货物放掉,属于严重侵权行为,判决被告赔偿原告全部货款和利息损失。

启示:必须谨慎使用记名提单。如果信用证要求记名提单,最好要求改证;如果客户坚持使用记名提单,须弄清原委,了解运输业务所涉及国家对记名提单物权凭证属性的法律规定,如装运到美国的货物就不宜使用记名提单,或在记名提单上加注声明"此提单适用于中国海商法",以约束承运人必须凭正本提单放货。

● 指示提单(Order B/L) 是在提单上收货人栏中有"Order"凭指示字样的提单。实务中常见的可转让提单是指示提单。指示提单有四种抬头:

a. 凭银行指示。即提单收货人栏填写为"to the Order of ×× Bank"。

b. 凭收货人指示。即提单收货人栏填写为"to the Order of A. B. C. Co. Ltd"。

c. 凭发货人指示。即提单收货人栏填写为"to the Order of Shipper",并由托运人在提单背面空白背书。这种情况下则只有托运人可以提货,即卖方保留货物所有权。

d. 不记名指示。即提单收货人栏填写为"to the Order",并由托运人在提单背面进行空白背书。亦可根据信用证的规定而制成记名背书。

指示提单又可分为两种类型:记名指示提单和空白抬头提单。

a、b 两种是记名指示提单。a种提单称为银行指示提单,当开证行为了防止进口商无力偿还货款时,就会在信用证中规定提单抬头制成凭银行指示。在实务中,议付行往往都要求托运人先制作空白背书。如规定以议付行的指定人为抬头,则应由议付行背书转让给开证行,才能凭以向承运人提货;如规定以开证行的指定人为抬头,则还应由开证行背书。银行指示提单应按银行指示交货,一般在进口商付款后,银行在提单上背书,然后将提单转交给进口商。这种提单可作为向银行贷款的抵押。b 种提单称为收货人指示提单,收货人可以收单后自行提货,也可以背书转让。收货人指示提单对银行不利,因为若开证行遇买方拒绝付款,想自行提货处理,需先请收货人背书转让提单,所以开证行一般不愿意信用证规定提单做成这种收货人指示抬头。

c,d 两种是空白抬头提单,在托运人即卖方未指定收货人或受让人之前,货物所有权仍属于卖方。一般卖方都在空白抬头提单背面制作空白背书(Blank Endorsed),将提单转让给银行,银行即取得货物所有权。若信用证规定是 Endorsed in Blank,或 Blank Endorsed,都是空白背书的意思,发货人只需在提单背面签章,不做任何记载。实务中最常用的就是这种空白抬头和空白背书的提单。空白抬头提单也可以根据信用证要求而制作记名背书,如果信用证规定 Endorsed to … Co., Ltd. 或 Endorsed on Favor of … Co., Ltd. 都表示背书给某某公司,发货人须在提单背书注明 Please Deliver to … Co., Ltd. 或 Please Deliver to … Bank 或类似文字再签章。

● 来人提单(Blank B/L or Open B/L or Bearer B/L) 在提单收货人栏内只填写 to Bearer(提单持有人)或将这一栏空出不写。来人提单不需要任何背书手续即可转让,或提取货物,极不安全。在信用证结算方式下,较少使用这种提单。有些国家明文规定不准使用来人提单。

④ 按提单内容的繁简程度划分

● 全式提单(Long Form B/L) 详细列有承运人和托运人之间的权利、义务等条款的提单,又称繁式提单。在国际贸易中,目前使用的都是这种提单。

● 简式提单(Short Form B/L) 提单上印明"Short Form B/L"字样,仅有正面内容,背面空白。有些信用证明确规定不接受简式提单,但只要没有这种明确规定,银行可以接收简式提单。简式提单上一般有"本提单货物的收受、保管、运输和运费等事项,均按本公司全式提单的正面、背面的铅印、手写、印章和打字等书面的条款和例外条款办理,该全式提单存本公司、分支机构或代理人处,可供托运人随时查阅"等字样。简式提单在美国很流行。

⑤ 按不同的运输方式划分

● 直达提单(Direct B/L) 是由承运人签发的,货物从起运港装船后,中途不经过换船直接运达卸货港的提单。提单中仅记载有起运港(Port of Loading)和卸货港(Port of Discharge),不能带有中途转船的批语。凡信用证规定不许转运或转船者,必须提供直达提单。

● 转船提单(Transshipment B/L) 是指货物在起运港装船后,船舶不直接驶往货物的目的港,而是需要在其他中途港口换船转运往目的港的情况下,承运人所签发的提单。因没有哪个港口能通往全世界所有港口,故在国际贸易中转船运输方式是常见的。

● 联运提单(Through B/L) 在联运方式中由第一承运人签发的包括全程在内并收取全程费用的提单。第一承运人虽然签发全程提单,但其只对第一运程负责。转船运输是联运的一种,转船运输中几乎所有提单都规定:"如有需要,承运人可将货物交由属于承运人或他人的船舶,或其他运输方式或直接或间接运往目的港,费用由承运人支付,但风险由货主承担,承运人责任只限于其本身经营的船舶所完成的那部分运输。"

⑥ 按船舶营运方式划分

● 班轮提单(Liner B/L) 采取班轮运输方式、由经营班轮运输的承运人或其代理人签发的提单。班轮运输承运人与托运人、收货人之间的权利和义务以船公司签发的班轮提单条款为依据,不再另行签订租船合同。班轮承运人负责装船、理平舱和卸货,不再另收费用。如果信用证规定运输条款按"班轮条款"办理,即由船方负责装卸费。

> **例 3-4**
>
> A.B.进出口公司向 D.S.有限公司出口一批花生仁,以 CIF 价伦敦条件成交。信用证规定"150 M/Ton of Groundnut Kernels, UCD.×× per M/Ton net CIF London, Liner out",A.B.公司经办人员发现信用证上多了"Liner out(卸货适用班轮条款,即船方负责卸货)"字样,对此理解为"非班轮"条款,即船方不负担装卸费用,与合同规定的 CIF 价(装费由卖方负担,卸费由买方负担)条款不矛盾,便接受了该信用证条款。
>
> A.B.进出口公司在装运出货后单据遭拒付,开证行拒付的理由是:提单上没有表示"Liner out"条款。A.B.进出口公司分别向开证行及买方质询,英国 D.S.有限公司对此回电:"Liner out"是关系到我公司是否负担卸货费的条款,由于你方提单上未表示"Liner out",所以船方不负担卸货费,也不负责卸货,因此我方无法付款。几经协商,后 D.S.公司提出,如果卖方同意负担或仍由船方负担卸货费,货款则可以照付。A.B.进出口公司即与船公司协商,卸货费可由发货人负担,请目的港船方代表先行垫付卸货费。但经联系方知该批货物已由收货人提取,卸货费也已由收货人支付了。于是 A.B.公司立即向开证行提出退还单据。由于开证行已放单给买方,买方已持提单取货,开证行无法退单,只能立即付款,并不得不负担由于晚付款的利息。
>
> **启示**:买方在信用证中擅自加列"Liner out",与合同不符,但由于卖方错误理解"Liner out",因而没有要求改证;卖方的另一错误是未在提单上完全体现信用证有关运输条款;开证行对拒付的单据只能妥善保管或退还交单人,不能擅自放单。

● 租船契约提单(Charter Party B/L) 租船形式下,货主须与船东缔结租船契约 Charter Party 或者程租合约 Voyage C/P 或者期租合约 Time C/P。在货物装船后,由船东或船长根据租船契约签发的提单称为租船契约提单。这类提单上通常加注"根据××租船合同出立"的批语。

租船合同和提单在性质和内容上是不同的。租约条款在不违背国际公认航运习惯的限度内,由船租双方达成协议,其内容可不受限制;但提单要受国际公约的约束。按租约签发的提单,会有两种不同的合同和法律关系交织在一起。一是货方和承运人之间受制于租约关系;二是提单与提单所有人之间受制于提单关系。这样就在履行货运的某些方面产生了困难。例如:租约里有"责任终止条款"和对货物的"留置权条款",租船人在货物装上船并取得提单后,责任便告终止。对于船舶在航程中发生的共同海损分摊,以及船舶到达目的港支付运费、滞期费和其他特殊费用等,由提单收货人承担责任。如果船方向提单收货人收取不到这些费用,即可对货物行使留置权。但是,如果提单条款中并无这些相应的条款规定,船方就不能向提单收货人索取这部分费用,也不能行使对货物的留置权。要解决这些矛盾,就必须使提单与租约相结合,将租约有关条款并入到提单中去。为此,一般租约加注了一项条款,即须在提单上写明:运费和其他一切条款、条件和免责事项按照租约办理从而使提单与租约相结合,成为租船契约提单。

例 3-5

某进口商向租船人托运一批货物,该租船人指示船东签发以进口商为收货人的提单。船东与租船人订立的租船合同中无滞期费条款,即租船人不负担滞期费,而所签提单上有滞期费规定。船舶到达卸货港后因无泊位等候两个月,船东无法依租船合同请求滞期费,就转而依据提单向收货人请求滞期费,但提单规定候泊时间不算滞期时间,但候泊锚地可卸货者除外。但该港候泊锚地无卸载条件,船东最终未能获得滞期费。

银行无法了解租船契约提单受租船合同约束的情况,故而一般不愿意承担由此带来的额外责任和风险。UCP600(跟单信用证统一惯例)第23条明文规定,银行不接受租船契约提单,除非信用证特别授权。如果信用证要求或者允许租船契约提单,银行和买方接受这种提单时,还会要求卖方在提单后面附有租船合同的副本,以了解提单和租约的全部情况。不过,银行只处理提单,不处理契约。即使信用证要求租船契约,银行也没有义务审核,银行将照转契约,但不负任何责任。

⑦按签发提单的时间划分

- 倒签提单(Anti-date B/L) 承运人或其代理人应托运人的要求,在货物装船完毕后,以早于该票货物实际装船完毕的日期为提单签发日期的提单。当货物的实际装船时间迟于信用证规定的装运期时,托运人为了使提单日期与信用证规定相符,常常请求承运人按信用证规定日期签单。承运人倒签提单的做法掩盖了事实真相,是隐瞒迟期交货的侵权行为,要承担风险。特别是当市场上货价下跌或其他原因,收货人可以"伪造提单"为由拒收货物,甚至向海事法院起诉扣船。因此,承运人不能签发这种提单。

例 3-6

我国某出口公司先后与伦敦 B 公司和瑞士 S 公司签订两个出售农产品合同,共计 3 500 吨,价值 8.275 万英镑。装运期为当年 12 月至次年 1 月。但由于原定的装货船舶出故障,只能改装另一艘外轮,致使货物到 2 月 11 日才装船完毕。在我出口公司的请求下,外轮代理公司将提单的日期改为 1 月 31 日,货物到达目的港后,买方对装货日期提出异议,要求我公司提供 1 月装船证明。我公司坚持提单是正常的,无须提供证明。结果买方聘请律师上船查阅航行日志,证明提单日期是伪造的,立即向当地法院控告并由法院发出通知扣留该船,经过 4 个月的协商,最后,我方赔款 2.09 万英镑,买方才撤回上诉而结案。

启示:倒签提单是一种违法行为,一旦被识破,产生的后果是严重的。但是在国际贸易中,倒签提单的情况还是相当普遍的。尤其是在延期时间不多的情况下,有许多出口商会铤而走险。买方可以通过查阅船长的航行日志或者班轮时刻表等途径加以识破。

- 预借提单(Advanced B/L) 在信用证有效期即将届满而货物尚未装船或尚未装船完毕的情况下,托运人要求承运人提前签发的已装船清洁提单。即托运人为了能及时结汇而从承运人那里借用的已装船清洁提单。承运人签发这种提单,不仅同样掩盖了事实真相,而且面临着比签发倒签提单更大的风险。一方面是因为货物尚未装船而签发清洁提单,有可能增加承运人的货损赔偿责任;另一方面还因签发提单后,可能因种种原因而改变原定的装运船舶,或发生货物灭失、损坏,或退关,这样就会使收货人以掌握预借提单的事实为由拒绝收货,并向承运人提出赔偿要求,甚至向法院起诉。但与倒签提单一样,实务中为了经济利益,承运人得到托运人的保函后也可能签发这种提单。银行不接收倒签提单和预签提单。如果开证行发现提单倒签和预签,并有证据证实,可以以伪造单据为由拒付。

● 过期提单　根据 UCP600 第 43 条 a 款的规定:"除规定一个交单到期日外,凡要求提交运输单据的信用证,还须规定一个装运日后按信用证规定必须交单的特定期限。如未规定该期限,银行将不予接收迟于装运日期后 21 日提交的单据……"过期提单虽非提单签发日期的问题,但相对于信用证规定的议付时间,构成了过期提单。

例 3-7

国外开来不可撤销信用证,其中规定最迟装运期为 2010 年 12 月 31 日,议付有效期为 2011 年 1 月 15 日。我方按规定的装运期完成装运,并取得签发日为 2010 年 12 月 10 日的提单,当我方备齐议付单据于 2011 年 1 月 4 日向银行议付交单时,银行以我方单据已过期为由拒付货款。

(4) 提单的缮制。海运提单一般是指港至港已装船提单(Port to Port Shipped on Board Marine Bill of Lading)。每家船公司都有自己不同的海运提单格式,但各项栏目、内容基本一致。出口商缮制提单和银行审核提单的基本要求是"单证相符"。下面介绍海运提单的缮制及审核中的注意事项。

① Shipper　托运人,也称发货人(Consignor),是指委托运输的当事人。如信用证无特殊规定,应以受益人为托运人。如果受益人是中间商,货物是从产地直接装运的,这时也可以实际卖方为发货人。

② Consignee　收货人,是提单的抬头,也是银行审核的重点项目,应与托运单中"收货人"的填写完全一致,并符合信用证的规定。例如,来证要求 Full set of B/L Consigned to A,B,C Co.,提单收货人一栏中填写 Consigned to A,B,C Co.;来证要求 B/L Issued to Order of Applicant,查 Applicant 为 Big A Co.,则提单收货人一栏中填写 to Order of Big A Co.;来证要求 Full Set of B/L Made Out to Our Order,查开证行名称为 Small B Bank,则收货人一栏中填 to Order of Small B Bank,或 to Small B Bank's Order。

③ Notify Party　被通知人,货到目的港时由承运人通知其办理报关提货等手续。如果信用证中有规定,应严格按信用证规定填写;如果来证中没有具体说明被通知人,就应将开证申请人名称、地址填入提单副本的这一栏中,以方便目的港代理通知联系收货人提货,而正本的这一栏保持空白或填写买方均可;如果来证中规定 Notify…Only,意指仅通知某某,则 Only 一词不能漏掉;如果信用证没有规定被通知人地址,而托运人在提单被通知人后面加注详细地址,银行可以接受,但无须审核。

④ Pre-carriage by　前段运输,Port of Transhipment,转船港;如果货物需转运,则在此两栏分别填写第一程船的船名和中转港口名称。

⑤ Vessel　如果货物需转运,则在这栏填写第二程的船名;如果不需要转运,则填写第一程船名。是否填写第二程船名,主要根据信用证的要求,如果信用证并无要求,即使需要转船,也不必填写第二程船名。

⑥Port of Loading　装运港,应严格按信用证规定填写,装运港之前或之后有行政区的,应照加;一些国外开来的信用证笼统规定装运港名称,仅规定为"中国港口",这种规定对受益人来说比较灵活,可以自行选择,制单时填写具体港口名称。若信用证规定"Your Port",则只能在本市港口装运;若本市没有港口,则须开证人改证;若信用证同时列明几个装运港,则提单只填写实际装运港口的名称。

⑦Port of Discharge　卸货港。

⑧Final Destination　最终目的地,如果货物的目的地就是目的港,则空白这一栏。

填写目的港或目的地应注意下列问题:

- 除 FOB 价条件外,目的港不能是笼统的名称,必须列出具体的港口名称。如国际上有重名港口,还应加国名。
- 如果来证目的港后有 In Transit to…,在 CIF 价或 C&F 价条件下,则不能照加,只能在其他空白处或唛头内加注此段文字以表示转入内陆运输的费用由买方自理。
- 美国一些信用证规定目的港后有 OCP 字样,应照加。OCP 即 Overland Common Points(内陆转运地区)。例如,San Francisco OCP,指货到旧金山港后再转运至内陆;San Francisco OCP Coos Bay,指货到旧金山港后再转运至柯斯湾。新加坡一些信用证规定"Singapore PSA",PSA 指 Port of Singapore Authority,即要求在新加坡当局码头卸货。该码头费用低廉,但船舶拥挤,停泊该码头须经承运人同意。
- 有些信用证规定目的港后有 Free Port(自由港)和 Free Zone(自由区),提单也可照加,买方可凭此享受减免关税的优惠。
- 如信用证规定目的港为 Kobe/Negoga/Yokohama,表示卖方选港,提单可只打一个;如规定 Option Kobe/Negoga/Yokohama,表示买方选港,提单应按次序全部照打。
- 如信用证规定某港口,同时又规定具体的卸货码头,提单应照打。如到槟城港有三种表示:Penang、Penang/Butterworth、Penang/Georgetown。后两种表示并不是选港,Butterworth 和 Georgetown 都是槟城港中的一个具体的卸货码头。

例 3-8

信用证规定海运货物从上海到丹麦 AARFUS,A 出口公司在提单上有关装卸各栏填制为:Port of Lading:SHANGHAI;Port of Discharge:空白;Final Destination:AARFUS。单据寄到国外银行,开证行拒付,理由是 AARFUS 应为卸货港,而不是目的地。信用证规定的是海运,属于港至港运输,AARFUS 是一个港口而不是内陆城市,因此,它只能是卸货港,而不是最后目的地。如果运输方式是多式联运,从上海装船到欧洲某一港口,再通过陆运到 AARFUS,那么 AARFUS 可作为最后目的地,而卸货港则为欧洲港口。

⑨No. of Original B/L　正本提单的份数,UCP600 第 23 条规定,提单可以是一套单独一份的正本单据,但如果签发给发货人的正本超过一份,则应该包括全套正本。只有正本提单可流通、交单、议付,副本则不行。出口商应按信用证规定来要求承运人签发正、副本提单份数。并在交单议付时,应提交信用证要求的份数。单据上忘记打上正本份数或某份提单没有"正本"字样,都是不符点。信用证中对份数的表示法有:Full set of B/L,指全套提单,按习惯制作两份正本解释;Full Set 3/3 Plus 2 N/N Copies of Original Forwarded Through Bills of Lading,本证要求提交全部制作的 3 份正本。3/3 中分子的数字指交银行的份数,分母的数字指应制作的份数,N/N 即 Non/Negotiation,意为不可议付,即副本。Full Set Less One Copy on Board Marine Bills of Lading,指应向议付行提交已装船海运提单,是全套正本,至少一份正本;2/3 Original Clean on Board Ocean Bills of Lading,指制作3份正本提单,其中2份向议付行提交。

⑩Mark & No.　标志和号码,俗称唛头。提单上的唛头应与发票等其他单据以及实际货物保持一致,否则会给提货和结算带来困难。如信用证上有具体规定,缮制唛头应以信用证规定的唛头为准,否则以合同为准。如果合同上也没有规定,可按买卖双方私下商订的方案或受益人自定。唛头内的每一个字母、数字、图形、排列位置等应与信用证规定完全一致。散装货物没有唛头,可以表示"No Mark"或"N/M"。裸装货物常以不同的颜色区别,例如钢材、钢条等刷上红色标志,提单上可以"Red Stripe"表示。

⑪Number and Kind of Packages　件数和包装种类,填写包装数量和单位。散装货物无件数,可表示为"In Bulk"散装。包装种类一定要与信用证一致。

例 3-9

A公司出口一笔大豆,合同规定以旧、修补麻袋包装。信用证对于包装条件却规定:"Packed in gunny bags 麻袋包装"。A公司按合同规定,货物以旧、修补麻袋包装,提单按信用证规定"麻袋包装"缮制。承运人在签发提单时发现货物包装是旧袋且有修补,要求在提单上加注。A公司考虑提单加添批注造成不清洁提单则无法议付,以为合同即规定允许货物以旧、修补麻袋包装,买方不会有异议,所以改制单据为货物以旧、修补麻袋包装。单据交议付行议付时,议付行也疏忽未发现问题,单到开证行却被拒付,其理由:信用证规定为"Packed in gunny bags(麻袋包装)",而发票与提单却表示为"Packed in used and repaired gunny bags(旧、修补麻袋包装)",故单证不符。A公司几经交涉无果,结果以削价处理才结案。

⑫Description of Goods　商品名称,商品名称应按信用证规定的品名以及其他单据如发票品名来填写,应注意避免不必要的描述,更不能增加内容。如果品名繁多、复杂,则银行接受品名描述用统称表示,但不得与信用证中货物的描述有抵触。

⑬Gross Weight Kos　毛重(kg),毛重应与发票或包装单相符。如裸装货物没有毛重只有净重,应先加 Net Weight 或 N.W.,再标注具体的净重数量。

⑭Measurement　尺码,即货物的体积。以 m^3 为计量单位,保留3位小数。FOB价条件下可免填尺码。

⑮Freight Clause　运费条款,运费条款应按信用证规定注明。如信用证未明确,可根据价格条件是否包含运费决定如何批注。如果是 CIF 价、CFR 价等条件,运费在提单签发之前支付者,提单应注 Freight Paid(运费已付)或 Freight Prepaid(运费预付);FOB 价、FAS 价等条件,运费在目的港支付者,提单应注明 Freight Collect、Freight to Collect、Freight to be Collected(运费到付或运费待收),或注 Freight Payable at Destination(运费目的港支付);如信用证规定 Charter Party B/L Acceptable(租船契约提单可以接受),提单内可注 Freight as Per Charter Party(运费按租船契约支付);在船公司不愿意透露运费费率的情况下,提单可注 Freight Paid as Arranged、Freight as Arranged、Freight Payable as Per Arrangement(运费已照约定付讫);货物的装卸费负担问题,经常船方要求在提单上注明有关条款,如 F.I.(船方不负担装船费)、F.O.(船方不负担卸船费)、F.I.O.(船方不负担装船费和卸船费)等。

⑯Special Condition in B/L 特殊条款,例如:信用证要求在提单上特别地注明货物装上一只特定船名的船,一般托运人会接受,并在提单的空白处打上;又如强调运费根据租船契约支付,并强调装运由中国某港至美国某港的特殊条款。

⑰Place and Date of Issue 提单签发地点和日期,提单签发的日期不得晚于信用证规定的装运期,这对出口商能否安全收汇很重要。

⑱Laden on Board the Vessel 已装船批注,有些提单正面没有预先印就的类似已装上船的条款,这种提单便称为备运提单。备运提单转化为已装船提单的方式有两种:

- 在提单的空白处加"已装船"批注或加盖类似内容的图章。
- 在备运提单下端印有专供填写装船条款的栏目:Laden on Board the Vessel,已装船标注,有人称之为"装船备忘录"。装船后,在此栏处加注必要内容,如船名等,填写装船日并由签发人签字或简签。

⑲Signed for the Carrier 提单签发人签字,按照 UCP600 规定,有权签发提单的是承运人或作为承运人的具名代理或代表,或船长或作为船长的具名代理或代表。如果是代理人签字,代理人的名称和身份与被代理人的名称和身份都应该列明。

3.2.3　班轮运价与班轮运费

班轮运费是承运人为承运货物而收取的报酬,而计算运费的单价(或费率)则称班轮运价。班轮运价一般是以运价表的形式公布的,由基本费率和各种附加费构成,包括货物从起运港到目的港的运输费用以及装、卸费用。

1. 班轮运价表

(1)运价表的分类

① 从运价表的制定单位来划分

- 班轮公会运价表　由班轮公会制定,为参加公会的班轮公司所使用。运价比较高,是一种垄断性的运价表,承运的条件有利于船方,如远东水脚公会运价表即属此种。
- 班轮公司运价表　由班轮公司自己制定的运价表,如中远集团运价表。
- 货方运价表　由货方制定,船方接受使用的运价表。能制定运价表的货方,一般是较大的货主,并能保证常年有稳定的货源供应,如中外运运价表即属此种。

②从运价表的形式来划分

- 等级运价表　将全部商品分成若干等级,每一个等级有一个基本费率。
- 单项费率运价表　每种商品及其基本费率同时列出,每个商品都有各自的费率。

(2)运价表的内容

①说明及有关规定　主要是运价表的适用范围、计价货币、计价单位等规定。
②港口规定及条款　主要是将一些国家或地区的港口的规定列入运价表内。
③货物分级表　列明各种货物所属的运价等级和计费标准。
④航线费率表　列明不同的航线及不同等级货物的基本运费率。
⑤附加费率表　列明各种附加费及其计收标准。
⑥冷藏货费率表及活牲畜费率表　列明各种冷藏货物和活牲畜的计费标准及费率。

2. 班轮运价的构成

班轮运价由基本费率(Basic Freight Rate)和附加费(Additional or Surcharges)构成。

基本费率即班轮航线内基本港之间对每种货物规定的必须收取的费率,包括各航线等级费率、从价费率、冷藏费率、活牲畜费率及议价费率等。

附加费是对一些需要特殊处理的货物或由于客观情况的变化等使运输费用大幅度增加,班轮公司为弥补损失而额外加收的费用。附加费的种类很多,而且随着客观情况的变化而变化。以下为几种常见的附加费:

(1) 超重附加费(Over Weight Surcharge)。重量(毛重)达到或超过一定重量的货物即超重货物。各船公司对一件货物重量规定的限量不一致。超重货物在装卸、配载等方面会增加额外劳动和费用,故船公司要加收超重附加费。

(2) 超长附加费(Over Length Surcharge)。一件货物的长度达到或超过规定的长度,该货物即超长货物。对超长货物的长度限制各船公司也不一样。超长货物同超重货物一样,在装卸、配载时会增加额外劳动和费用,因此船公司要加收超长附加费。

(3) 燃油附加费(Bunker Adjustment Factor or Bunker Surcharge,BAF or BS)。因燃油价格上涨而加收的费用。

(4) 港口附加费(Port Surcharge)。由于一些港口设备差,所以装卸效率低,费用高,因船舶成本增加而加收的附加费。

(5) 港口拥挤附加费(Port Congestion Surcharge,PCS)。由于港口拥挤,所以船舶需长时间等泊,为弥补船期损失而收取的附加费。该项附加费随港口拥挤程度的变化而调整。

(6) 货币贬值附加费(Currency Adjustment Factor,CAF)。为弥补因收取的运费货币贬值而造成的经济损失。一般随着货币贬值的幅度按基本费率的百分之几收取。

(7) 绕航附加费(Deviation Surcharge)。由于某种原因,船舶不能按正常航线而必须绕道航行,从而增加航运开支,为此加收的附加费称为绕航附加费。

(8) 转船附加费(Transshipment Surcharge)。运往非基本港的货物,需在中途港转运至目的港,为此而加收的附加费称为转船附加费。

(9) 直航附加费(Direct Additional)。对运往非基本港的货物,一次货量达到一定数量时,船方可以安排直航卸货,为此需加收直航附加费。

(10) 选卸港附加费(Additional for Optional Destination)。在办理货物托运时尚不能确定具体卸货港,需要在预先选定的两个或两个以上的卸货港中进行选择,为此而加收的费用称为选卸港附加费。运费一般按所列供选择的港口中计费高的费率计算,如实际选择了费率低的港口卸货,则多收部分运费不予退回。

班轮附加费名目繁多。除上述各项附加费外,还有洗舱费(Cleaning Charge)、重蒸费(Fumigation Charge)、冰冻附加费(Ice Additional)、旺季附加费(Peak Season Surcharge,PSS)、紧急燃油附加费(Emergency Bunker Surcharge,EBS)等。附加费的计算方法主要有两种,一种以百分比表示,即在基本费率的基础上增加一个百分比;另一种用绝对数表示,即每运费吨增加若干金额,可以与基本费率直接相加计算。

部分班轮运输附加费

3. 班轮运费的计算

(1) 班轮运价的计算标准

①按货物的毛重计收　在运价表中,以"W"(Weight 的首字母)表示。一般以吨为计算单位,保留两位小数,也有按长吨或短吨计算的。

②按货物的体积计收　在运价表中,以"M"(Measurement 的首字母)表示。一般以 m^3 为计算单位,也有按 40 ft^3 为 1 尺码吨计算的。

③按货物的毛重或体积重量取其高者计收运费　在运价表中以 W/M 表示。按惯例凡 1 吨货物的体积超过 1 m^3 或 40 ft^3 者即按体积收费;不足者,按毛重计收。

④按货物的价格计收运费,又称从价运费　在运价表中以"ad val"表示。一般按商品 FOB 价的百分之几计算运费。一般都属于高价值货物。

⑤按货物重量或体积或价值三者中最高的一种计收　在运价表中以"W/M or ad val"表示。也有按货物重量或体积计收,然后再加收一定百分比的从价运费,在运价表中以"W/M plus ad val"表示。

⑥按货物的件数计收　如汽车、火车头按辆(Unit);活牲畜按头(Head)计费。

⑦大宗低值货物按议价计收运费(Open Rate)　如粮食、豆类、煤炭、矿砂等。订舱时,由托运人和船公司临时洽商议定。议价运费比按等级运价计算的运费低。

⑧起码费率(Minimum Rate)　是指按提单上所列的重量或体积计算出的运费,尚未达到运价表中规定的最低运费额时,按最低运费计收。

如果不同商品混装在同一包装内,则全部运费按其中较高者计收;同一票商品如包装不同,其计费标准及等级也不同,托运人应按不同包装分列毛重及体积,才能分别计收运费,否则全部货物均按较高者收取运费;同一提单内如有两种或两种以上不同货名,托运人应分别列出不同货名的毛量或体积,否则全部将按较高者收取运费。

(2) 班轮运费的计算方法

①班轮运费的计算公式　班轮运费的计算公式为

$$F = F_b + \sum S$$

式中　F——运费总额;

F_b——基本运费;

S——某一项附加费。

基本运费是所运货物的数量(重量或体积)与规定的基本费率之积,即

$$F_b = fQ$$

式中　f——基本费率;

Q——货运量(运费吨)。

附加费是指各项附加费的总和。在多数情况下,附加费按基本运费的一定百分比计算,其计算公式为

$$\sum S = (S_1 + S_2 + \cdots + S_n)F_b = (S_1 + S_2 + \cdots + S_n)fQ$$

式中,S_1、$S_2 \cdots S_n$ 为各项附加费率。

代入运费计算公式,可得

$$F = F_b + \sum S = fQ + (S_1 + S_2 + \cdots + S_n)fQ = (1 + S_1 + S_2 + \cdots + S_n)fQ$$

如附加费以绝对数表示,则附加费总额为

$$\sum S = (S_1 + S_2 + \cdots + S_n)Q$$

代入运费计算公式得

$$F = F_b + \sum S = fQ + (S_1 + S_2 + \cdots + S_n)Q$$

②班轮运费的计算步骤
- 审查托运人提供的货物名称、重量、尺码(是否超重、超长)、装卸港口、是否需要转船以及卸货港的选择等。
- 根据货物名称,从有关运价表中查出该货物的计费标准及运价等级。
- 查找所属航线的等级费率表,找出该等级货物的基本费率。
- 查出各附加费的费率及计算方法。
- 根据上述内容,将各项数据代入班轮运费计算公式进行计算。

例 3-10

以 CFR 价条件出口加拿大温哥华一批罐头水果汁,重量为 8 吨,尺码为 10 m³,求该批货物总运价。

解:(1)确认水果汁的英文为"Fruit Juice"。

(2)从有关运价本的"货物分级表"(Classification of Commodities)中查找相应货名。再查到其运价等级为 8 级,计算标准为 M,即按尺码吨计算运费。

(3)再查中国至加拿大航线等级费率表(Scale of Class Rates for China—Canada Service)得 8 级货物相应基本费率为每吨 219.00 元。

(4)另查得燃油附加费 20%。

(5)计算

$$F = F_b + \sum S = (219.00 + 219.00 \times 20\%) \times 10 = 262.8 \times 10 = 2\,628.00 \text{ 元}$$

3.3 租船运输实务

3.3.1 航次租船合同

1. 航次租船合同概述

航次租船合同(Voyage Charter)又称"程租合同",是指出租人就约定港口之间的航程提供船舶或部分舱位,承运约定的货物,而由承租人支付约定运费的合同。

订立航次租船合同一般是为了运输大宗货物,或者是因为班轮航线无法满足货物运输的需要,也可能是为了转租。在航次租船合同中,运费按所承运的货物数量计算,与航程所用的时间无关,出租人承担了时间风险,在运输过程中将尽力速遣,而无须在航次租船合同中规定出租人的速遣义务,但是,货物的装卸作业由承租人负责,出租人无法控制因货物装卸所耗费的时间,为了促使承租人尽速完成装卸作业,航次租船合同无一例外地订有装卸时间及滞期费条款。

(1) 航次租船合同的特点

①航次租船合同的当事人称为出租人和承租人。出租人只承运与其签订了租船合同的承租人所提供的货物,船期和航线的安排均由双方当事人约定。

②航次租船合同实践中多以标准格式合同为基础,加以增删或修改而订立。

③出租人负责船舶的营运并负担费用。除货物装卸费有可能另有约定外,其他船舶营运费用,如燃料费、港口费、船舶的维持费用等均由出租人负担。

④租船合同的运费按市场供求情况由双方洽定。

⑤航次租船合同规定货物装卸的期限和装卸时间计算办法,并计算滞期费和速遣费。

(2) 航次租船合同当事人的权利和义务

①航次租船合同下承租人的权利和义务

- 支付滞期费的义务和请求给付速遣费的权利
- 提供约定货物的义务　经出租人同意的,承租人可以更换货物。
- 转租的权利　承租人与出租人签订航次租船合同后,由于情况变化导致承租人不再需要已租用的船舶,经出租人同意可以将船舶转租。

②航次租船合同下船东的默示保证义务

- 提供绝对适航(Absolute Seaworthiness)的船舶　船舶适航是相对的,世界上根本不存在在任何时刻及航线上都绝对适航的船舶。我国《海商法》明文规定了航次租船合同下船东应承担恪尽职责的适航义务。
- 合理速遣(Reasonable Despatch)　船舶在开往装货港的预备航次中,在装货港和卸货港以及在两港间的航行途中,都应合理地在最短时间内履行合同。此项默示义务意味着在整个合同履行期间,不应有不合理的延误。倘若船东违反此项义务,则可能招致租船人索赔甚至终止合同。
- 不得不合理绕航(Unlawful Deviation)　船舶应按照约定的或者习惯的或者地理上的航线驶往卸货港。所谓合理绕航,是指为了船舶和货物的安全,或者在海上救助或试图救助生命和财产所发生的绕航。除此而外,均属于不合理绕航。

③航次租船合同下租船人的默示保证义务　在航次租船合同下,租船人的主要默示保证义务是不得装运非法的和有危险性的货物。这项默示义务对租船人而言是绝对的,即使租船人事先不知道货物的危险性也不能作为抗辩的理由。当然,租船人可以通过航次租船合同的有关条款来修改此项义务。

(3) 航次租船合同范本。航次租船合同包括了规定船东和租方双方的权利和义务的种种条款,在洽租船舶时,当事人通常都采用标准格式的租船合同,根据各自的需要,对标准格式中的某些条款进行修改、删减或补充,最后达成协议。

航次租船合同的标准格式大多由各个国际航运组织制定,供洽租双方在洽定租船合同时选用。航次租船合同范本很多,根据船舶航行的航线、承运货物种类等不同而有所区别。例如,由波罗的海国际航运公会(The Baitic and International Maritime Conference,BIMCO)制定的"统一杂货租船合同"(Uniform General Charter,简称 GENCON 金康),适用于不分航线的杂货运输;由美国船舶经纪人和代理人协会制定的"北美谷物租船合同"(North America Grain Charter,简称 Norgrain),适用于由北美至世界各地的谷物运输;"澳大利亚谷物租船合同"(Australian Grain Charter,简称 Austwheat)适用于从澳大利亚到世界各地的谷物运输;ASBA 制定的"油船航次租船合同"(Tanker Voyage Charter,简称 Asba Tank Voy)专门适用于油轮航次租船。其余的还有诸如"波兰煤炭租船合同"(POLCOALVOY),"铁矿石租船合同"(SCANORECON),"波罗的海木材租船合同"(NABAL TWOOD)等专门用途的航次租船合同范本。

2. 航次租船合同主要条款

由于 GENCON76 是最具有代表性的航次租船合同,实践中使用得也最为频繁,所以下文结合 GENCON76 讨论航次租船合同条款的主要内容。

(1)合同前言

①双方当事人 主要写明双方当事人的名称、营业地址及身份,以便明确谁最终对本合同负责。

②船舶说明(Description of Vessel) 这部分内容填写在表格的第 5、6、7 栏,属于合同的条件条款。其中包括:

● 船名(Vessel's Name) 船名是合同的重要条件之一,必须正确无误,合同内的船名都必须加引号。在整个租赁期内,船东不得随意更换船名,否则以违约论处。为了船东经营上的便利,列明两艘船舶,由船东选择其中之一;或者在合同内写明"或其替代船(or Substitued)""或其姊妹船(or Sister Ship)"赋予船东更换船舶的权利。但是,船东指定的替代船的状况应与原约定的船舶相符,并且替代船一经选定,船东应及时通知租船人,并不得再次更改。

● 船舶国籍(Vessel's Nationality)或船旗(Vessel's Flag) 这项内容一般填写在表格的第 5 栏,加注在船名前。船旗也是合同的重要条件,在合同履行期间,船东不得擅自变更船舶国籍或变换船旗,否则即属违约。

● 船舶建造年月和船级(Year Built and Class) 此项内容加注在船名之后,便于租船人了解船舶的技术状况和老化程度。合同中写明的船级是指船舶在合同订立时的船级,船东没有义务在整个合同期内保持这一船级,除非合同中另有明文规定。

● 船舶吨位(Vessel's Tonnage) 包括注册吨位(Registered Tonnage)和载重吨位(Deadweight Tonnage)。注册吨位与港口费用、运河通行费、关税的征收等有密切关系;载重吨位表示船舶的载货能力,表格中填写的数字是指船舶实际可装载货物的数量,不包括船舶燃料、淡水、备用品以及船舶常数等。需要注意的是表格第 7 栏中有"大约(about-abt)"字样,表示所填列数字只是普通情况下可装载货物的数量。船舶具体在某一航次所能装载货物的数量,除船舶自身因素外,还要受到航道情况、港口水文情况等因素的限制,因此具体装货数量另有条文详加规定。

③订约时船舶位置(Present Position) 这项内容填写在表格的第 8 栏,此项内容有助于租船人合理判断船舶能否如期抵达装货港以及明确本航次、本合同开始履行的时间。以前本条款是作为合同的条件条款来对待的,而现实中有时订约后船舶还要完成其他数个航次,才开始履行本合同项下的义务,订约时船舶的位置对本合同影响不大。因此,本条款的条件条款性

质颇有疑问。

④预备航次(Preliminary Voyage) 所谓预备航次,是指船舶完成上一航次后,从本合同的装货港的前一港口驶往本合同的装货港的一段航程。合同中船东所承担的明示及默示义务,同样适用于预备航次。即船舶要以合理的速度尽快驶往装货港,而不应有不合理的延误。

⑤装货港和卸货港(Port of Loading & Port of Discharge) 在航次租船合同中,有关装货港和卸货港的规定也是合同的重要规定。这个条款的订法一般有两种:一是具体列明装货港和卸货港名称,二是不具体列明港口名称,只规定一个大致的范围,由租船人选择。在第二种情况下,租船人选定港口后,应及时通知船东。为避免争议,合同中一般均写明租船人应何时通知船东。

本条款中,经常涉及安全港(Safe Port)和安全泊位(Safe Berth)的问题。关于安全港的责任归属,一般原则是谁对港口有最大的决定权,谁就要负责该港的安全责任。在列明装卸港的情况下,表示船东已认可该港口为安全港,因此船东就需要对安全港负责;在租船人选港的情况下,安全港的责任自然落在租船人的身上,但这一点也不是绝对的,只要租船人在选港时已恪尽职责,确定其所选港口可预见是安全的,即使后来该港变得不安全,租船人亦无须负责。安全泊位责任归属的划分原则与安全港相同。一般情况下,泊位总是由租船人选择的,泊位的安全责任自然由租船人负责。

与安全港相联系的另一条款就是附近条款(Near Cluse),GENCON76 中规定:当指定的港口由于某种因素的影响有迹象变得不安全或是船舶进入该港后将会遇到各种障碍时,船东有权指令船舶驶往附近可以安全到达并能保持浮泊的港口或地点。至于变更港口所产生的货物转运费用,船东凭此条款可不予负责,而由租船人自行负担。

⑥货物(Cargo) 货物条款是航次租船合同的条件条款。其内容包括货物的品名、种类、数量以及包装形态等。运送不同种类和性质的货物,对船舶的结构、设备以及管理上有不同的要求,而且与船舶的经营管理和经济利益密切相关。因此,货物条款是航次租船合同中关乎船东及租船人双方切身利益的重要内容。在 GENCON76 中,有关货物的规定填写在表格的第12栏,其具体内容如下:

● 货物的品名、种类和包装 在航次租船合同中,除具体列明一种货物外,有时为了租船人贸易上的便利,通常规定几种货物或某一类货物,由租船人选择其中的一种或几种,甚至有的只规定为合法货物(Lawful Merchandise)。但在这种情况下,船东一般会要求在合同中增订"危险品除外"的附加条款(Except Dangerous Goods),以维护其利益。提供与合同规定相符的货物是租船人的绝对责任,如果租船人提供的货物与约定不符,船东有权拒装。货物的包装类型一般也在合同中订明,因为货物的包装有时会影响船舶能否适航以及装卸、平舱、理舱费用和驾驶、管理船舶的费用等问题。

● 货物数量 航次租船合同中一般规定租船人应提供满舱满载货物。货物数量的规定方法一般有两种:第一,满舱满载某种货物×吨,船方选择伸缩比率,这种规定方法被称为"伸缩条款"(More or Less Clause);第二,满舱满载某种货物不超过×吨或不少于×吨,由船方选择,这种规定方法被称为"最高/最低条款"(Maximum/Minimum Clause)。当租船合同中采用上述方法来规定货物数量时,船舶具体的装货数量应由船长在装货之前以书面形式通知租船人,即俗称的"宣载通知书"(Declaration of Ship's Deadweight Tonnage of Cargo)。船长宣布的载货量必须在合同规定的范围之内选择,如果超出该范围,则租船人可以拒装。而且,宣载量一经确定,就不能够再作修改。如果宣载量小于船舶实际载货量,造成租船人退货短装

(Short Lift)损失,则船东须负赔偿责任。如果租船人提供货物的数量达不到宣载量,则违反了其应提供满舱满载货物的义务,须向船东支付亏舱费(Dead Freight),作为船东因此受到的运费损失的赔偿。

- 甲板货(Deck Cargo) 所谓甲板货,是指依照航运习惯或法律规定装在甲板上的货物。货物能否装在舱面上,须经双方同意。即使双方同意舱面空间可用来装载货物,其风险责任也由租船人承担,船东并不负责。
- 垫舱和隔舱物料(Dunnage and Seperations) 租船人负责提供所有必需的垫舱和隔舱物料,如有需要,船东允许使用船上现有的垫舱物料,实践中,一般视货物性质及种类由双方协商确定由谁提供垫舱及隔舱物料。

(2) 船东责任条款(Owner's Responsibility Clause)。GENCON76 的第 2 条虽然名为船东责任条款,但实质上是一条保护船东的免责条款。在 GENCON76 该条款下,船东仅对三种原因造成的货物灭失、损坏或延迟交货负责:货物积载不善或疏忽,但由交货人/租船人或其雇佣的搬运工或服务人员进行积载操作者除外;船东或其经理未能恪尽职守,使船舶在各方面适航并适当地配备船员,装备和供给船舶;船东或其经理的行为或过失。这显然有偏袒船东之意。本条的其他内容都是关于船东的除外责任的,大大缩小了船东的责任范围,对租船人很不利,因此在订立合同时租船人应争取将其删除。

在海牙规则实行之后,提单运输中船东对货物的责任已比较明确:提供一条在开航前和开航当时均适航的船舶;船舶适航不仅指其具有相应的航海能力,而且包括其适货能力;船东对所运送的货物负有适当和谨慎地装载、搬运、积载、运输、保管和卸载的责任;不仅船东必须恪尽职责使船舶适航,其雇佣人和代理人也同样有此项义务;如果船东违反了适航义务,则须对不适航引起的货物直接损失负赔偿责任。一般认为海牙规则中关于船东责任的规定还是比较合理的。

(3) 绕航条款(Deviation Clause)。在英美普通法下,对船舶绕航的要求是极为严格的,船东如果不合理绕航,其后果是非常严重的。但 GENCON76 试图通过该条文改变英美普通法的规定,免除船东任何绕航的责任,包括不合理绕航的责任,租船人在订立合同时应力争删除之。

(4) 运费支付条款(Dayment of Freight)。运费支付条款是合同的条件条款。在 GENCON76 的第 1 条和本条中均有涉及运费方面的规定,主要是关于运费如何计算、如何支付、支付的时间、使用的外币和汇率等内容。

① 运费的计算方式 在航次租船合同中,经常使用的有两种计算运费的方法。

其一是规定一个运费费率,例如每吨 10 美元。如果有两个以上的装货港或卸货港,则按港口分列费率,或者规定一个一港装一港卸的基本费率,然后订明每增加一个装港或卸港再加一个附加费率。用运费费率乘以货物数量就得出运费的数额。货物数量的计算标准有两个,一种是按装入量计算,另一种是按卸出量计算。GENCON76 表格的第 13 栏中列明了这两种标准,供双方洽定。当合同采用此种方式计算运费时,必须明确按哪种标准计算货物数量,以避免争议。

另一种运费计算方式是整船包价运费(Lump-sum Freight),即合同中不规定运费费率,而仅规定整额运费,不论实际装货数量多少,租船人都得按包价照付。当合同中采用这种方式计算运费时,通常都要求船东在合同中对船舶载货重量和载货容积做出保证,否则租船人有权按照比例扣减运费作为补偿。

②运费的支付方式　英美普通法下,运费是船东为完成货物运输所得的报酬,即租船人只有在船舶抵达目的港卸货时才支付运费。但随着国际单证贸易的盛行,作为"物权凭证"的提单是要求"运费预付"的。航次租船合同中常见的预付运费的规定方法有以下几种:签发提单时全部预付;签发提单时预付90％,10％于目的地卸货时支付;签发提单7日内预付。

签发提单7日内预付运费,对船东来说是有一定风险的。因为签发的预付运费的提单相当于一张已收到运费的收据。如果事后租船人不支付运费,而提单又已经转让,船东不但收不到运费,而且还必须完成提单项下的义务,将货物运往卸货港。

预付运费对于租船人而言也是有风险的。在运费预付后如果船货灭失,租船人就很难讨回运费。许多租船合同为了明确这一点,以及改变英美普通法关于运费支付的规定,在合同中都加上:"货物装船(或运费一经支付)即视为船东已赚取运费,不论船货灭失与否,运费概不退还。"将运费投保是一种稳妥的做法。

GENCON76 本条的规定已不适于当前航运业务的实际做法,订立合同时应予以删除。

(5)**装卸费用**(Loading/Discharging Costs)。GENCON76 中的装卸费用条款的内容,不单纯指装卸费用如何划分,而且包括由谁雇佣装卸工人,并承担装卸作业中的风险与责任问题。

在英美普通法下,租船人的提供货物义务中包括把货物运至船边,具体而言就是把货物运至船上吊钩所及范围之内,就完成了提供货物的义务。在卸货港,船东只需把货物从吊钩上卸至岸上或驳船上,就完成了运送货物的义务。因此,租船人与船东在装卸作业中风险划分也就以吊钩为界。但在实践中,有关装卸责任和风险的承担还要看合同条文的具体规定。值得注意的是,装卸费用的承担与装卸风险责任的承担可能是不一致的,即有可能租船人负责部分装卸作业的费用,但其风险与责任由船东承担。在航次租船合同中,对货物装卸费用的划分,一般有下列几种规定方法:

①班轮条件(Liner Terms or Gross Terms)　指由船东负担货物的装卸费用。

②船东不负责装卸费用(Free In and Out,F.I.O.)　指由租船人负担货物的装卸费用。在 F.I.O.后面加上 Stowed and Trimmed(F.I.O.S.T.)表示理舱、平舱费用亦由租船人承担。在运送大件货物的情况下,在 F.I.O.S.T.的后面加上 Lashed and Dunnages 表示船东负责捆扎及垫舱费用。

③船东不负担装货费用(Free in,F.I.)　有时更明确地表达为船东不负担装货费用,但负担卸货费用(Free In,Liner Out)。

④船东不负担卸货费用(Free Out,F.O.)　有时更明确地表达为船东负担装货费用,但不负担卸货费用(Liner In,Free Out)。

租船人在与船东洽定装卸费用承担时应注意与贸易合同价格条件(信用证)相衔接。如贸易合同采用 CIF 价条件时,航次租船合同中就应订明由船东负责装卸费用(Gross Terms)或者船东负担卸货费用(F.I.)。

在 GENCON76 的本条款中,规定了两种装卸费用分担方式供洽租双方选用,即 Gross Terms 与 F.I.O.S.T.。费用分担与前文所述无异,但在风险与责任方面则维护船东的利益。租船人在签订合同时应争取将不利的条款删除或修改其用词。

(6)装卸时间(Laytime)。装卸时间是整个航次时间的重要组成部分,涉及当事人双方的利益,需要在合同中订明。所谓装卸时间,是指合同双方当事人协议的,船东应保证船舶适于装卸,租船人在运费之外不支付任何费用的一段时间。在合同规定的装卸时间内,船东具有使船舶等待并适于装卸货物的义务。

装卸时间一般用若干日或若干小时表示,也可以用装卸率来表示。装卸时间的长短或装卸率定额的高低因货物种类、船舶舱口数、港口工作习惯和装卸效率的不同而异。双方当事人在商订装卸时间和装卸率时都应充分考虑这些因素。

① 有关装卸时间的规定
- 规定装卸日数或小时数,或者规定船舶装卸定额　具体的规定方法有:

a. 规定装货若干日(小时)和卸货若干日(小时)
laytime × days(hours)for loading and × days(hours)for discharging

b. 规定装货和卸货共若干日(小时)
laytime total × days(hours)for loading and discharging

c. 规定每日装货和卸货若干吨
cargo to be loaded and discharged at the rate of × tons per day

d. 规定每日每舱口装货和卸货若干吨
cargo to be loaded and discharged at the rate of × tons per hatch per day

- 规定按港口习惯尽快装货和卸货
cargo to be loaded and discharged according to the customary quick despatch—C. Q. D.

- 规定按船舶能够收货或交货的最快速度装货和卸货
cargo to be loaded and discharged as fast as the vessel can receive/deliver

② "日"的算法
- 日历日(Calendar Day)或"日(Day)"　零时起算,以24小时为一日。
- 连续日(Running or Consecutive Days)　即从开始装卸计时之时起,时钟走一小时算一小时,连续24小时算一日,不作任何扣除。
- 工作日(Working Days)　指按港口习惯工作时间计算装卸时间,非工作日进行的装卸不计入装卸时间。
- 良好天气工作日(Weather Working Days—W. W. D. 或 WWDSHEX, SHEX, 即 Sunday and Holiday Excepted)　除去星期日和法定假日不算装卸时间外,因天气原因不能进行装卸作业的时间也不计入。只要不影响货物的正常装卸作业的天气就算是"良好天气"。如果表达为WWDSHEXUU,"UU(unless used)"表示用了就算。
- 累计8小时工作日(Working Days of 8 hours)　指不管港口习惯工作时间如何,累计进行装卸作业8小时即1个工作日。
- 累计24小时工作日(Working Days of 24 hours)　其含义与上一款规定相似。
- 连续24小时良好天气工作日(Weather working days of 24 consecutive hours)连续作业24小时算一日,其间因天气原因不能作业的时间不计入装卸时间。

③ 装卸时间的计算
- 装卸时间的起算　自船长或船东的代理人向租船人或其代理人递交"装卸准备就绪通

知书"(Notice of Readiness,N/R)后的某一时刻开始起算。船舶"准备就绪"必须满足两个条件:船舶必须到达合同规定的港口或泊位;船舶在各方面均已做好装卸货物的准备。

● **装卸时间的计算**　在航运实务中,通常使用装卸时间计算表(Laytime Statement)来记录和反映实际使用的装卸时间,由船长与租船人代理共同签字确认,是计算装卸时间的原始资料和凭证。

GENCON76 本条的规定较为简略,它仅设计了两种装卸时间计算方式供洽租双方选择,即分别计算装货、卸货时间及合并计算装卸时间。有些文字仍是偏袒船东,例如,它规定装卸时间以连续小时(Running Hours)计算;星期日、节假日不计入装卸时间,但使用者除外,并且使用的时间按实际计算;装卸时间起算前进行装卸作业的时间计入装卸时间;候泊时间计入装卸时间。

(7) **滞期费(Demurrage)与速遣费(Despatch)**。滞期费条款是与装卸时间条款相联系的一项重要条款。所谓滞期费,是指非由于船东的原因,租船人未能在合同规定的装卸时间之内完成装卸作业,对因此产生的船期延误,按合同规定向船东支付的款项。与滞期费相对应的就是速遣费,即在合同规定的装卸时间届满之前,租船人提前完成货物装卸作业,使船舶可以提前离港并使船东节省在港费用和获得船期利益,船东按合同规定向租船人支付一定金额作为奖励。

滞期费按船舶滞期时间乘以合同规定的滞期费率计算。滞期时间等于实用装卸时间与合同规定的装卸时间之差。滞期时间的具体计算主要有两种方法:第一种,"滞期时间连续计算(Demurrage Runs Continuously)"或"一旦滞期,始终滞期(Once on Demurrage, Always on Demurrage)",即超过合同规定的装卸时间后的装卸时间,该扣除的星期日、节假日及恶劣天气因素就不再扣除,而按自然日有一天算一天;第二种,"按同样的日(Per Like Day)"计算,即滞期时间与装卸时间一样计算,该扣除的时间同样扣除。

速遣费按船舶速遣时间乘以合同规定的速遣费率计算。速遣费率通常为滞期费率的一半(简称 D. H. D.)或三分之一。速遣时间等于合同规定的装卸时间与实际使用的装卸时间之差。速遣时间的计算也有两种方法:第一种,"按节省的(全部)工作时间计算速遣费[Despatch on (All) Working Time Saved—WTS]"或"按节省的(全部)装卸时间计算速遣费[Despatch on (All) Laytime Saved—ATs]",意即合同规定的装卸时间内含有的节假日、星期日全部扣除,不作为速遣时间;第二种,"按节省的全部时间计算速遣费(Despatch on All Time Saved)",意即节省的装卸时间内包含的星期日、节假日也作为速遣时间计算。

装、卸港口的滞期时间或速遣时间是合并计算还是分别计算,对滞期费、速遣费的数额也有重大影响。一般来说合并计算对租船人较为有利,分别计算对船东较为有利。

滞期费的支付方式一般也在租船合同中明确加以规定,有的定为按日支付(Payable Day by Day),有的定为装卸作业全部结束后一并计算、支付。有的航次租船合同中还规定了允许船舶滞期的时间,如果租船人在此时间内仍未完成货物的装卸作业,则此后的时间租船人应向船东赔付延期损失(Damage for Detention)。

GENCON76 本条的规定较为简略、模糊,明显对租船人不利的地方是只字未提速遣费。

例 3-11

某定程租船在大连港卸化肥 30 000 吨。合同规定允许卸货时间为六个连续 24 小时晴天工作日。以五个舱口卸货为基础,每个舱口日卸 1 000 吨,星期六、日和节假日除外,即使用了也不算。滞期费每天 6 000 美元,速遣费为滞期费的一半。船长递交 N/R,租方或其代理接受后 24 小时开始生效,节假日(含星期六、日)前一日 13 时后和节假日后一日上午 8 时前不计入允许卸货时间,用了也不算。根据卸货时间表(表 3-3)计算某公司应付的滞期费或应得到的速遣费。

表 3-3　　　　　　　　　　卸货时间表

日 期	星 期	记录和说明
9 月 20 日	一	租方代理 9 时接受 N/R
9 月 20 日	一	上午 0 时五个舱口全部开始作业
9 月 21 日	二	五个舱口全部日夜作业
9 月 22 日	三	五个舱口全部作业至 9 时,9 时后因雨停工
9 月 23 日	四	因雨停工,上午 10 时后雨停,五个舱口全部作业
9 月 24 日	五	五个舱口全部作业
9 月 25 日	六	五个舱口全部作业
9 月 26 日	日	五个舱口全部作业
9 月 27 日	一	五个舱口全部作业
9 月 28 日	二	上午 12 时全部货物卸完

解:依题意列表,见表 3-4。

表 3-4　　　　　　　　　　装卸时间计算表

日 期		9月20日	9月21日	9月22日	9月23日	9月24日	9月25日	9月26日	9月27日	9月28日
时 间		0:00~24:00	0:00~24:00	0:00~9:00	10:00~24:00	0:00~24:00	0:00~24:00	0:00~24:00	0:00~24:00	0:00~12:00
星 期		一	二	三	四	五	六	日	一	二
累计小时	实卸	24	24	9	14	24	24	24	24	12
	应计	/	15	9	14	13	/	/	16	12

速遣费 = [6×24 - (15+9+14+13+16+12)] ÷ 24 × (6 000÷2) = 8 125 美元

(8) **留置权条款**(Lien Clause)。留置权条款是保证船东利益的条款。GENCON76 本条的大致含义为:船东因运费、空舱费、滞期费、延滞损失等事项对货物享有留置权。租船人应对空舱费和在装货港发生的滞期费(包括延滞损失)负责,租船人亦应对运费和在卸货港发生的滞期费(包括延滞损失)负责,但仅以船东对货物行使留置权后仍不能得到偿付为限。

留置权的行使是以船东合法地占有和控制货物为前提的,一旦货物脱离船东的有效控制,留置权也就成为一纸空谈,因此,船东要想能够有效行使留置权,就必须使本条款与运费支付条款及船长所签发的提单上的租船合同条款良好地配合。例如,租船合同内规定运费、空舱费、滞期费(包括延滞损失)在交货后结算,那么合同内即使有一条留置权条款,船东也不能行使;又如船长签发的提单内没有写明租船合同条款并入提单,或是所用字句不够清楚,那么提单一经转让,就变成一份新的合同,提单持有人不受原租船合同的约束,船东也不能合法地行使留置权了。

(9) **提单**(Bill of Lading)。为了配合贸易的需要,航次租船合同中一般也都规定船东或船长有签发提单的义务。例如,GENCON76 中就有如下的规定:船长应签发租船人所提供的无碍于本合同的提单。

航次租船合同项下提单的持有人是影响该提单法律作用的重要因素。如果提单的持有人是租船人,那么提单在租船人与船东之间的作用仅相当于承运货物的收据,租船人与船东之间的权利、义务关系一切以租船合同为准。如果提单持有人是其他任何第三方善意取得者,那么船东与提单持有人之间的权利、义务关系就以提单的规定为准。

在上述第二种情况下,提单的背面条款如何规定就显得尤为重要,它可能涉及船东、租船人以及提单持有人三方的经济利益。

例 3-12

某进口商进口一批纸浆,由租船人与船东签订航次租船合同承运,并由租船人作为承运人签发了以进口商为收货人的提单。租船合同与所签发的提单在滞期费方面的规定不同,前者规定候泊时间作为装卸时间,后者则无此规定。船舶到卸港后,候泊近月,靠泊卸货后又因接收货物的设备不足将船舶移泊锚地候卸近一个月。船东依租船合同向租船人收取了全部滞期费,而租船人只能按提单规定向收货人索取第二次候卸期间的滞期费,这样租船人就白白地损失了一大笔钱。

在航次租船合同下,简式提单也被大量采用。签发这种提单时,一般在提单背面加注"并入条款(Incorporation Clause)",注明将租船合同内容并入提单。如果并入提单的租船合同条款违背约束提单的国内法律或国际公约(例如《海牙规则》)的规定,那么对善意的第三方提单持有人而言,这些条款失效,船东对提单持有人的最低责任仍以《海牙规则》为准。

(10) **销约条款**(Cancelling Clause)。GENCON76 的销约条款大致含义为:如果船舶未能在第 19 栏所规定的日期或之前备妥装货(无论停靠泊位与否),租船人有解除本合同的选择权;如果船东要求,租船人至少应在本船预计抵达装货港前 48 小时宣布是否行使此项选择权;如果本船因海损或其他事故而延期,应尽快通知租船人;当本船延期超过预计准备就绪装货日期(受载期)10 日以上时,租船人有解除本合同的选择权。

本条款是租船合同的条件条款,其中有两点非常重要:

① 预计准备就绪日期(Expected Ready to Load) 此项内容填写在 GENCON76 表格中的第 9 栏,亦称受载期(Layday 或 Laycan),即船舶应准备就绪并接受装货的期限。一般是 10~15 日,受载期越长,对船东越有利。

船舶除应在受载期内抵达装货港外,还应使船舶准备就绪装货。否则,即视为船东违约。除船东可免责的原因外,租船人有权向船东索赔因此造成的损失并撤销合同。

注意:本条款所要求的"准备就绪"与准备就绪通知书(N/R)是有区别的,前者涉及能否取消合同这种严重的后果;后者只用于计算装卸时间以及滞期费和速遣费。

②销约日(Cancelling Date)　在租船合同中一般订为受载期的最后一天。如果船舶在该日24时之前未能抵达装货港口，租船人有权选择保留或撤销合同。本条款对"抵达"的要求也较为宽松，只要船舶抵达规定的装货港的港区，无论靠泊与否，均算抵达，即使合同中列明泊位。

有时，船东或船长明知船舶不可能在解约日之前抵达装货港并做好装货准备，只要租船人未提出解除合同，船东仍负有合理速遣使船舶驶往装货港的义务。为了避免船舶抵达装货港口后，租船人才宣布撤销合同的尴尬处境，船东就在合同中增加"质询条款（Interpellation Clause）"来保护自己，即规定如船东或船长将船舶延误情况和预期抵达装货港的日期通知租船人，则租船人应在一定时间内做出是否解除租船合同的答复，如租船人保持沉默，则视为同意保留合同。

(11) 共同海损(General Average)。主要内容是关于在发生共同海损时采用哪种理算规则以及在何地理算等。GENCON76本条款的大致含义为：共同海损需按1974年《约克-安特卫普规则》理算，货物所有人须偿付货物所应分摊的共同海损费用，即使此项费用系由船东的雇员的疏忽或过失所造成的。

(12) 补偿(Indemnity)。GENCON76本条款的大致含义为：因不履行本合同而经证实的损失，其赔偿金额不得超过运费的估计总额。本条款表面上是限制船东与租船人双方的赔偿责任，实质上是偏袒船东的，租船人在签订租船合同时，最好争取把本条款删除。

(13) 代理(Agency)。GENCON76本条款的大致含义为：在任何情况下，均由船东指派其在装货港和卸货港的经纪人或代理人。在装卸港口，船东及租船人一般都委派各自的代理人处理有关业务。有时也存在船东与租船人共用一个代理人的情况。

(14) 佣金(Brokerage)。佣金是付给经纪人的费用及酬劳，一般由船东按运费总额的1%～5%支付。除非租船合同内有相反规定，佣金的计算基数不包括空舱费和滞期费。经纪人不是租船合同的缔约方，如果船东未按合同规定支付佣金，经纪人无法起诉船东，但可以通过租船人提起诉讼。为了保证自己的利益，经纪人亦可在租船合同签订后向船东保赔协会投保。

(15) 通用罢工条款(GeneraL Strike Clause)。GENCON76的本条款也是合同的重要组成部分，而且内容规定得十分详细，主要是关于罢工期间装卸时间和滞期费的计算及解除合同的选择权等问题的。

(16) 战争风险(War Risks)。战争条款也是航次租船合同的重要组成部分，其作用是在一旦遭遇战争风险时，明确船东与租船人之间的权利、义务关系。

3.3.2　定期租船合同

1. 定期租船合同范本

定期租船合同项下双方当事人的权利、义务关系完全依据合同条款进行解释。选择一个对自己较为有利的租船合同范本作为底稿，对船东和租船人都十分重要。目前，国际上常用的定期租船合同范本主要有以下三种：

(1) 纽约土产交易所期租合同(New York Produce Exchange Time Charter)。该租船合同简称为"土产格式"(Produce Form)，由美国纽约土产交易所于1913年制定，因而航运界常称此格式为"NYPE"(租约代号)。到目前为止,该格式经历了五次修订。据业内人士估计,大约有90%的定期租船合同是以 NYPE46 为蓝本的。

(2)统一定期租船合同(Uniform Time Charter)。租约代号为 BALTIME。此格式由波罗的海国际航运公会于1909年制定,最后修订于1939年。BALTIME 由于是船东组织制定的,所以在很多条款上比较维护船东的利益。

(3)中国定期租船合同标准格式(China National Chartering Corporation Time Charter Party)。租约代号为 SINOTIME1980,它是由中国租船公司制定的,此格式较多地维护租船人的利益。

2. 定期租船合同的主要内容

(1)船舶规范(Description of Vessel)。在定期租船合同中,船舶规范主要包括下列内容:

①船舶名称　通常出租人应提供合同中约定的船舶,但若事先约定,也可以他船代替,但要与原约定的船舶状况相符。

②船籍　这是租船合同中一项重要内容,在审判实践中,涉及实体法的适用。

③船级　表明船舶技术规范。

④吨位和容积　证明船舶大小和载货能力。

⑤航速　船舶航速是合同中重要的条款。如果船舶实际速度小于声明速度,将使承租人在营运中的航行时间增加,造成额外支出。

⑥燃油消耗　船舶每天燃料消耗量应在租约中订明,如果实际消耗大于约定的数量,超出部分应由出租人承担,对于严重不符的情况,承租人可解除合同。

⑦有关船舶的其他描述

(2)交船(Delivery of Vessel)。是指出租人将处于适航状态的船舶交给租船人使用的行为。

①交船的地点　交船地点不明确或双方理解不同,均可能导致争议。

②交船的日期　出租人应在租船合同中规定的日期内将船舶交给租船人使用。若出租人未按时交船,租船人有权解除合同并向出租人索赔,因此交船期限的最后一天也称为"解约日"。实践中,海上航行的多变性使得出租人很难把握交船的日期,因此,在签订合同时,通常在交船期限上约定只要出租人对最后一个航次的安排是合理的,即不以违约论处。但出租人若能合理预见延迟交船,应及时通知承租人,以便承租人应对。

③交船时的船舶状态　交船时船舶的状态应符合租船合同的规定,处于适航状态,这是租约中的保证条款,此外,出租人还应保证提供的船舶符合约定的用途,否则即构成违约。承租人可以选择要求出租人在合理时间内,尽可能使船舶恢复适航能力或者选择解除合同。承租人做出选择决定并不影响其就产生的损失向出租人索赔的权利。

(3)租期(Charter Period)条款及最后航次(Last Voyage)。租期是承租人使用船舶的期限,始于出租人交船,可以用日、月或年来表示,承租人须在租期届满前归还船舶。海上运输的不确定性使得租期届满很难与承租人安排的最后航次结束相吻合,常常会出现迟延还船的现象。迟延还船情形下的最后航次分为合法的最后航次和非法的最后航次。对于合法的最后航次,承租人有权继续使用船舶,完成该航次;反之,船方可以拒绝执行。

《海商法》第一百四十三条对最后航次作了规定,经合理计算,完成最后航次的日期约为合同约定的还船日期,但可能超过合同约定的还船日期的,承租人有权超期用船以完成该航次。

超期期间,承租人应当按照合同约定的租金率支付租金;市场租金率高于合同约定的租金率的,承租人应当按照市场租金率支付租金。可见,即使是合法的最后航次,承租人延迟还船也须承担向出租人支付超期租金的法律责任。

如果最后航次是非法的,出租人可拒绝承租人的违规指示,要求其另行指示最后航次。如果承租人拒绝重新指示,出租人有权解除合同。

(4) 承租人指示条款(Orders and Directions of Charterers)。又称"受雇及赔偿条款"。在期租合同下,承租人有权就船舶的营运向船长发出指示,但所发出的指示不得违反租约和法律的规定。承租人应对其发出的指示后果承担责任。对于承租人发出的违反租约或者违反法律规定的指示,船长有权拒绝接受。若船长接受了承租人的指示,在此情况下造成的损失,受害方还可以向出租人索赔。

(5) 租金支付条款(Payment of Hire)。支付租金是期租合同承租人最基本的义务。合同中所规定的租金常以船舶载重吨位规定费率,按时间计收,按日或按月分期支付。对于最后一期租金,通常会事先预估所需时间,由承租人预交,若超出了约估的时间,则由承租人按日支付。

承租人应按租约规定的数额、币种、方式、时间和地点支付租金,不得擅自扣除租金,即使发生了货损,也不能以扣除租金来抵消其对出租人提出的货损索赔。承租人不按约定支付租金,出租人有权撤船、解除合同或对承租人的财产行使留置权。

出租人宣布撤船应在合理期限内行使。撤船后,出租人即丧失了按租约收取租金的权力,但可以就撤船导致的损失向承租人索赔。若出租人错误撤船,承租人可请求法院发出禁令阻止出租人撤船,同时还可以就出租人的错误撤船向其提出损害赔偿请求。出租人撤船无效的情形包括:出租人未正式发出撤船通知;未在合理的时间内发出撤船通知;暂时性的撤船。

出租人可基于租约或法律的规定行使留置权,但范围仅限于承租人的财产,即船上所载属于承租人所有的货物或财产,故留置船载货物时须十分谨慎,以免侵犯第三人的合法利益。实践中,出租人还可以通过通知转租承租人,要求他们将转租租金或运费直接支付给自己而达到收取租金的目的,亦称为"转租运费或租金的留置"。

(6) 停租条款(Off-hire Clause)。由于承租人是按时间而不是按航次交付租金的,所以期租合同的时间损失在承租人。若承租人将船舶搁置不用,则仍需向船方支付租金。但有时船舶不能使用并非承租人的原因,承租人为了保障自己的利益,就要并入停租条款,规定在发生某些影响承租人使用船舶的情况时,承租人可以停付租金。

可以停付租金的事项由双方协商决定,通常包括下列事项:船体、机器及设备的故障或损坏;因碰撞、搁浅等海损事故而引起的延滞;船员或物料不足,等待补充船长或船员或物料的期间;船舶入坞修理;其他事项。

《海商法》第一百三十三条规定:"船舶在租期内不符合约定的适航状态或者其他状态,出租人应当采取可能采取的合理措施,使之尽快恢复。船舶不符合约定的适航状态或者其他状态而不能正常营运连续满二十四小时的,对因此而损失的营运时间,承租人不付租金,但是上述状态是由承租人造成的除外。"该规定只在合同对停租没有约定时适用。依据上述规定,若船舶的不适航或不能正常营运是由承租人造成的,承租人不能停租;而依国际惯例,无论不适航是否由承租人造成,承租人均可停租。

3.4 海上运输货物保险

3.4.1 海上运输货物保险的保障范围

1. 海上运输货物保险保障的风险

海洋运输保险人主要承保的风险有海上风险和外来风险。

(1) 海洋运输保险之海上风险。海上风险在保险界又称为海难，包括海上发生的自然灾害和意外事故。

① 自然灾害　是指不以人的意志为转移的自然界的力量所引起的灾害。在海上货物运输保险中保险人承保的自然灾害并不是泛指一切由于自然界力量引起的灾害事故，具体包括：

● 恶劣气候　一般指海上飓风（8级以上）和大浪（3米以上）引起的船体颠簸倾斜，由此引起的船上所载货物的相互挤压、碰撞所导致的破碎、渗漏、凹瘪等损失。

● 雷电　是指货物在海上或陆上运输过程中由于雷电所直接造成的或者由于雷电引起的火灾所造成的货物的灭失和损害。

● 海啸　是由地震或风暴所造成的海面的巨大涨落现象引起的损失。

● 浪击落海　通常指存放在舱面上的货物在运输过程中受海浪的剧烈冲击而落海造成的损失。我国现行海运货物保险基本险条款不保此项，可附加投保舱面险。

● 洪水　指因江河泛滥、山洪暴发、湖水上岸及倒灌、暴雨积水致使保险货物遭受泡损、淹没、冲散等损失。

● 地震　是指由于地壳发生急剧的自然变化，使地面发生震动、坍塌、地陷、地裂等造成的保险货物的损失。

● 火山爆发　由火山爆发产生的地震及喷发的火山灰造成的保险货物的损失。

● 海水、湖水或河水　进入船舶、驳船、船舱、运输工具、集装箱或储存处所的损失。

② 意外事故　海运保险中，意外事故仅指搁浅、触礁、沉没、碰撞、火灾、爆炸和失踪等。

● 搁浅　是指船舶与海底、浅滩、堤岸在事先无法预料到的意外情况下发生触礁，并搁置一段时间，使船舶无法继续行进以完成运输任务。

● 触礁　是指载货船舶触及水中岩礁或其他阻碍物（包括沉船）。

● 沉没　是指船体全部或大部分已经没入水面以下，并已失去继续航行能力。

● 碰撞　是指船舶与船舶或其他固定的、流动的固定物猛力接触，如船舶与冰山、桥梁、码头、灯标等相撞。若发生碰撞的是两艘船舶，不仅会带来船体和货物的损失，还会产生碰撞的责任损失。碰撞是船舶在海上航行中的一项主要风险。

● 火灾　是指船舶本身、船上设备以及载运的货物失火燃烧。在海上货物运输中，火灾是最严重的风险之一，往往由下列原因引起：闪电、雷击；货物受海水浸湿温热而致；船长、船员在航行中的过失或在避难港修理时工作人员操作不当等。但由于货物固有瑕疵或在不适当的情况下运送引起的货物自燃，不属于承保责任范围。

● 爆炸　是指船上锅炉或其他机器设备发生爆炸；船上货物因气候条件（如温度）影响产生化学反应引起的爆炸。

● 失踪　是指船舶在航行中失去联络，音信全无，并且超过了一定期限后，仍无下落和消息，即被认为是失踪。

● 倾覆　指船舶在航行中遭受自然灾害或意外事故导致船体翻倒或倾斜，失去正常状态，非经施救不能继续航行，由此造成的保险货物的损失。

● 投弃　也称抛货，是指船舶在海中航行遭遇危难时，为了减轻船舶载重，避免更大的损失，而将船上的货物或部分船上用具有意抛入海中。

● 吊索损害　指被保险货物在起运港、卸货港或转运港进行装卸时，从吊钩上摔下而造成的货物损失。

● 海盗行为　海盗是船舶在公海上航行时遭遇的风险。

● 船长、船员的不法行为　是指船长、船员背着船东或货主故意做出的有损于船东或货主利益的恶意行为。

(2)海洋运输保险之外来风险

①一般外来风险　是指货物在运输途中由于偷窃、下雨、短量、渗漏、破碎、受潮、受热、霉变、串味、沾污、钩损、生锈、碰损等原因所导致的风险。

②特殊外来风险　是指由于战争、罢工、拒绝交付货物等政治、军事、国家禁令及管制措施所造成的风险与损失。

2.海上货物运输保险保障的损失

被保险货物因遭受海洋运输中的风险所导致的损失称为海损或海上损失。海损按损失程度的不同，可分为全部损失和部分损失。

(1)全部损失。简称全损，是指被保险货物在海洋运输中遭受全部损失。从损失的性质看，全损又可分为实际全损和推定全损两种。

①实际全损　又称绝对全损，是指保险标的物在运输途中全部灭失或等同于全部灭失。构成实际全损主要有以下几种：保险标的物全部灭失，如载货船舶遇海难后沉没，货物完全灭失；保险标的物的物权完全丧失，如载货船舶被海盗抢劫，或船货被敌对国扣押；保险标的物已丧失原有商业价值或用途，如水泥受海水浸泡后变硬；载货船舶失踪、无音信已达相当长一段时间。

②推定全损　是指保险货物的实际全损已不可避免，而进行施救、复原的费用已超过将货物运抵目的港的费用或已超出保险补偿的价值，这种损失即推定全损。构成推定全损的情况有以下几种：保险标的物受损后，其修理费用超过货物修复后的价值；或整理和继续运往目的港的费用，超过其在目的港的价值；实际全损已无法避免，为避免所需的施救费用超过获救后标的物的价值；保险标的物遭受保险责任范围内的事故，使被保险人失去标的物的所有权，而收回标的物的所有权，其费用已超过收回的标的物的价值。

(2)部分损失。部分损失是指被保险货物的损失没有达到全部损失的程度。部分损失按其性质，可分为共同海损和单独海损。

①共同海损的概念　根据1974年国际海事委员会制定的《约克-安特卫普规则》的规定，共同海损是指船舶在同一海上航程中遭遇自然灾害或意外事故或其他特殊情况，使航行中的船、货、运费收入或其他有关财产的共同安全受到威胁，为了解除共同危险，维护各方的共同利

益使航程继续完成,船方有意识地合理地采取抢救措施所直接造成的某些特殊的牺牲或支出的额外费用。

②共同海损的范围

- 共同海损牺牲　共同海损牺牲是指为了抢救船货等而造成的船货和其他财产的合理损失。包括:抛弃货物的损失;为扑灭船上火灾而造成的损失;割弃残损部分的损失;自愿搁浅所致的损失;机器和锅炉损害的损失;作为燃料烧掉的船用材料和物料;卸货等过程中造成的损失。货物、燃料或物料在操作起卸、存栈、重装或积载过程中遭受的损失,在而且仅在这些作业的费用已分别列为共同海损时,才能作为共同海损受偿。

- 共同海损费用　共同海损费用是指为了抢救船货共同面临的风险而支出的额外费用。包括:救助报酬,不论是否依据救助合同给付的,只要救助活动是为了共同安全进行的,便应列入共同海损受偿;搁浅船舶减载费用;在避难港等处的费用;代替费用;垫款手续费和共同海损利息。

③共同海损的成立要件

- 船舶、货物和其他财产必须遭遇共同危险。
- 海上危险必须是真实的。
- 措施必须是有意的、合理的和有效的。
- 共同海损的损失是必须的和直接的。

④单独海损　是指保险标的物在海上遭受承保范围内的风险所造成的部分灭失或损害,即指除共同海损以外的部分损失。

⑤单独海损与共同海损的区别

- 标的不同　单独海损是保险标的物本身的损失;共同海损涉及多种牺牲与费用。
- 发生的原因不同　共同海损是有意采取措施造成的;而单独海损则是由偶然的意外事件造成的。
- 涉及的利益方不一样　共同海损是为船货各方的共同利益所受的损失;而单独海损则只涉及损失方个人的利益。
- 后果不同　共同海损应由受益方分摊;而单独海损则由损失方自己承担,可根据实际情况从保险人那里获得赔偿。

3. 海上货物运输保险保障的费用

(1)**施救费用**。施救费用是指被保险货物在遭受承保责任范围内的灾害事故时,被保险人或其代理人或保险单受让人,为了避免或减少损失,采取各种措施而支出的合理费用。

为了鼓励被保险人对受损货物积极采取抢救措施,减少灾害事故对被保险货物的损失和影响,防止损失扩大,减少保险赔款支出,各国保险条款都规定:保险人对被保险人所支付的施救费用应承担赔偿责任,赔偿金额以不超过该批货物的保险金额为限。

根据这个规定,如果保险标的受损,经被保险人等进行抢救并支付了费用,但仍未能获救而遭受全部损失时,保险人除了应支付保险标的的全部损失的赔款外,还应在另一个保险金额的限度内赔偿被保险人因抢救保险标的而支付的施救费用,亦即保险人对保险标的的损失的赔款和对施救费用的赔偿两者之和不得超过两个保险金额。

(2)**救助费用**。救助费用是指在遭遇承保范围内的灾害事故时,由保险人或被保险人以外的第三者采取了有效的救助措施之后,由被救方付给的报酬。保险人对上述费用负责赔偿,但以总和不超过货物险保险金额为限。救助费用一般都可列为共同海损的费用项目。

在海上救助中,救助人与被救助人之间为明确双方的权利与义务,一般都在救助开始之前或在救助的过程中订立救助合同。救助合同有两种:一种是雇佣性救助合同,另一种是"无效果、无报酬"救助合同。雇佣性救助合同应用很少,一般只适用于遇险船舶距离港口不远,只需一般拖带作业的场合;"无效果、无报酬"救助合同的特点是:救助费用在救助完成后,根据救助的效果、获救财产的价值、救助工作的难度和危险程度,以及救助工作时间和耗费的费用等,通过协商和仲裁来确定,但最多不得超过获救财产的价值,如救助没有效果,便不给报酬。救助人为了保证其在救助之后获得报酬,一般都要求被救方提供担保,对未提供担保的被救财产,救助人享有留置权。

(3) 施救费用与救助费用的区别

① 行为实施主体　施救实施的主体是被保险人(或其雇佣人员或代理人)自己;救助实施的主体是被保险人和保险人以外的第三方。

② 保险人保险赔偿的原则　被保险人实施施救以后,不管是否取得成效,保险人对其支出的施救费用均负责赔偿;救助人对被救助人实施救助,被救助人按照"无效果、无报酬"原则决定是否支付报酬,保险人只有在作为被救助人的被保险人向救助人支付报酬的前提下才承担对这笔救助费用的赔偿。

③ 保险人保险赔偿的额度　保险人对施救费用的赔偿以另一个保险金额为限,即在对被保险货物本身损失赔偿的那个保险金额之外,再给一个保险金额赔偿施救费用;保险人对救助费用的赔偿则是放在对被保险货物本身损失赔偿的那个保险金额之内,即将对救助费用的赔偿与对被保险货物本身损失的赔偿合在一起,以一个保险金额为限。

④ 是否与共同海损有联系　施救费用是因被保险人为减少自己的货物损失采取施救措施而产生的,与共同海损没有联系;救助费用在大多数情况下是由作为救助人的其他过往船舶为船货获得共同安全而前来救助并取得成效而产生的,用此,救助费用大多可列入共同海损费用项目。

3.4.2　海上运输货物保险的险别与条款

在我国,进出口货物运输险最常用的保险条款是 C.I.C. 中国保险条款,该条款由中国人民保险公司(PICC)制定,中国人民银行及中国保险监督委员会审批颁布。C.I.C. 按运输方式来分,有海洋、陆上、航空和邮包运输保险条款四大类;对某些特殊商品,还列有海运冷藏货物、陆运冷藏货物、海运散装桐油及活牲畜、家禽的海陆空运输保险条款,以上八种条款,投保人可按需选择投保。

1. 我国海运货物保险险别及条款

我国现行的海运货物保险条款是 1981 年 1 月 1 日的修订本,根据不同的运输方式分别有适用不同运输方式的保险条款,以《海洋运输货物保险条款》使用最普遍,其主要内容有:保险人承保责任范围、除外责任、责任起讫、被保险人的义务和索赔期限。

海运货物保险险别分为基本险和附加险两类。基本险又称主险,是可以独立投保的险别,包括平安险、水渍险和一切险;附加险是对基本险的补充和扩展,它不能单独投保,只能在投保了基本险的基础上加保,包括一般附加险和特殊附加险。

(1) 海运货物保险基本险

① 责任范围

● 平安险(Free from Particular Average,FPA)　英文原意是"单独海损不赔"。其责任范围是:被保险货物在运输途中由于恶劣气候、雷电、海啸、地震、洪水等自然灾害造成整批货物的全部损失或推定全损;由于运输工具搁浅、触礁、沉没、互撞、与流冰或其他物体碰撞以及失火、爆炸等意外事故造成货物的全部或部分损失;在运输工具已经发生搁浅、触礁、沉没、焚毁等意外事故的情况下,货物在此前后又遭受恶劣气候、雷电、海啸等自然灾害所造成的部分损失;在装卸或转运时由于一件或数件货物整件落海造成的全部或部分损失;被保险人对遭受承保责任范围内危险的货物采取抢救、防止或减少货损的措施而支付的合理费用,但以不超过该批被救货物的保险金额为限;运输工具遭遇海难后,在避难港由于卸货所引起的损失以及在中途港、避难港由于卸货、存仓和运送货物所产生的特别费用;共同海损的牺牲、分摊和救助费用;运输契约含有"船舶互撞责任"条款,根据该条款规定应由货方偿还船方的损失。

中国保险条款平安险的特点有:中国保险条款对"推定全损"的含义作了明确的规定;中国保险条款对在装卸或转运时,由于一件或数件货物整件落海造成的全部或部分损失负责赔偿。其中对部分损失负责赔偿是我国保险条款独有的规定。

● 水渍险(With Particular Average,WA 或 WPA)　英文原意是"负责单独海损",其责任范围是:平安险所承保的全部责任;被保险货物在运输途中,由于恶劣气候、雷电、海啸、地震、洪水等自然灾害所造成的部分损失。

中国保险条款的水渍险与国际货运保险市场上的水渍险责任范围也基本一致,所不同的是我国的水渍险所承保的责任范围更大一些。

● 一切险(All Risks)　一切险的责任范围,除包括平安险和水渍险的责任外,还包括被保险货物在运输途中由于一般外来原因所造成的全部或部分损失。

② 除外责任

● 被保险人的故意行为或过失所造成的损失。
● 属于发货人责任所引起的损失。
● 在保险责任开始前,被保险货物已存在的品质不良或数量短差所造成的损失。
● 被保险货物自然损耗、本质缺陷、特性及市价跌落、运输延迟造成的损失或费用。
● 战争险和罢工险条款规定的责任范围和除外责任。

③ 责任起讫　保险的责任起讫又称保险期间或保险期限,是保险人承担责任的起讫时限。我国海运货物保险基本险的责任起讫采取"仓至仓(Warehouse to Warehouse,W/W)"原则。

"仓至仓"规定了保险人承担责任的起讫地点,从保险单载明的发货人仓库或储存处所开始运输时生效,在正常运输过程中继续有效,直到保险单载明的目的地收货人最后的仓库或储存处所或被保险人用于分配、分派或非正常运输的其他储存处所为止,货物进入仓库或储存处所后保险责任即行终止。如未抵达上述仓库或储存处所,则以被保险货物在最后卸港全部卸离海轮后满 60 日为止。如在上述 60 日内被保险货物需转运到非保险单所载明的目的地,则在该项货物开始转运时终止。

● 正常运输情况下,保险责任的起讫时限　正常运输是指保险货物自保险单载明起运地发货人仓库或其储存处所首途运输时开始,不论是先使用哪种运输工具运输货物,只要是航程需要都属于正常运输范围。在正常运输情况下,保险责任的起讫是按"仓至仓"原则办理的。

被保险货物在运抵保险单载明的目的地之前,若发生分配、分派和分散转运等情况,保险责任按下列原则处理:

a. 若以卸货港为目的地,被保险人提货后运到他自己的仓库时,保险责任即行终止。

b. 若以内陆为目的地,从向船方提货后运到内陆目的地的被保险人仓库时,保险责任即行终止。

c. 以内陆为目的地,如果被保险货物在运抵内陆目的地时,先行存入某一仓库,然后又将该批货物分成几批再继续运往几个内陆目的地另外几个仓库,包括保险单所载目的地,在这种情况下,则以先行存入的某一仓库作为被保险人的最后仓库,保险责任在进入该仓库时即终止。

● 非正常运输情况下,保险责任的起讫时限　所谓非正常运输,是指被保险货物在运输中,由于被保险人无法控制的运输迟延、绕道、被迫卸货、重新装载、转载或承运人行使运输合同赋予的权限所做的任何航海上的变更或终止运输合同,致使被保险货物运抵到非保险单所载明的目的地。

根据我国海洋运输货物保险条款第三条第二款的规定,在海洋运输过程中,如果出现被保险人所不能控制的意外情况,保险责任将按下列规定办理:

a. 当出现由于被保险人无法控制的运输迟延、绕道、被迫卸货、重行装载、转载或承运人运用运输契约赋予的权限作任何航海上的变更时,在被保险人及时将获知的情况通知保险人并加缴保险费的情况下,保险人可继续承担责任。

b. 在被保险人无法控制的情况下,保险货物如在运抵保险单载明的目的地之前,运输契约在其他港口或地方终止时,在被保险人立即通知保险人并在必要时加缴一定保险费的条件下,保险继续有效,直至货物在这个卸载港口或地方售出以及送交之时为止。但是,最长时间不能超过货物在卸载港全部卸离海轮后满 60 日。这两种情况保险期限的终止,应以先发生者为准。

④被保险人的义务

● 当被保险货物运抵保险单所载明的目的港(地)以后,被保险人应及时提货。

● 被保险货物遭受保险责任内的损失时,被保险人应迅速采取合理的抢救措施,防止或减少货物损失的进一步扩大,被保险人采取此项措施,不应视为放弃委付的表示。

● 如遇航程变更或发现保险单所载明的货物、船名或航程有遗漏或错误,被保险人获悉后应立即通知保险公司,如有必要还应加缴一定的保险费,保险则继续有效。

● 若保险货物遭受损失,则被保险人向保险人索赔时,必须提供下列单证:保险单正本、提单、发票、装箱单、磅码单、货损货差证明、检验报告及索赔清单。如涉及第三者责任,还须提供向责任方追偿的有关函电及其他必要单证或文件。

● 被保险人在获悉运输合同中"船舶互撞责任"的实际责任后,应及时通知保险人。

⑤索赔期限　保险索赔期限又称保险索赔时效,它是指在被保险货物发生由保险责任范围的风险造成损失时,被保险人向保险人提出索赔的有效期限。我国海洋运输货物保险条款第五条规定,保险索赔时效从被保险货物在最后卸港全部卸离海轮后起算,最多不超过 2 年。

(2)海运货物保险附加险

①一般附加险

● 偷窃、提货不着险(Theft, Pilferage and Non-Delivery, TPND)　承保在保险有效期内,被保险货物被偷走或窃取以及货物抵达目的地后整件未交的损失。

● 淡水雨淋险(Fresh Water and/or Rain Damage, FWRD)　承保被保险货物直接由于淡

水、雨淋、冰雪融化所造成的损失。

● 短量险(Risk of Shortage)　承保货物在运输过程中因外包装破裂、破口、扯缝或散装货物发生散失与实际重量短少的损失。

● 混杂、玷污险(Risk of Intermixture and Contamination)　承保被保险货物在运输过程中,因混进杂质或被玷污所造成的损失。

● 渗漏险(Risk of Leakage)　承保被保险货物在运输过程中,因容器损坏而引起的渗漏损失。

● 碰损、破碎险(Risk of Clash and Breakage)　承保货物在运输过程中,因震动、碰撞、受压造成的碰损和破碎损失。

● 串味险(Risk of Odor)　承保货物在运输过程中,因受其他带异味货物的影响造成串味的损失。

● 钩损险(Hook Damage)　承保袋装、捆装货物在装卸或搬运过程中,由于装卸或搬运人员操作不当,使用钩子将包装钩坏而造成的货物损失。

● 受潮受热险(Damage Caused by Sweating and Heating)　承保货物在运输过程中,由于气温突然变化或船上通风设备失灵,使船舱内的水蒸气凝结而引起货物受潮或由于温度增高使货物发生变质的损失。

● 包装破裂险(Breakage of Packing)　承保货物在运输过程中包装破裂造成短少、沾污等损失。

● 锈损险(Risk of Rust)　承保金属或金属制品一类货物,在运输过程中因生锈造成的损失。

上述11种一般附加险,只能在投保平安险和水渍险的基础上加保一种或数种险别,但若投保"一切险"时,因上述险别均包含在内,故无须加保。

②特别附加险

● 交货不到险(Failure to Delivery)　被保险货物从装上船开始,在预定抵达日期起满10个月仍不能运到原定目的地交货,不论何种原因,保险公司均按全损赔付。

● 进口关税险(Import Duty Risk)　有些国家(如加拿大)对进口货物征收关税,不论货物是否完好,一律按完好时的价值十足计征。进口关税险即针对上述情况而设立的特殊附加险别。

● 舱面险(On Deck Risk)　是为了对根据航运习惯必须装载于舱面上的货物的损失进行经济补偿而设立的附加险别。

● 拒收险(Rejection Risk)　货物在进口时,由于各种原因,被进口国的有关当局拒绝进口或没收所造成的损失,保险人负赔偿责任。

● 黄曲霉素险(Aflatoxin)　是承保针对含黄曲霉素货物的拒收险。发霉的花生、大米经常含有黄曲霉素,如果含量超过进口国限制标准,就会被拒收。

● 出口货物到香港(包括九龙在内)或澳门存仓火险责任扩展条款(Fire Risk Extension Clause for Storage of Cargo at Destination HongKong, Including Kowloow, or Macao,简称F.R.E.C.)　对被保险货物自内地出口运抵香港(包括九龙)或澳门,卸离运输工具,直接存放于保险单载明的过户行所指定的仓库期间发生火灾所受的损失,承担赔偿责任。

③特殊附加险

● 海上货物战争险(Ocean Marine Cargo War Risk)　海运货物战争险承保战争或类似战

争行为导致的海上运输货物的损失。

a. 责任范围　直接由于战争、类似战争行为、敌对行为、武装冲突或海盗行为等所造成的运输货物的损失；由于上述原因所引起的捕获、拘留、扣留、禁制、扣押等所造成的运输货物的损失；各种常规武器（水雷、炸弹等）所造成的运输货物的损失；由本险责任范围所引起的共同海损牺牲、分摊和救助费用。

b. 除外责任　由于敌对行为使用原子或热核制造的武器导致被保险货物的损失和费用；由于执政者、当权者或其他武装集团的扣押、拘留引起的承保航程的丧失或挫折所致的损失。

c. 责任起讫　以"水上危险"为限，是指保险人的承保责任自货物装上保险单所载明的起运港的海轮或驳船开始，到卸离保险单所载明的目的港的海轮或驳船为止。如果货物不卸离海轮或驳船，则从海轮到达目的港当日午夜起算满 15 日之后责任自行终止；如果中途转船，不论货物在当地卸货与否，保险责任以海轮到达该港可卸货地点的当日午夜起算满 15 日为止，等再装上续运海轮时，保险责任才继续有效。

- 海上货物运输罢工险(Strikes Risk)　是保险人承保被保险货物因罢工等人为活动造成损失的特殊附加险。

a. 责任范围　罢工者、被迫停工工人或参加工潮暴动、民众斗争的人员的行动所造成的直接损失，恐怖主义者或出于政治目的而采取行动的人所造成的损失；任何人的敌意行动所造成的直接损失；因上述行为引起的共同海损的牺牲、分摊和救助费用。

b. 除外责任　罢工引起的间接损失为除外责任，即在罢工期间由于劳动力短缺或不能运输所致被保险货物的损失，或因罢工引起动力或燃料缺乏使冷藏机停止工作所致冷藏货物的损失。

c. 责任起讫　采取"仓至仓"条款。

罢工险与战争险的关系密切，按国际海上保险市场的习惯，保了战争险，再加保罢工险时一般不再加收保险费；如仅要求加保罢工险，则按战争险费率收费。因此，一般被保险人在投保战争险的同时加保罢工险。

(3) 海上货物运输专门保险

① 海上运输冷藏货物保险(Ocean Marine Insurance Frozen Products)　海上运输冷藏货物保险是专门适用于冷藏货物的海上货物运输保险。我国各保险公司开办的海上运输冷藏货物保险是以中国人民保险公司于 1981 年 1 月 1 日修订的海洋运输冷藏货物保险条款为依据的。

- 责任范围　分为冷藏险(Risk for Shipment of Frozen Products)和冷藏一切险(All Risks for Shipment of Frozen Products)。保险责任分别为一般货物险中的水渍险和一切险加上由于冷藏机器停止工作连续 24 小时以上造成的腐败或损失。

- 除外责任　被保险鲜货在运输过程中的任何阶段，因未存放在有冷藏设备的仓库或运输工具中，或辅助运输工具没有隔温设备所造成的鲜货腐烂的损失；被保险鲜货在保险责任开始时，因未保持良好状态，包括整理加工和包装不妥，冷冻上的不合规定及肉食骨头变质所引起的鲜货腐烂和损失。

- 责任起讫　海洋运输冷藏货物保险的责任起讫仍然遵循"仓至仓"条款，不过海洋运输冷藏保险条款规定：货物到达保险单所载明的最后目的港，如在 30 日内卸离海轮，并将货物存入岸上冷藏仓库后还继续负责，但负责到以货物全部卸离海轮时算起满 10 日为止。如果在上述期限内货物一经移出冷藏仓库，保险责任即告终止。如果货物卸离海轮后不存入冷藏仓库，保险责任至卸离海轮时终止。

②海运散装桐油保险[Ocean Marine Insurance Clause(Woodoil Bulk)]

● 责任范围 海运散装桐油保险只有一个险别,承担不论任何原因所致的桐油超过保险单规定免赔率的短少、渗漏损失和不论任何原因所致的桐油的污染或变质损失。

● 责任起讫 在正常运输情况下,海运散装桐油保险的责任自桐油运离保险单载明的起运港的岸上油库或盛装容器开始,包括整个运输过程,至保险单载明的目的地岸上油库责任终止,而且最多只负责海轮到达目的港后15日;在非正常运输情况下,被保险桐油应在运到非保险单载明的港口的15日内卸离海轮,保险责任在桐油卸离海轮后满15日终止。如15日内该货物在该地被出售,保险责任在交货时终止;被保险桐油如在上述15日内继续运往保险单所载明的原目的地或其他目的地时,保险责任按第一款的规定终止。

● 特别约定 被保险人在起运港必须取得船上油舱的清洁合格证书,桐油装船后的容量、重量、温度的证书和装船桐油的品质检验合格证书;如果发生意外必须在中途港卸货,同样必须在卸货前对桐油进行品质检验并取得证书,还要对接受所卸桐油的油驳、岸上油库及重新装载桐油的船舶油舱等接受容器进行检验并取得合格证书;桐油到达指定目的港后,在卸货前,桐油还须由保险单中指定的检验人对油舱温度、容量、重量及品质进行检验,并出具证书。

③卖方利益险[Contingency Insurance Clause(Cover Seller's Interest Only)] 卖方利益险是海上货物运输保险业务中供出口企业在采用托收方式并按FOB价或CFR价成交出口时为保障卖方利益而投保的独立险别。在这种险别下,如被保险货物在运输途中由于承保范围内风险造成损失,国外买方既不付款赎单,又拒绝支付货物受损部分的损失时,保险公司对买方拒绝赔付受损或灭失部分的损失负赔偿责任。在这种情况下,卖方应将其向买方或第三方追偿的权利转移给保险公司。中国人民保险公司在办理此项业务时,按一切险和战争险承保,被保险人即卖方在货运发票上注明投保"卖方利益险",卖方缴纳的保险费费率按正常规定时保险费率的25%计收。

2. 英国伦敦保险协会海运货物保险条款

现行英国伦敦《协会货物条款》是1982年1月1日的修订本,与我国现行保险条款相比,其形式和内容都有所不同。该条款共有六种险别。它们是:

(1)协会货物条款(A)[ICC(A)]。ICC(A)可以独立投保,其责任范围较广,采取"一切风险减除外责任"的方式。除外责任有:一般除外责任,如因包装原因造成损失、由船方原因造成损失、使用原子或热核武器所造成的损失;不适航、不适货除外责任,如被保险人在装船时已知船舶不适航、不适货;战争除外责任;罢工除外责任。

(2)协会货物条款(B)[ICC(B)]。ICC(B)可以独立投保,其责任范围采用"列明风险"的方法,包括:下述[ICC(C)]列明的7种风险以及地震、火山爆发、雷电;浪击落海;海水、湖水或河水进入船舶、驳船、运输工具、集装箱、大型海运箱或贮存处所;货物在装卸时落海或跌落造成整件的全损。ICC(B)的除外责任,除对"海盗行为"和恶意损害责任不负责外,其余均与ICC(A)的除外责任相同。

(3)协会货物条款(C)[ICC(C)]。ICC(C)可以独立投保,其责任范围也采用"列明风险"的方式,包括:火灾、爆炸;船舶或驳船触礁、搁浅、沉没或倾覆;陆上运输工具倾覆或出轨;船舶、驳船或运输工具同除水以外的任何外界物体碰撞;在避难港卸货;共同海损牺牲;抛货。ICC(C)的除外责任与ICC(B)完全相同。

(4) 协会货物战争险条款

①承保风险　战争、内战、革命、造反、叛乱或由此引起的内乱或任何交战方之间的敌对行为;由上述承保风险引起的捕获、拘留、扣留、禁制或扣押,以及这些行动的后果或任何进行这种行为的企图;被遗弃的水雷、鱼雷、炸弹或其他被遗弃的战争武器;上述原因导致的共同海损和救助费用。

②除外责任　与ICC(A)"一般除外责任"和"不适航、不适货除外责任"基本相同外,还包括:航程挫折条款;对原子或热核武器等所致灭失或损失不负赔偿责任。

③保险期限　以"水上危险"为限。

(5) 协会货物罢工险条款

①承保风险　罢工者、被迫停工工人或参与工潮、暴动或民变的人员所造成的损失;任何恐怖分子或任何出于政治目的采取行动的人所致的损失;为避免或有关避免以上承保风险所造成的共同海损或救助费用。

②除外责任　与ICC(A)"一般除外责任"和"不适航、不适货除外责任"基本相同外,还包括:由于航程或航海上的损失或受阻的索赔,保险人不负责;由于罢工、关厂、工潮、暴动或民变造成的各种劳动力缺乏、短缺或抵制引起的损失保险人不负责;对战争风险所致的损失后果,保险人不负责。

伦敦协会货物险中的战争险和罢工险可作为独立的险别进行投保。

(6) **恶意损害险条款**。恶意损害险承保除被保险人以外的其他人(如船长、船员)的故意破坏行为所造成的被保险货物的灭失或损坏,但出于政治动机的人的行为除外。它在ICC(A)中列为承保责任,在ICC(B)和ICC(C)中均列为除外责任。因此,在投保ICC(B)和ICC(C)时,如需取得这种风险的保障,应另行加保恶意损害险。

3.4.3 海上货物运输保险实务

1. 投保

(1) **险别的选择**。选择投保险别首先应在基本险中选择水渍险或平安险,然后再根据需要加保必要的附加险,如果货物遭受外来风险的范围广,遭受损失的可能性较大,则可投保一切险,就不需要加保一般附加险了。对于特殊的风险也可根据需要加保,如战争险。投保人在选择保险险别时,既要考虑所选择的险别能为被保险货物提供充分的保障,又要注意到保险费用的节省。对保险险别的选择,一般应考虑以下因素:

①货物的性质和特点　不同性质和特点的货物,在运输途中可能遭遇的风险和发生的损失往往有很大不同。例如,粮谷类商品含有水分,长途运输中水分蒸发可能造成短量,运输中如通风不良,还可能受潮受热导致发霉,此类商品在水渍险基础上可加保短量险和受潮受热险,或者投保一切险;油脂类商品常因容器破损造成渗漏或沾染杂质而造成沾污损失,如果是散装,会因油脂本身沾在舱壁或装卸过程中消耗而造成短量,因此,可在水渍险基础上加保短量险和玷污险;麻类商品受潮会引起变质、自燃,可在水渍险或平安险基础上加保受潮受热险;家电类商品在运输中易受碰损和被窃,应在水渍险或平安险基础上加保碰损险和偷窃、提货不着险。

②货物的包装　货物在运输及装卸转运过程中,常因包装破损造成质量或数量上的损失,因此,在办理投保和选择险别时,对货物包装在运输过程中可能发生的损坏及其对货物可能造成的损害必须要考虑在内。

注意:对于不适应国际贸易运输一般要求的包装不良而导致货物受损,保险人一般不予负责,因为包装不良或不当属于装运前发货人的责任。

海上货物运输保险实务

③运输路线及船舶停靠港口　海运中船舶的航行路线和停靠港口不同,对货物可能遭受的风险和损失也有很大影响。某些航线途径气候炎热的地区,如果货舱通风不良,会增大货损;在政局动荡的港口、战争海域内航行,货物遭受意外损失的可能性增大;不同港口的装卸能力、安全情况也有很大差异,在港口装卸作业发生货损货差的情况也就不同。

④运输季节　货物运输季节不同,也会带来不同的风险和损失,如船舶冬季在北纬60°以北航行,易发生与冰山碰撞的风险;夏季装运粮食果品,易出现发霉腐烂或生虫现象。

(2) 保险费率。保险费率是保险人以保险标的危险性大小、损失率高低、经营费用多少等因素为依据,按不同商品、不同目的地以及不同的投保险别加以规定的。货物运输保险的费率包括:海洋货物运输保险费率、海洋运输战争险费率、附加险费率和专门险费率。中国人民保险公司的海洋货运保险费率分为出口货物费率表和进口货物费率表两大类。

①出口货物的保险费率　一般由基本险费率、附加险费率构成。其中基本险费率根据一般货物和指明货物的区别分别作出规定;附加险费率又按一般附加险和战争险、罢工险等特殊附加险费率区分。

- 一般货物费率　按照保险货物运往的目的地和投保的基本险,分别列出平安险、水渍险和一切险的费率标准。
- 指明货物加费费率　针对某些指明的易损货物加收的一种附加费率。这些货物在运输途中,由于外来风险的发生极易遭受短少、破碎和腐烂等损失,并且损失率较高,不易同其他非易损货物采用相同的费率,因此把这些货物专门列出来。
- 一般附加险费率　如果货物投保了平安险或水渍险,又另外加保了一项或几项一般附加险,如果加保的附加险是该货物在运输过程中可能遭受的最主要的外来风险,则加保的一般附加险按指明货物加费费率计收。
- 战争险、罢工险费率　战争险的费率是波动型费率。中国人民保险公司海运货物战争险费率在和平时期是确定的,凡从我国各出口口岸运往世界各地的货物,均按一个费率计收战争险保险费,而不论是什么货物,不论货物运往何处。

②进口货物的保险费率　目前,中国人民保险公司的进口货物费率表有三种,即"特约费率表""进口货物费率表"和"特价费率表"。

- 特约费率表　适用于同中国人民保险公司签订有预约保险协议的各专业进出口公司的进口货物的保险费的计算。"特约费率表"是按照预约保险协议的规定所确定的保险费率的标准,是一种优惠的平均费率,对从世界各国进口到我国各口岸的进口货物按商品的类别划分,不分投保的险别,对每一大类商品只制定一个费率。
- 进口货物费率表　适用于专业进出口公司以外的其他单位的进口货物的保险费的计收。这种费率是按照进口地区不同,按投保险别不同制定的不同费率。它不分商品,适用于一切进口货物的保险费计算。类似于出口货物的"一般货物费率表"。
- 特价费率表　是对一些指定的商品投保一切险时采用的费率。"特价费率表"类似于出口货物的"指明货物加费费率表"。

(3)投保手续 在国际贸易中,由于买卖双方相距遥远,传递信息不及时,投保时货物在运输途中可能已经发生损失,所以国际惯例中公认,投保时即使货物已经发生损失,只要投保人不知情,保险仍然有效。

①出口货运投保 我国出口货物一般采取逐笔投保的方式。按 FOB 价或 CFR 价成交的出口货物,卖方无办理投保的义务,但卖方在履行交货之前,货物自仓库到装船这一段时间内,仍承担货物可能遭受意外损失的风险,需要自行安排这段时间内的保险事宜。按 CIF 价或 CIP 价(运费保险费付至指定目的地)成交的出口货物,卖方负有办理保险的责任,一般应在货物从装运仓库运往码头或车站之前办妥投保手续。

出口货物投保时,一般要填好投保单,提出书面申请,保险公司接受后,保险才开始生效。有时时间仓促,口头或电话向保险公司申请,获得允诺,保险也可以生效,随后再补送投保单。为了简化手续,也有利用出口公司现成的发票副本代替投保单,但上面必须将投保单上所规定的内容补填齐全。

投保时要注意以下几点:
- 投保时所申报的情况必须属实,否则保险人有权解除合同或不负赔偿责任。
- 投保单的内容必须同买卖合同及信用证上的有关规定相一致。
- 尽可能投保到内陆目的地。CIF 价条件只规定货物装运至目的港,但很多时候,损失在港口是无法发现的,只有货物运到内陆目的地经检验后才能确定。

②进口货运投保 FOB 价和 CFR 价合同项下的进口货物,均须由国内买方办理投保,投保方式有两种:
- 逐笔投保 对于不经常有货物进口的单位,采用逐笔办理投保的方式。货主必须在接到国外的发货通知后,立即向保险公司索取并填写"进口货物国际运输预约起运通知书"送交保险公司,支付保险费,完成投保手续。
- 预约保险 我国进口货物大多采用预约保险的办法,各专业进出口公司或其收货代理人同保险公司事先签有预约保险合同(Open Cover),保险公司负有自动承保的责任。进口公司只需在获悉所投保的货物在国外某港口装运时,将装运情况通知保险人。

2. 海上保险单据

(1)海上保险单据的种类

①按保险价值是否确定分类 分为定值保单和不定值保单。

《海商法》规定,保险人应按照"保险责任开始时货物在起运地的发票价格及运费和保险费的综合"计算保险价值,并按保险金额与保险价值的比例计算赔款金额,赔偿金额最高不超过保险金额。海运进出口货物运输险一般都采用定值保险单。

②按保险期限分类 分为航程保险单、定期保险单及混合保险单。

航程保险单是指保险人对保险标的所负责的期限,是以航程来限定的,即航程结束,保险责任期限结束;定期保险单在货物运输保险中很少应用,一般是在船舶保险中应用;混合保险单是兼有航程和定期两种性质的保险单,保险人仅对在保险期限内和船舶在规定的航程内所发生的损失负赔偿责任。

③按船名是否确定分类 分为船名已定和船名未定两类保险单。

船名已定是投保时载货船舶已经确定,并在保险单上注明船名及开航日期的保险单;船名未定保险单主要有流动保险单、预约保险单、总括保险单三种。

- 流动保险单 适用于长期有相同类型货物需要陆续分批装运的场合。这种保险单只载明保险的一般条件,而将载货船只的名称及其他细节留待以后每次装运货物时由被保险人分批申报。流动保险单内规定一个总的保险金额,每次装运货物后,将投保金额通知保险人,即从总保额中逐笔扣除,扣尽时流动保险单的效力即告终止。流动保险单一般都规定有注销条款,在总保额扣尽前,任何一方可按注销条款的规定通知对方注销合同。流动保险单下保险费一般是在签发保险单时根据总保险金额即平均保险费率预先全部支付,待全部保险金额用完后,再按实际费率计算,多退少补。为了便于被保险人办理交货和议付,保险人一般在收到被保险人每批装运货物的申报后,为该批货物签发"保险凭证"。

流动保险单有两个缺点,一是被保险人必须随时注意总保额是否用完,否则超过总保额装运的货物,就会得不到保障;二是一次预付总保险金额,会积压大量资金。

- 预约保险单　又称"开口保险单"。它是一种没有总保险金额限制的预约保险合同,是保险人对被保险人将要装运的属于约定范围内的一切货物自动承保的总合同。在这种保险单下被保险人在知道每批货物已经装运或者到达的情况时,应当立即通知保险人。预约保险单可以是定期的,也可以是永久性的,缔约双方如一方要终止合同,一般应在合同到期前30日内向另一方发出注销通知。预约保险单一般都订有"估价条款",主要是对标的物的计价方法作出规定。为了适应被保险人分批装运、分批结汇的需要,保险人在收到被保险人各批装运货物的申报后,可分别签发"保险凭证"。

预约保险单没有"总保险金额"限制,被保险人没有装运货物得不到保险的担忧;预约保险单在货物装运后约定的时间内按照已经实际装运的货物计收保险费,不会造成被保险人资金的积压。

- 总括保险单　又称闭口保险单,适用于需要多批装运,但价值不大,运输时间和距离又短的货物。在总括保险单中,被保险人与保险人就一定的保险货物商定一个总的保险金额、承保险别、起运地点、费率水平等。被保险人支付一笔总的保险费,在约定的保险期间内,保险人对于被保险人每批出运的货物全部承保,不需要逐笔向保险人发出通知,当货物发生损失,保险人的赔款应从总保险金额中扣除,扣尽后保险人就不再承担保险责任,如被保险人仍要保持原有的保险金额,可增加"恢复条款",按比例加付保险费后,恢复原定保险总金额的保险责任。

(2)保险单的批改与转让

①保险单的批改　保险单签发后,在保险期限内,被保险人如果发现投保时的申报有错误或遗漏,或由于新的或意外的情况发生,致使保险单内所载内容与实际情况不符,被保险人必须以书面形式向保险人提出批改的申请。被保险人申请批改的内容如果涉及扩大保险责任或增加保险金额,必须在被保险人不知有损失事故发生的情况下,在货物抵达目的地之前提出,并需加缴一定的保险费。保险人批改保险单一般采用签发批单的方式进行,批单贴在原保险单上,构成原保险单的一个组成部分,批改内容如与保险合同有出入时,以批单为准。

②保险单的转让　保险单的转让是指转让保险权利。买卖双方交接货物,转移所有权,不能自动转移保险单项下所享有的权利,必须由被保险人在保险单上以背书表示转让的意思才能产生转让的效力。各国海上保险法律一般都有保险单转让的规定:

- 海上货物保险单可以不经保险人的同意而自由转让。
- 海上保险单的转让必须在保险标的所有权转移之前或转移的同时进行。
- 无论损失是否已发生,只要被保险人对保险标的有可保利益,保险单均可转让。
- 保险单的受让人只能享有与原被保险人在保险单下所享有的相同的权利和义务。
- 保险单转让后,受让人有权以自己的名义向被保险人进行诉讼,保险人也有权如同对待原被保险人一样,对保险合同项下引起的责任进行辩护。

- 保险单的转让可采取被保险人在保险单上背书或其他方式进行。按照习惯做法,采用空白背书方式转让的保单可自由转让;采用记名背书方式转让的保单只有被背书人才能成为保单权利的受让人。

3. 索赔

(1) 提赔手续

①出口提赔　按FOB价或CFR价出口的货物,国外买方负责办理保险,索赔事项也由买方自行办理。按CIF价出口的货物,保险虽由卖方办理,但在履行交货结算时已将保单转让买方,保险标的发生货损,仍由买方凭保单向保险公司提赔。

②进口提赔　货物运抵目的地,如发现货损,应尽可能保护现场,立即通知保险公司或其代理机构,并申请联合检验。进口货物的联合检验一般在保险责任终止地进行。如保险责任在进口口岸终止,就应在口岸申请联合检验,如保险责任需要转运到内地之后终止,则只要保险货物外包装没有损坏,可以不在口岸检验,如外包装损坏严重,就应在进口口岸办理联合检验,由保险人签发保险货物残存单,并装该单随同货物转运至内地收货人,作为内地联合检验的参考。保险人或其代理人根据被保险货物的检验结果,签署"进口货物残损联合检验报告",收货人凭此可向保险人要求赔偿。

③索赔文件　除了联合检验报告外,索赔时,还须提供其他单证,通常包括:

- 保险单或保险凭证正本。证明保险公司承保责任范围的依据。
- 运输契约。证明被保险货物承运的状况,以确定受损货物是否保险所承保的,以及在保险责任开始前的货物状况。
- 发票。计算保险赔款时的数额依据。
- 装箱单、磅码单。核对损失数量的依据。
- 涉及第三者责任时,向承运人等第三者责任方请求赔偿的函电或其他单证和文件,表明被保险人确已履行了追偿手续,维护了保险公司的追偿权利。
- 货损货差证明。是清洁提单下所交货物残损或短少时,要求承运人签发的文件。
- 索赔清单。被保险人要求保险公司给付赔款的详细清单,说明索取赔款的数字的计算依据以及有关费用的项目和用途。
- 海事报告。这是载货船舶在航行途中遭遇恶劣天气、意外事故或其他海难,可能对保险货物造成损害或灭失时所应提供的一项重要证件,是船长据实记录的报告。对于确定损失原因和保险责任有重要参考作用。

此外,保险人还可根据损失情况和理赔需要,要求被保险人提供与确认保险事故性质和损失程度有关的其他证明和资料。

④注意事项

- 对受损货物应积极采取措施进行施救和整理。根据各国保险法令和保险条款的规定,如果被保险人没有采取必要的施救措施,则因未采取措施而继续扩大的部分损失,保险人不负赔偿责任。受损货物的整理工作原则上也由货方进行,但在进行转售、修理、改变用途等工作之前,必须通知保险公司,征得保险公司的同意。
- 发现货损时,除向保险公司报损外,还应立即向承运人、受托人以及海关、港务局等索取货损货差证明,尤其涉及承运人、码头、装卸公司等方面的责任时,还应立即以书面向其提出索赔,保留追偿权利。有时还要申请延长索赔时效。

(2) 赔偿金额的计算

① 全损赔偿　进出口货物运输保险通常都是定值保险,被保险货物遭受全损,均以保单载明的保险金额为准全额赔付;不定值保险下,按实际价值作为赔款依据。如果出险时货物的实际价值高于保险金额,按保险金额赔付,如实际价值低于保险金额,按实际价值赔付。

② 单独海损的计算

● 数量损失　部分货物灭失或数量(重量)短少,以灭失或损失的数量(重量)占保险货物总量之比,按保险金额计算赔款,即

$$赔款金额 = 保险金额 \times [损失数量(重量)/保险货物总量]$$

● 质量损失　确定完好的价值和受损的价值,计算贬值率,乘以保险金额,就得出赔款金额。完好价值和受损价值一般以货物运抵目的地检验时的市场批发价为准,如在中途处理,则以处理地市场批发价为准。实际业务中,经协议也可以按发票价值计算。按《海商法》规定,不定值保险条件下,货物保险价值按 CIF 价计算,即

$$赔款金额 = 保险金额 \times [(货物完好价值 - 受损后价值)/货物完好价值]$$

● 费用损失　受损货物在处理时支付的费用,只要在保险金额限度内,均可加入损失之内由保险人补偿。至于被保险人或其受让人为防止或减少损失而支付的合理施救费用及为确定保险事故的性质及程度而支出的合理费用等,均可在保险标的的损失赔偿之外另行支付,但赔偿金额以不超过一个保险金额为限。

③ 共同海损牺牲和分摊的计算

● 共同海损理算　共同海损行为所做出的牺牲或引起的特殊费用,都是为使船主、货主和承运方不遭受损失而支出的,因此,不管其大小如何,都应由船主、货主和承运各方按获救的价值,以一定的比例分摊,称为共同海损的分摊。

● 共同海损理算的法律依据　国际上大部分的租船合同、海运提单、海洋船舶和货运保险的保险单上都规定共同海损的理算按《约克-安特卫普规则》办理。我国也制定了《中国国际贸易促进委员会共同海损理算暂行规则》(以下简称《北京理算规则》),《海商法》规定,共同海损理算适用合同约定的理算规则,如合同没有约定,适用《海商法》第十章共同海损的有关规定。

● 分摊请求权的时效　根据《海商法》,共同海损分摊的请求权,自理算结束之日起计算,时效为 1 年。

● 共同海损损失金额的确定

a. 船舶的共同海损牺牲　船舶的牺牲分部分损失和全损两种。部分损失时,按照实际支付的修理费、减除合理的以新换旧的扣减额计算。船舶尚未修理的,按照牺牲造成的合理贬值计算,但是不得超过估计的修理费。全损时,按照船舶在完好状态下的估计价值,减除不属于共同海损损坏的估计的修理费和该船舶受损后的价值的余额计算。

b. 货物的共同海损牺牲　货物的牺牲分灭失和损坏两种情况。货物灭失的,按照货物在装船时的价值加保险费加运费,减除由于牺牲无须支付的运费计算;货物损坏的,在就损坏程度达成协议前售出的,按照货物在装船时的价值加保险费加运费,与出售货物净得的差额计算。

c. 运费的共同海损牺牲　按照货物遭受牺牲造成的运费的损失金额,减除为取得这笔运费本应支付,但是由于牺牲无须支付的营运费用计算。

● 共同海损分摊价值的确定

a. 船舶共同海损分摊价值　按照船舶在航程终止时的完好价值,减除不属于共同海损的损失金额计算,或按船舶在航程终止时的实际价值,加上共同海损牺牲的金额计算。

b. 货物共同海损分摊价值　按照货物在装船时的价值加保险费加运费,减除不属于共同海损的损失金额和承运人承担风险的运费计算。货物在抵达目的港以前售出的,按照出售净得金额,加上共同海损牺牲的金额计算。

c. 运费分摊价值　按照承运人承担风险并于航程终止时有权收取的运费,减除为取得该项运费而在共同海损事故发生后,为完成本航程所支付的营运费用,加上共同海损牺牲的金额计算。

以上每一项分摊价值都要加上共同海损牺牲的金额,是因为共同海损牺牲中的一部分将要从其他各受益方处得到补偿,因此也有部分价值因为共同海损行为而得到保全,从而也应计算在共同海损分摊价值之内。

- 共同海损分摊金额的计算　共同海损应当由受益方按照各自的分摊价值的比例分摊。各受益方的分摊金额计算分两步:首先计算出共同海损损失率,以共同海损损失总金额除以共同海损分摊价值总额得出;然后以各受益方的分摊价值金额分别乘以共同海损损失率,得出各受益方应分摊的共同海损金额。

例 3-13

有一艘载货船舶在运输途中发生共同海损,货物共损失 50 万美元,其中货主甲、乙、丙、丁分别损失 10 万美元、20 万美元、20 美元、20 万美元,船体损失 25 万美元,救助费用 3 万美元,运费损失 1 万美元。甲、乙、丙、丁货物价值分别为 120 万美元、140 万美元、120 万美元、100 万美元,该载货船只价值 500 万美元,承运人运费总计 20 万美元。分摊如下:

总损失＝10+20+0+20+25+3+1＝79 万美元

总获救价值＝120+140+120+100+500+20＝1 000 万美元

各方分摊价值:

船东:总损失/总获救价值×船价＝79/1 000×500＝39.5 万美元

货主甲:总损失/总获救价值×甲货物价值＝79/1 000×120＝9.48 万美元

货主乙:总损失/总获救价值×乙货物价值＝79/1 000×140＝11.06 万美元

货主丙:总损失/总获救价值×丙货物价值＝79/1 000×120＝9.48 万美元

货主丁:总损失/总获救价值×丁货物价值＝79/1 000×100＝7.9 万美元

承运人:总损失/总获救价值×运费＝79/1 000×20＝1.58 万美元

拓展资讯

电子提单

能力培养

一、名词解释

排水量吨位	总载重吨	净载重吨	容积总吨	容积净吨
船舶载重线	方便旗船	船级	航速	班轮公会
班轮运输	租船运输	保函	电放	海运单
B/N	S/O	M/R	L/L	M/F
F/M	D/O	N/N	班轮运输合同	提单
不清洁提单	已装船提单	收货待运提单	清洁提单	记名提单
指示提单	来人提单	全式提单	简式提单	直达提单
转运提单	联运提单	班轮提单	租船契约提单	倒签提单
预借提单	过期提单	航次租船合同	Liner Terms	F.I.O.
F.I.O.S.T.	F.I.	F.O.	Lay time	C.Q.D.
W.W.D.	N/R	Demurrage	Despatch	延期损失
受载期	销约日	实际全损	推定全损	共同海损
单独海损	共同海损牺牲	共同海损费用	施救费用	救助费用
卖方利益险	保险费率	流动保险单	预约保险单	总括保险单

二、简答题

1. 简述船舶重量吨位和容积吨位的作用。
2. 中国主要的近洋和远洋航线有哪些?
3. 简述世界主要海运航线及各自的特点。
4. 简述班轮运输与租船运输的区别。
5. 件杂货班轮在装货港和卸货港编制的单证分别有哪些?
6. 简述件杂货班轮货运单证流转程序。
7. 简述提单的功能。
8. 简述航次租船与期租船的区别。
9. 航次租船合同有哪些主要条款?
10. 海上货物运输保险保障哪些风险?
11. 简述单独海损与共同海损的区别。
12. 简述施救费用与救助费用的区别。
13. C.I.C. 海运货物险有哪些险别?
14. I.C.C. 海运货物险有哪些险别?
15. 中国人民保险公司海上进出口货物保险费率有几种?
16. 海上货物运输保险索赔需要提供哪些文件?

三、计算题

1. 我方出口商品共100箱,每箱的体积为30 cm×60 cm×50 cm,毛重为40 kg,查运费表得知该货物为9级,计费标准为 W/M,基本运费为每运费吨109港元,另收燃油附加费20%,港口拥挤费20%,货币贬值附加费10%。试计算该批货物的运费。

2. 某公司出口货物 200 箱,每箱 438 美元 CFR 价马尼拉,菲律宾商人要求将价格改报为 FOB 价,试求每箱货物应付的运费及应改报的 FOB 价。已知该批货物每箱的体积为 45 cm×35 cm×25 cm,毛重为 30 kg,商品计费标准为 W/M,每运费吨基本运费为 100 美元,到马尼拉港需加收燃油附加费 20%,货币附加费 10%,港口拥挤费 20%。

3. 我方按 CFR 价迪拜出口洗衣粉 100 箱,该商品内包装为塑料袋,每袋 0.5 kg,外包装为纸箱,每箱 100 袋,箱的尺寸为:长 47 cm、宽 30 cm、高 20 cm,基本运费为每尺码吨 367 港元,另加收燃油附加费 33%,港口附加费 5%,转船附加费 15%,计费标准为 M。试计算该批商品的运费。

4. 某出口商以 CFR 价成交一批出口货物,货物成交价为 350 000 美元。该出口商委托甲货运代理人查问这批货物从装货港到卸货港的海运运费。甲货运代理人从乙船公司那里得知运输这批货物按从价运费的方式计收运费,并且"Ad Val"是 0.6%。试计算运输这批货物所需要支付的海运费。

5. 东方公司出口水泥 9 000 吨,租船合同对装货条件的规定如下:连续 24 小时晴天工作日,节假日除外(星期六、日为公休日),如果用了则计算;每一工作日装货 1 500 吨,6 天装完,滞期一天罚款 6 000 美元,速遣一天减半;节假日前一天 18 时后和节假日后一天 8 时前不算入装卸时间,用了则算;船长递交 N/R,经租方接受后 24 小时开始生效。试根据表 3-5 计算东方公司应付的滞期费或应得的速遣费。

表 3-5　　　　　　　　　　　装货时间

日期	星期	记录和说明
8月12日	三	14时接受N/R
8月13日	四	8时到24时工作
8月14日	五	0时到24时工作
8月15日	六	0时到18时加班
8月16日	日	8时到24时加班(期间有4小时下雨停工)
8月17日	一	0时到8时加班,8时到24时工作(期间有3小时下雨停工)
8月18日	二	0时到3时装卸完毕

6. 某船于 6 月 5 日(星期二)16 时抵达装货港,并于 16 时 40 分递交 N/R,6 月 6 日 8 时开始装货,至 6 月 12 日 12 时装货完毕,其中 6 月 7 日 0 时至 4 时,下雨停工。该船 6 月 24 日(星期四)14 时抵达卸货港,并于 14 时 30 分提交 N/R,6 月 25 日(星期五)8 时开始卸货,至 6 月 26 日(星期六)20 时卸货完毕。合同规定"可用装货时间和卸货时间分别为 3WWDSHEX,滞期费率每天 3 000 美元,速遣费率为 1 500 美元。下午递交 N/R,次日 8 时起算装卸时间"。分别按照装卸时间平均计算和装卸时间分别计算方法统计滞期费或速遣费。按滞期时间连续计算方法和节省全部工作时间方法计算。

7. 出口某商品 20 吨(净重),装 1 000 箱,每箱单价为 46 美元,取得清洁提单,加一成投保一切险。货到目的港后,买主发现除短少 3 箱外,还短量 680 kg。试计算:
　(1) 货主共遭受多少损失?
　(2) 保险公司是否负责赔偿?

8. 有一货轮在运输途中遇难,发生共同海损 8 万美元,已知船舶的价值为 100 万美元,船上载有甲、乙、丙、丁的货物,分别为 50 万美元、28 万美元、10 万美元和 12 万美元。请根据以上信息计算各方分摊共同海损的费用。

情境3 国际海上货物运输

四、案例分析

1. 某轮装运桶装油，提单上的收货人为海德森公司。发货人除留存一份提单外，将另一份寄卸货港代理，委托其凭此向买方收取货款。该轮船长于船到卸货港后，在无提单的情况下将桶装油交给了海德森公司。结果造成发货人收款不着。此案中该船长应负什么责任？其教训是什么？

2. HT进出口公司与英国A公司达成一笔交易，进口500吨A级铜，每吨3 275美元CIF价广州，不可撤销即期信用证付款。英国A公司按期装运并备齐全套单据议付，HT公司付款取得全套单据后，又将该套单据卖给某灯具厂，因双方约定分期付款，灯具厂虽取得全套单据，但只支付20%的货款，其余3个月后结清。考虑到市场涨价，HT公司向船舶代理人某货代公司借取提货单提货，并售给另一客户。当灯具厂得知该情况后，向该货代公司提出索赔。该货代公司是否应当承担侵权损害赔偿责任？

3. 有份CIF价合同，出售矿砂5 000吨，合同装运条款规定："CIF Hamburg，1989年2月：由一船或数船装运。"卖方于2月15日装运了3 100吨，余数又在3月1日装上另一艘轮船。当卖方凭单据向买方要求付款时，买方以第二批货物延期装运为由，拒绝接收全部单据，并拒付全部货款，卖方提出异议，认为买方无权拒收全部货物。买方的做法是否正确？

4. 某出口公司按CFR价条件向日本出口红豆250吨，合同规定卸货港为日本口岸，发货时，正好有一船驶往大阪，该公司打算租用该船，但在装运前，该公司主动去电询问哪个口岸卸货，时值货价下跌，日方故意让该公司在日本东北部的一个小港卸货，该公司坚持要在神户、大阪卸货。双方争执不下，日方就此撤销合同。该公司做法是否合适？日方是否违约？

5. 某出口公司按CIF价条件成交一批货物，按双方约定向中国人民保险公司投保了水渍险，货物在转船过程中遇到大雨，货到目的港后，收货人发现货物有明显的雨水浸渍，损失达70%，因而向该出口公司提出索赔。该损失应由哪方承担？

6. 在20世纪80年代，有一出口商同国外买方达成一项交易，合同规定的价格条件为CIF价，当时正值海湾战争期间，装有出口货物的轮船在公海上航行时，被一导弹误中沉没，由于在投保时没有加保战争险，所以保险公司拒不赔偿。该损失应由哪方负责？为什么？

7. 某轮装载着散装亚麻子驶向美国纽约港，不幸在南美飓风区内搁浅。当时，船长发现船板有断裂危险，一旦船体裂缝漏水，亚麻子受膨胀有可能把船板胀裂，所以船长决定迅速脱浅，于是，该船先后4次动用主机，超负荷全速开车后退，终于脱浅成功。抵达纽约港后，对船体进行全面检修，发现主机和舵机受损严重，经过理算，要求货主承担6 451英镑的费用。货主对该项费用发生异议，拒绝付款，是否合理？

8. 某进出口公司向中东某国出口糖果一批，投保一切险。由于货轮陈旧，速度慢，加上该轮船沿途到处揽载，结果航行三个月才到达目的港。卸货后，糖果因受热时间过长已经全部软化，无法销售。问这种情况保险公司是否应给予赔偿？

9. A公司向B公司按CIF价条件签订出口大米10 000吨的合同。规定装运期为5月1日至10日。A公司与C公司签订程租船合同，规定受载期为5月1日至10日。B公司开来信用证的有效期为5月10日止。5月6日船抵受载港，5月12日装船完毕离港。5月10日A公司顺利结汇。问此案中存在什么问题？有何风险？

10. 某公司以CIF价条件出口一批货物共2 000箱，已投保水渍险。货到目的港收货人凭已装船清洁提单提货时发现下列情况：200箱被海水浸泡过；50箱被雨水淋湿；10箱包装完好，但箱内货物短少；5箱欠交。上述损失属于何方责任？为什么？

11. 货主将一批货交由无船承运人运输，并签发HB/L，无船承运人将货物交给船公司，并由船公司签发B/L，目的港的无船承运人在收货人未调换B/L的情况下将货物交给收货人。这种放货行为将产生什么后果？无船承运人将承担什么样的责任？

12. 某轮在航行途中着火,经灌水灭火后,统计被火烧毁货物价值1万美元,因施救被水浸坏货物价值2.5万美元。船方宣布共同海损。船长宣布共同海损是否可以成立?被火烧毁的1万美元货物损失应由何方负责?遭水浸泡的损失应由何方负责?

五、实训项目

根据下面所给的资料审核并修改已填制错误的提单(表 3-6)、保险单(表 3-7)。

BENEFICIARY:ABC LEATHER GOODS CO.,LTD.
　　　　　123 HUANGHE ROAD, TIANJIN CHINA
APPLICANT:XYZ TRADING COMPANY
　　　　　456 SPAGNOLI ROAD, NEW YORK 11747 USA
DRAFTS TO BE DRAWN AT 30 DAYS AFTER SIGHT ON ISSUING BANK FOR 90% OF INVOICE VALUE…
YOU ARE AUTHORIZED TO DRAWN ON ROYAL BANK OF NEW YORK FOR DOCUMENTARY IRREVOCABLE CREDIT NO. 98765 DATED ARP 15,2017. EXPRITY DATE MAY 31,2017 FOR NEGOTIATION BENEFICIARY.
AVAILABLE WITH ANY BANK IN CHINA BY NEGOTIATION…
FULL SET OF CLEAN ON BOARD OCEAN BILLS OF LADING, MADE OUT TO ORDER, BLANK ENDORSED AND MARKED FREIGHT PREPAID NOTIFY APPLICANT…
INSURANCE POLICY/CERTIFICATE IN DUPLICATE FOR 110 PCT OF INVOICE VALUE COVERING ALL RISKS AND WAR RISK OF THE PICC DATED 01/01/1981…
GOODS:5,000 PCS OF LEATHER BAGS PACKED IN 10 PCS/CARTON…

合同号:ABC234
信用证号:DT905012
发票号:1234567
发票日期:2017年5月5日
发票金额:USD108000 CIF NEW YORK
发票签发人:ABC LEATHER GOODS CO.,LTD. ALICE
装运港:TIANJIN CHINA
目的港:NEW YORK USA
装船日期:2017年5月15日
开船日期:2017年5月15日
G.W.:2408KGS
N.W.:2326KGS
MEASUREMENT:21.70CBM
NO OF PACKAGES:500 CARTONS
船名、航次号:SUN V.126
提单号码:CNS010108895
集装箱号/封号:YMU259654/56789
运输标记:XYZ1234567　NEW YORK NO. 1—500
保险单号码:HMOP09319089

表 3-6　　　　　　　　　海运提单

Shipper Insert Name, Address and Phone ABC LEATHER GOODS CO., LTD. 123 HUANGHE ROAD, TIANJIN CHINA	B/L No. CNS010108895	
Consignee Insert Name, Address and Phone XYZ TRADING COMPANY 456 SPAGNOLI ROAD, NEW YORK 11747 USA	中远集装箱运输有限公司 **COSCO CONTAINER LINES** TLX: 33057 COSCO CN FAX: +86(021) 6545 8984 **ORIGINAL**	
Notify Party Insert Name, Address and Phone XYZ TRADING COMPANY 456 SPAGNOLI ROAD, NEW YORK 11747 USA		

Ocean Vessel Voy. No. SUN V. 126	Port of Loading SHANGHAI	Port-to-Port **BILL OF LADING**
Port of Discharge LONG BEACH	Port of Destination	Shipped on board and condition except as other…

Mark & No. Container/Seal No.	No. of Containers or Packages	Description of Goods	Gross Weight	Measurement
XYZ 1234567 LONG BEACH No. 1~500 YMU259654/56789	5000 PCS	LEATHER GOODS FREIGHT PREPAID	2400 kg	20.70 CBM
		Description of Contents for Shipper's Use Only (Not Part of This B/L Contract)		

Total number of containers and/or packages (in words) SAY FIVE THOUSAND PCS ONLY

Ex. Rate	Prepaid at	Payable at	Place and Date of Issue
	MAY 30, 2017	LONG BEACH	TIANJIN
	Total Prepaid	No. of Original B(s)/L	Signed for the Carrier
		THREE (3)	COSCO CONTAINER LINES

LADEN ON BOARD THE VESSEL
DATE: MAY 30, 2017
BY: COSCO CONTAINER LINES　　　　+++

表 3-7　货物运输保险单

货物运输保险单
CARGO TRANSPORTATION INSURANCE POLICY

总公司设于北京　　　一九四九年创立
Head Office Beijing　　Established in 1949

发票号　（INVOICE NO.）123456
合同号　（CONTRACT NO.）ABC234　　　　　保单号次
信用证号　（L/C NO.）DT905012　　　　　　POLICY NO.　HMOP09319089
被保险人（INSURED）　XYZ TRADING COMPANY

中国人民财产保险保险有限公司(以下简称本公司)根据被保险人的要求,由被保险人向本公司缴付约定的保险费,按照本保险单承保险别和背面所载条款与下列特款承保下述货物运输保险,特立本保险单。

THIS POLICY OF INSURANCE WITNESSES THAT PICC PROPERTY AND CASUALTY COMPANY LIMITED (HEREINAFTER CALLED, THE COMPANY) AT REQUEST OF THE INSURED AND IN CONSIDERATION OF THE AGREED PREMIUM PAID TO THE COMPANY BY THE INSURED, UNDERTAKES TO INSURANCE. THE UNDERMENTIONED GOODS IN TRANSPORTATION SUBJECT TO THE CONDITIONS OF THIS POLICY AS PER THE CLAUSES PRINTED OVERL AND OTHER SPECIAL CLAUSES ATTACHED HEREON.

标记 MARK & NO.	包装及数量 QUANTITY	保险货物项目 DESCRITION OF GOODS	保险金额 AMOUNT INSURED
XYZ 1234567 TIANJIN NO. 1～500	5 000 PCS	LEATHER GOODS	USD108 000.00

总保险金额 TOTAL AMOUNT INSURED：US DOLLARS ONE HUNDRED AND EIGHT THOUSAND ONLY

保费　　　　　　　　　启运日期：　　　　　　　装载运输工具：
PREMIUM：AS ARRANGED　DATE OF COMMENCEMENT MAY.30,2017　PER CONVEYANCE："SUN" V. 126
自　　　　　　　　　经　　　　　　　　至
FROM　TIANJIN　　　　VIA　×××　　　TO　LONG BEACH

承保险别：
CONDITIONS
　　COVERING ALL RISKS AS PER CIC OF THE PICC DATED 01/01/1981.

所保货物,如发生保险单项下可能引起索赔的损失或损坏,应立即通知本公司代理人查勘。如有索赔,应向本公司提交保单正本(本保险单共有____份正本)及有关文件。如一份正本已用于索赔,其余正本自动失效。

IN THE EVENT OF LOSS OR DAMAGE WHICH MAY RESULT IN A CLAIM UNDER THIS POLICY, INNEDIATE NOTICE MUST BE GIVER TO THE COMPANY'S AGENT AS MENTIONED HEREUNDER CLAIMS, IF ANY ONE OF THE ORIGINAL POLICY WHICH HAS BEEN ISSUED IN _____ ORIGINAL TOGETHER WITH THE RELEVENT DOCUMENTS SHALL BE SURRENDERED TO THE COMPANY. IF ONE OF THE ORIGINAL POLICY HAS BEEN ACCOMPLISHED. THE OTHERS TO BE VOID.

　　　　　　　　　　　　　　　　　　中国人民财产保险股份有限公司上海市分公司
赔款偿付地点　　　　　　　　　　　PICC Property and Casualty Company Limited, Shanghai
CLAIM PAYABLE AT/IN　TIANJIN IN USD

出单日期　　　　　　　　　　　　　　　　　　　×××
ISSUING DATE　MAY 16, 2017　　　　　　　　　GENERAL MAN

情境 4
国际航空货物运输

学习目标

【知识目标】

了解国际航空货物运输基础知识、航空货物运输代理的业务范围、航空货物运输的经营方式、航空货物运输险险别及承保责任范围等;掌握航空货物运输代理业务流程、航空运单的知识、航空运价的知识。

【能力目标】

能够以航空货物运输代理人身份完成航空货物进出口的全程操作,优先选择合适的航空运价;能够灵活运用贸易知识、华沙公约等对航空货物运输贸易案例进行分析,合理规避国际航空货物运输中的各种风险。

【技能目标】

会填开航空货物托运单;会填开航空运单;会计算航空运费;会进行集中托运操作及相关单证制作和运费核算。

情境引导

国际航空货物运输

国际航空货物运输基础	航空货运基础设施	航空港;航空器;航空集装器(种类、代号、尺寸与重量限制)
		国际货运航空线路:北大西洋、远东、北太平洋航空线等
	国际航空货运组织与公约	国际航空货运组织:ICAO;IATA;FIATA
		航空货运国际公约:《华沙公约》《海牙议定书》的主要内容
	国际航空货运代理	空代种类:航空货代;航空运输销售代理(一类、二类)
		业务范围:包舱(板);集中托运;地面运输;多式联运;其他
		代码:国家代码;城市代码;机场代码;航空公司代码
	航空运输区域	一区;二区(非洲、欧洲、中东);三区(南亚、东南亚、西南太平洋、日韩)

续表

国际航空货运实务	航空货物运输经营方式	班机运输;包机运输(整机包机、部分包机);集中托运(操作、优缺点);联合运输;航空急件传送;送交业务;货到付款
	国际航空货运业务流程	出口流程:发货人;货代;货站;商检;报关行;海关;航空公司;目的港
		出口货代流程:公司职能结构;详细的业务程序;单证流程
		进口流程:货站(通知、报关报验、仓储、结算);转关(进、出口);通关
		进口货代流程:公司职能结构;详细的业务程序;单证流程
		集装箱货运业务流程:空运集装箱业务流程及集装箱或成组器的使用
	国际航空货运单证	航空托运书:主要内容,填写注意事项
		航空运单:性质、各联功能;主运单和分运单;航空运单的填开
		银行对运单接受的要求
	航空货物的运费核算	计费重量:重货、轻货(体积重量的计算);多件货物
		航空运价:公布的直达运价;非公布的直达运价;航空附加费
		航空运费计算:起码运费;普通、特种、等级货物运价;其他费用
航空货物运输保险		责任范围;除外责任;责任起讫;被保险人的义务;索赔时效

4.1 国际航空货物运输基础

航空货物运输以其迅捷、安全、准时的超高效率大大缩短了交货期,对于企业供应链管理中加快资金周转及循环起到了极大的促动作用,因而赢得了相当大的市场。但它相对于海洋运输成本较高,成本比率约为1∶10。

4.1.1 航空货运基础设施

1. 航空港

航空港为航空运输的经停点,又称航空站或机场,是供飞机起飞、降落和停放及组织、保障飞机活动的场所。航空港按照所处的位置不同可分为干线航空港和支线航空港。按业务范围不同可分为国际航空港和国内航空港。

2. 航空器

航空器主要是指飞机。按照用途的不同,可分为客机、全货机和客货混合机。客机主要运送旅客,一般行李装在飞机的深舱;全货机运量大,可以弥补客机的不足,但经营成本高,只限在某些货源充足的航线使用;客货混合机可以同时在主甲板运送旅客和货物,并根据需要调整运输安排,是最具灵活性的一种机型。

3. 航空集装器

航空运输中的集装设备(Unit Load Devices,ULD)主要是指为提高运输效率而采用的托盘和集装箱等成组装载设备。为使用这些设施,飞机的甲板和货舱都设置了与之配套的固定系统。航空运输的特殊性决定了这些集装设备无论在外形构造还是技术性能指标方面都具有自身的特点。

(1) 集装设备的分类

① 按注册与否划分

● 注册的飞机集装器　是国家有关部门授权集装器生产厂家生产的,适于飞机安全载运的,在其使用过程中不会对飞机的内部结构造成损害的集装器。

● 非注册的飞机集装器　是指未经国家有关部门授权生产的,未取得适航证书的集装器。一般不允许装入飞机的主货舱,它仅适用于某些特定机型的特定货舱。

② 按用途分类

● 集装板(Pallet)　是具有标准尺寸的,四边带有卡销轨或网带卡销限,中间夹层为硬铝合金制成的平板,以使货物在其上码放。

● 集装棚(Igloo)　非结构式集装棚无底,前端敞开套到集装板及网套之间;结构式集装棚与集装板固定成一体,不需要网套。

● 集装箱(Container)　集装箱是在飞机的底舱与主舱中使用的一种专用集装箱,与飞机的固定系统直接结合,不需要任何附属设备。它又可分为:

a. 空陆联运集装箱　又称内结构集装箱(Intermodal Containers)。20 ft 或 40 ft 宽、8 ft 高,可装在宽体货机的主舱内。非专用航空集装箱主要用于陆空、海空联运。

b. 主货舱集装箱(主舱集装箱,Main Deck Container)　高度在 163 cm 以上,只能装于全货机或客机的主货舱。

c. 下货舱集装箱(Lower Deck Container)　有全型(ACF)和半型(DPE、AKE)两种,只能装于宽体飞机的下货舱,一般可放入一个全型和两个半型的此类集装箱。

此外,还有一些特殊用途的集装箱,例如:保温箱,它是利用绝缘材料制成的箱体,通过封闭等方法控制箱内的温度,以便于装载特种货物;还有用于运载活体动物和特种货物的专用集装器,如马厩、牛栏、汽车运输设备等。常用航空集装器尺寸参数见表 4-1,航空集装箱重量参数见表 4-2。

表 4-1　　　　　　　　　　常用航空集装器尺寸

名　称	设备类型	尺寸/cm	设备重量/kg	适用机型
集装箱	DPE	120×153×163	106	非标准型 B767(下货舱)
	AKE	153×156×163	125	标准箱 B777、B747、A300、MD11(下货舱)
	ACF	318×153×163	152	
集装板	PIP	224×318	110	B747(主货舱)、B747、B777、B767、MD11、A310、A300(下货舱)
	P6P	244×318	125	
	PLA	318×153	77	B747、B777、MD11、A310、A300(下货舱)
	PTE	244×606	665	B747 主货舱
	FQA	153×244	70	B767 下货舱

表 4-2　　　　　　　　　　　　　　航空集装箱重量参数

国际航空运输协会代码	最大容量/皮重	用途	适应机型
服装集装箱 AKE	1 588 kg/114 kg	一般货物、服装	B747/B747F/B747-Combi/ B777/A330/A300 (Lower Deck Only)
冷藏冷冻 RKE	1 588 kg/250 kg	易腐烂货物、冷冻货物	
冷藏冷冻 RKN	1 588 kg/257 kg	易腐烂、冷冻货物(自动调温)	
集装箱 ALF	1 588 kg/210 kg	一般货物	
集装箱 AAP	6 033 kg/277 kg	一般货物	B747/B747F//A330/A300/ B747-CombiB777
RAP	6 033 kg/519 kg	易腐烂 CGO 冷冻货物	
AMA	6 804 kg/410 kg	一般货物	B747F B747-Combi(限主货舱)
AMJ	6 804 kg/475 kg	一般货物	B747F B747-Combi(限主货舱)
HMA	6 804 kg/945 kg	马匹	B747F(限主货舱)
HMC	6 804 kg/875 kg		B747F(限主货舱)

(2)航空集装器代号的识别　每个集装器都有 IATA(国际航空运输协会)编号,编号由九位字母与数字组成,例如,AKE1203MU。一般分为 AKE、AKN、DPE 和 DPN 四种类型,各位的含义如下:

第 1 位:集装器种类码。A 表示经适航审定的集装箱;D 表示未经适航审定的集装箱。

第 2 位:底板尺寸码。K 表示底面尺寸为 1 534 mm×1 562 mm 的集装箱;P 表示底面尺寸为 1 534 mm×1 194 mm 的集装箱。

第 3 位:代表集装箱外形或与机舱适配性代码。E 适配于宽体机型的底舱,无叉槽;N 适配于宽体机型的底舱,有叉槽。

第 4~7 位:集装器序号码,由各航空公司对其所拥有的集装器进行编号。

第 8~9 位:注册号码(用字母表示)。一般为航空公司的 IATA 两字代码。

(3)对集装器货物的限制

①体积、尺寸限制　货物装载后的体积受货舱舱容限制;尺寸受舱门尺寸限制;形状应与货舱内部形状相适应,见表 4-3。

表 4-3　　　　　　　　　　　　不同机型航空货运尺寸限制　　　　　　　　　　　　　　　cm

机型	MD-82	A-320	B737-200	B737-300	B757-200	FK-100	TU-154	B-146
舱门尺寸	135×75	120×180	85×120	85×120	110×140	75×65	135×80	135×76
收货尺寸	125×65	110×170	75×110	75×110	100×100	65×55	125×70	125×66

②载重限制　各类集装器都有最大承重限制:LD3(AVE/AKE/RKN)型最大载重 1 588 kg;D2(DPE)型最大载重 1 250 kg;LD-6(DQF)最大载重 2 499 kg;D-8(ALF/HMJ/AMA)ALF 型最大载重 3 175 kg;HMJ 型最大载重 3 800 kg;AMA 型最大载重 6 800 kg。

FK-100 单重不超过 80 kg,其他单重不超过 200 kg;波音系列要求下货舱散舱 732 kg/m²,下货舱集装舱 976 kg/m²,主货舱集货舱 1 952 kg/m²;空客系列要求下货舱散舱 732 kg/m²;下货舱集货舱 1 050 kg/m²。

③集装器内货物限制　危险品、活动物、贵重品、尸体等不能放入集装器;货物不能超过集装器底板承重。

4. 国际货运航空线路

(1) 西欧—北美的北大西洋航空线。该航线主要连接巴黎、伦敦、法兰克福、纽约、芝加哥、蒙特利尔等航空枢纽。

(2) 西欧—中东—远东航空线。该航线连接西欧各主要机场至远东香港、北京、东京等机场,并途经雅典、开罗、德黑兰、卡拉奇、新德里、曼谷、新加坡等重要航空站。

(3) 远东—北美的北太平洋航空线。这是北京、香港、东京等机场经北太平洋上空至北美西海岸的温哥华、西雅图、旧金山、洛杉矶等机场的航空线,并可延伸至北美东海岸的机场。太平洋中部的火奴鲁鲁是该航线的主要中继加油站。

此外,还有北美—南美、西欧—南美、西欧—非洲、西欧—东南亚—澳新、远东—澳新、北美—澳新等重要国际航空线。

我国的国际贸易航空货运线和机场,目前主要在北京、上海、天津、沈阳、大连、哈尔滨、青岛、广州、南宁、昆明和乌鲁木齐等接办国际航空货运任务。

4.1.2 国际航空货运组织与公约

1. 国际航空货运组织

(1) 国际民用航空组织。国际民用航空组织(International Civil Aviation Organization,ICAO)是政府间的国际航空机构,它是根据1944年芝加哥国际民用航空公约设立的,是联合国所属专门机构之一。我国是该组织成员,也是理事国。该组织成立于1947年4月4日,总部设在加拿大的蒙特利尔。其宗旨是发展国际航空技术,并促进国际航空运输的规划和发展。

(2) 国际航空运输协会。国际航空运输协会(International Air Transport Association,IATA,以下简称国际航协)是各国航空运输企业之间的组织,其会员包括全世界一百多个国家中经营国际、国内定期航班的航空公司。我国的国际航空公司、东方航空公司等多家航空公司近年来也陆续加入了国际航协。

(3) 国际货运代理人协会。国际货运代理人协会(简称FIATA)是国际货运代理人的行业组织,于1926年5月31日在奥地利维也纳成立,总部设在瑞士苏黎世,创立的目的是为了解决由于日益发展的国际货运代理业务所产生的问题,保障和提高国际货运代理在全球的利益,提高货运代理服务的质量。它是公认的国际货运代理的代表,是世界范围内运输领域中最大的非政府和非营利性组织。FIATA的成员不局限于国际货运代理行业,还包括报关行、船舶代理、仓储、包装、卡车集中托运等企业。FIATA下设多个委员会,如海运、铁路运输、公路运输、航空运输、海关、职业培训等,其中航空运输委员会是唯一的永久性机构。

2. 有关航空货物运输的国际公约

较有影响力的国际航空运输公约有《华沙公约》《海牙议定书》《瓜达拉哈拉公约》《危地马拉议定书》《蒙特利尔第一号附加议定书》《蒙特利尔第二号附加议定书》《蒙特利尔第三号附加议定书》《蒙特利尔第四号附加议定书》。这些文件中,《华沙公约》是最基本的,随后的各项议定书都是对《华沙公约》的补充或修改,因此这八份文件又被合称为华沙体系。其中以《华沙公约》和《海牙议定书》的适用最为广泛,已经为世界大多数国家所认可。我国参加《华沙公约》和《海牙议定书》的时间分别是 1958 年和 1975 年。这两个公约的主要内容包括:

(1)公约的适用范围。关于公约的适用范围,《华沙公约》与《海牙议定书》的精神是一样的,都规定公约不仅适用于商业性的国际航空货物运输,还适用于包括旅客、行李在内的其他取酬的和免费的国际航空运输,但邮件和邮包的运输因为另有国际邮政公约管辖,所以不适用。

(2)运输凭证。在《华沙公约》中航空货物运输的凭证被称为"航空货运单(Air Consignment Note,ACN)"。航空货运单是订立合同、接受货物和运输条件的初步证据,换言之航空货运单本身就是托运人与承运人订立的航空货物运输合同,这也是航空货运单与海运提单的重要区别之一。航空货运单并不能代表其项下的货物,虽然《华沙公约》对签发可转让的航空货运单不置可否,《海牙议定书》则明文规定可以签发可转让的航空货运单,但在实际业务中航空运单一般都印有"不可转让(Not Negotiable)"字样。

(3)航空运输期间。航空运输期间也是承运人的责任期间,是指货物交由承运人保管的全部期间。对于在机场外陆运、海运或河运过程中发生的货物的灭失或损坏,只有当这种运输是为了履行航空运输合同,或者是为了装货、交货或转运时,承运人才予以负责。

(4)承运人责任。与《海牙规则》相类似,《华沙公约》也采用了不完全的过失责任制,即在一般问题上采用推定过失原则,一旦出现货物损失,首先假定承运人有过失,但如果承运人能够举证说明自己并无过失,则不必负责。但当承运人的过失是发生在驾驶中、飞机操作中或者在领航时,则承运人虽有过失,也可要求免责。《海牙议定书》保持了过失责任制的基础,并顺应历史的潮流取消了驾驶、飞机操作和领航免责的规定。

《华沙公约》根据航空运输的特点明确规定了承运人对货物运输过程中"因延迟而造成的损失应负责任。"《华沙公约》同样也对承运人的责任限额做出了规定,并明确"企图免除承运人的责任,或定出一个低于本公约所规定的责任限额的任何条款都属无效",这就避免了承运人在运输合同中随意增加免除或者降低承运人自身赔偿责任的做法。《海牙议定书》只是增加了承运人对旅客的赔偿责任,对货物的责任限额不变。

(5)发货人、收货人的权利和义务。《华沙公约》规定发货人的权利主要指在收货人提取货物之前或者收货人拒收货物后或者无法与收货人联系的情况下,对货物处理的权利。发货人或收货人的义务包括:支付运费;填写航空货运单、提交必要的单证;领取货物。

(6)索赔和诉讼时效。对于索赔时效,《华沙公约》分成货物损害和货物延迟的情况区别对待。前者的索赔时效是 7 日,后者的索赔时效是 14 日。《海牙议定书》对此作了全面的修改。将货物损害时的索赔时效延长至 14 日,将货物延迟时的索赔时效延长至 21 日。

至于诉讼时效,《华沙公约》规定的是 2 年,自"航空器到达目的地之日起,或应该到达之日起,或运输停止之日起"。《海牙议定书》对此未加修改。

4.1.3 国际航空货运代理

国际航空货运涉及的当事人主要有发货人、收货人、航空公司和航空货运公司。航空公司通常只负责将货物从一个机场运至另一个机场。对于货物在始发机场交给航空公司之前的揽货、接货、报关、订舱,以及在目的地从航空公司手中接货、报关、交付或送货上门等方面的业务，均由航空货运公司办理。

1. 航空货运代理的种类

航空货运公司即航空货代（空代），可以是货主的代理，也可以是航空公司的代理，也可以身兼二职。根据业务范围和法律地位不同，航空货运代理可分为：

(1)国际航空货运代理。是指我国国际货运代理业管理规定中所称的空运代理，即受进出口发货人、收货人的委托，在约定的授权范围内，代为处理国际航空货物运输过程中的各项业务。这类代理严禁从航空公司处收取佣金。

(2)国际航空运输销售代理。是指受航空公司的委托，在约定的授权范围内，作为其代理人，代为处理国际航空客货运输销售及其相关业务。某些空代经航空公司授权还可代表航空公司接受货主的货物并出具航空公司的总运单。

根据我国《民用航空运输销售代理业管理规定》，空运销售代理分为：

①一类销售代理　经营国际航线或香港、澳门、台湾地区航线的民用航空销售代理业务。在我国，申请设立国际航空货物销售代理的前提之一是必须首先成为国际货运代理。

②二类销售代理　经营国内航线的民用航空运输销售代理业务。

2. 航空货运代理的业务范围

航空货运代理除了提供订舱、租机、制单、代理包装、代刷标志、报关报验、业务咨询等传统代理业务之外，还提供以下服务：

(1)包舱(板)运输。包舱(板)运输是航空货物运输的一种形式，它指托运人根据所运输的货物在一定时间内需要单独占用飞机部分或全部货舱、集装箱、集装板，而承运人需要采取专门措施予以保证。包舱(板)运输一般只限于直达航班。

包舱(板)运输包括固定包舱和非固定包舱两种。固定包舱是指托运人在承运人的航线上通过包舱(板)的方式运输时，托运人无论是否向承运人交付货物，都必须支付协议上规定的运费。非固定包舱是指托运人在承运人的航线上通过包舱(板)的方式运输时，托运人在航班起飞前72小时如果没有确定舱位，承运人则可以自由销售舱位。

(2)集中托运业。航空货运代理公司将若干批单独发运的货物集中成一批向航空公司办理托运，填写一份总运单送至同一目的地，然后由其委托当地的代理人负责分发给各个实际收货人。这种托运方式可降低运费，是航空货运代理的主要业务之一。在这种业务下，航空货运代理实际上已成为契约承运人。我们会在后面详细阐述。

(3)地面运输。是指提供机场至机场之外的地面运输服务。在这种业务下，有些航空货运代理以代理人身份提供地面运输服务，有些则利用自身拥有或租赁的地面运输工具以承运人身份提供地面运输服务。

(4)多式联运服务。有些大型航空货运代理可以提供以航空运输为主的多式联运服务。

3. 航空货运代码

(1)国家代码。在航空运输中，国家代码用两字代码表示。表4-4是常见国家的两字代码。

表 4-4　　　　　　　　　　　常见国家的两字代码

英文名称	中文名称	两字代码	英文名称	中文名称	两字代码
China	中国	CN	Japan	日本	JP
United States of America	美国	US	Korea	韩国	KR
United Kingdom	英国	GB	Singapore	新加坡	SG
Germany	德国	DE	Canada	加拿大	CA
France	法国	FR	Australia	澳大利亚	AU

（2）城市的三字代码。航空运输中每运一票货物都涉及城市的三字代码。表 4-5 是常见城市的三字代码。

表 4-5　　　　　　　　　　　常见城市的三字代码

英文名称	中文名称	三字代码	英文名称	中文名称	三字代码
BEIJING	北京	BJS	XIAMEN	厦门	XMN
GUANGZHOU	广州	CAN	LONDON	伦敦	LON
SHANGHAI	上海	SHA	NAGOYA	名古屋	NGO
CHONGQING	重庆	CKG	SEOUL	首尔	SEL
TIANJIN	天津	TSN	PARIS	巴黎	PAR
SHENZHEN	深圳	SZX	CHICAGO	芝加哥	CHI
DALIAN	大连	DLC	NEW YORK	纽约	NYC
KUNMING	昆明	KMG	TOKOYO	东京	TYO
QINGDAO	青岛	TAO	OSAKA	大阪	OSA

（3）机场的三字代码。机场通常也用三字代码表示，一些机场的三字代码同所属城市的三字代码一样。但是，世界大多数机场的三字代码同所属城市的三字代码不一样。表 4-6 是常见机场的三字代码。

表 4-6　　　　　　　　　　　常见机场的三字代码

英文名称	中文名称	三字代码	所属国家
Capital International Airport	首都国际机场	PEK	中国
Charles de Gaulle	戴高乐机场	CDG	法国
Narita	成田机场	NRT	日本
Kaisai International	大阪关西国际机场	KIX	日本
Dulles International	杜勒斯国际机场	IAD	美国
Herthrwo	希斯罗国际机场	LHR	英国
O'Hare International	奥黑尔国际机场	ORD	美国

（4）航空公司代码。航空公司通常使用两字代码，有的航空公司使用三字代码。个别航空公司只有两字代码，没有三字代码，见表 4-7。

表 4-7　　　　　　　　　　常见航空公司代码

英文名称	中文名称	两字代码	三字代码
Air China	中国国际航空公司	CA	CCA
China Southern Airlines	中国南方航空公司	CZ	CSN
China Eastern Airlines	中国东方航空公司	MU	CES
Dragon Air	港龙航空公司	KA	KDA
Korean Air	大韩航空公司	KE	AKA
All Nippon Airways	全日空公司	NH	ANA
Singapore Airlines	新加坡航空公司	SQ	SIA
Thai Airways International	泰国国际航空公司	TG	THA
Northwest Airlines	美国西北航空公司	NW	NWA
Canadian Airlines International	加拿大国际航空公司	AC	—
Klm Royal Dutch Airlines	荷兰皇家航空公司	KL	—
Lufthansa German Airlines	德国汉莎航空公司	LH	DLH
Lot-Polish Airlines	波兰航空公司	LO	LOT

4.1.4　航空运输区域

国际航空货物运输中与运费有关的各项规章制度、运费水平都是由国际航协统一协调、制定的。国际航协将全球分成三个区域，简称为航协区（IATA Traffic Conference Areas），每个航协区内又分成几个亚区。由于航协区的划分主要从航空运输业务的角度考虑，依据的是不同地区不同的经济、社会以及商业条件，所以和我们熟悉的世界行政区划有所不同。

1. 一区（TC1）

一区包括北美洲、中美洲、南美洲、格陵兰、百慕大和夏威夷群岛。

2. 二区（TC2）

二区由整个欧洲大陆（包括俄罗斯的欧洲部分）及毗邻岛屿，冰岛、亚速尔群岛，非洲大陆和毗邻岛屿，亚洲的伊朗及伊朗以西地区组成。本区也是和我们所熟知的政治地理区划差异最多的一个区，它主要有以下三个亚区：

（1）非洲亚区。含非洲大多数国家及地区，但北部非洲的摩洛哥、阿尔及利亚、突尼斯、埃及和苏丹不包括在内。

（2）欧洲亚区。包括欧洲国家和摩洛哥、阿尔及利亚、突尼斯三个非洲国家和土耳其（既包括欧洲部分，也包括亚洲部分）。俄罗斯仅包括其欧洲部分。

（3）中东亚区。包括巴林、塞浦路斯、埃及、伊朗、伊拉克、以色列、约旦、科威特、黎巴嫩、阿曼、卡塔尔、沙特阿拉伯、苏丹、叙利亚、阿拉伯联合酋长国、也门等。

3. 三区(TC3)

三区由整个亚洲大陆及毗邻岛屿(已包括在二区的部分除外),澳大利亚、新西兰及毗邻岛屿,太平洋岛屿(已包括在一区的部分除外)组成,具体包括:

(1) 南亚次大陆亚区。包括阿富汗、印度、巴基斯坦、斯里兰卡等南亚国家。

(2) 东南亚亚区。包括中国(含港、澳、台)、东南亚诸国、蒙古、俄罗斯亚洲部分及土库曼斯坦等独联体国家、密克罗尼西亚等群岛地区。

(3) 西南太平洋亚区。包括澳大利亚、新西兰、所罗门群岛等。

(4) 日本、朝鲜亚区。仅含日本、朝鲜和韩国。

4.2 国际航空货物运输实务

4.2.1 国际航空货运经营方式

1. 班机运输

班机运输(Scheduled Air-Line)是指在固定航线上定期航行的航班。班机运输一般有固定的始发站、到达站和经停站。

按照业务对象的不同,班机运输可分为客运航班和货运航班。后者只承揽货物运输,大多使用全货机(All Cargo Carrier)。目前只有某些规模较大的专门的航空货运公司或一些业务范围较广的综合性航空公司在货运量较为集中的航线开辟货运航班。一般航空公司通常采用客货混合型飞机(Combination Carrier)。班机运输有如下特点:

(1) 由于班机运输有固定的航线、挂靠港、固定的航期,并在一定时间内有相对固定的收费标准,对进出口商来讲可以在贸易合同签署之前预计货物的起运和到达时间,核算运费成本,合同的履行也较有保障,因此成为多数贸易商首选的航空货运形式。

(2) 便利收、发货人确切掌握货物起运和到达的时间。近年来货运业竞争加剧,航空公司为体现航空货运快速、准确的特点,不断加强航班的准班率,强调快捷的地面服务,在吸引传统的鲜活、易腐货物、贵重货物、急需货物的基础上,又提出了为企业特别是跨国企业提供后勤服务的理念,正努力成为跨国公司分拨产品、半成品的得力助手。

(3) 班机运输多采用客货混合机型,货物舱位有限,不能满足大批量货物及时出运的要求,往往只能分批运输。不同季节同一航线客运量的变化也会直接影响货物装载的数量,使得班机运输在货物运输方面存在很大的局限性。

2. 包机运输

班机运输货物舱位有限,当货物批量较大时,包机运输(Chartered Carrier)就成为重要方式。包机运输通常可分为整机包机和部分包机。

(1) 整机包机。整机包机是指航空公司或包机代理公司按照合同中双方事先约定的条件和运价将整架飞机租给租机人,从一个或几个航空港装运货物至指定目的地的运输方式。包机人一般要在货物装运前一个月与航空公司联系，以便航空公司安排运载和向起降机场及有关政府部门申请、办理过境或入境的有关手续。包机费用一次一议，随国际市场供求情况变化。一般是按每一飞行千米固定费率核收费用，并按每一飞行千米费用的80%收取空放费。因此，大批量货物使用包机时，均要争取来回程都有货载，这样费用比较低。

(2)部分包机。部分包机是指由几家航空货运代理公司或发货人联合包租一架飞机，或是由包机公司把一架飞机的舱位分别卖给几家航空货运代理公司。适于运送一吨以上但货量不足整机的货物，运费较班机运输低，但由于需要等待其他货主备妥货物，所以运输时间长。

与班机运输相比，包机运输可以由双方议定航程的起止点和中途停靠的空港，因此更具灵活性，但包机运输存在回程空放的风险。此外，由于各国政府出于安全的需要和维护本国航空公司的利益，对他国航空公司的飞机通过本国领空或降落本国领土往往大加限制，复杂烦琐的审批手续增加了包机运输的营运成本。

3. 集中托运

集中托运(Consolidation)是指集中托运人(Consolidator)将若干批单独发运的货物组成一整批，向航空公司办理托运，采用一份航空总运单集中发运到同一目的站，由集中托运人在目的地指定的代理收货，再根据集中托运人签发的航空分运单分拨给各实际收货人的运输方式，也是航空货物运输中开展得最为普遍的一种运输方式，是航空货运代理的主要业务之一。

集中托运人的地位类似于多式联运中的多式联运经营人，承担的是货物的全程运输责任，而且在运输中作为双重角色。集中托运人对各个发货人承担货物运输责任，地位相当于承运人；而在与航空公司的关系中，则作为集中托运的一整批货物的托运人。

(1)集中托运的具体做法

①将每一票货物分别制定航空分运单，即货运代理运单 HAWB(House Airway Bill)。

②将所有货物区分方向，按照其目的地相同的国家、城市来集中，制定出航空公司的总运单 MAWB(Master Airway Bill)。总运单的发货人和收货人均为航空货运代理公司。

③打出该总运单项下的货运清单(Manifest)，即此总运单有几个分运单，号码各是什么，其中件数、重量各多少等。

④把该总运单和货运清单作为一整票货物交给航空公司。一个总运单可视货物具体情况随附分运单，如一个 MAWB 内有 10 个 HAWB，说明此总运单内有 10 票货，发给 10 个不同的收货人。

⑤货物到达目的机场后，当地的货运代理公司作为总运单的收货人负责接货、分拨，按不同的分运单制定报关单据并代为报关，为实际收货人办理有关接货送货事宜。

⑥实际收货人在分运单上签收以后，目的站货运代理公司以此向发货的货运代理公司反馈到货信息。

(2)集中托运的优点

①节省运费　由于航空运费的费率随托运货物数量增加而降低，航空货运公司的集中托运运价一般都低于航空协会的运价，所以当集中托运人将若干小批量货物组成一大批出运时，能够争取到更为低廉的费率。

②提供方便　将货物集中托运，可使货物到达航空公司到达地点以外的地方，延伸了航空公司的服务，方便了货主。集中托运人的专业性服务也会使托运人受益，包括完善的地面服务网络、拓宽了的服务项目以及更高的服务质量。

③提早结汇　发货人将货物交与航空货运代理后，即可取得货物分运单，可持分运单到银

行尽早办理结汇。航空公司的主运单与集中托运人的分运单效力相同,集中托运形式下托运人结汇的时间提前,资金的周转速度加快。

4. 联合运输

陆空联运是火车、飞机和卡车的联合运输方式,简称 TAT(Train-Air-Truck),或火车、飞机的联合运输方式,简称 TA(Train-Air)。

我国空运出口货物通常采用陆空联运方式。我国幅员辽阔,而国际航空港口岸主要有北京、上海、广州等。虽然省会城市和一些主要城市每天都有班机飞往上海、北京、广州,但班机所带货量有限,费用比较高,如果采用国内包机,费用更贵。因此在货量较大的情况下,往往采用陆运至航空口岸,再与国际航班衔接。由于汽车具有机动灵活的特点,在运送时间上更可掌握主动,因此一般都采用 TAT 方式组织出运。

5. 航空急件传送

航空急件传送(Air Express)俗称航空速递,是目前国际航空运输中最快捷的运输方式。该方式不同于一般航空邮寄和航空货运,而是由一个专门经营这项业务的公司与航空公司合作,设专人以最快速度在发货人、机场及收货人之间传送急件。急件传送公司接受发货人委托后,以最快的速度从发货人处提取货物送至机场赶装最近一班航班出运。急件发出后,传送公司用电传将航班号、收货人等内容告知目的地空运代理。航班抵达目的地后派专人送往收货人手中,时间一般仅为一两天,快则十几小时,对运送急需的药品、医疗器械、贵重物品、图纸资料、货样、单证等特别有利,被称为"桌到桌(Desk to Desk)快递服务",颇受货主欢迎。

6. 送交业务

在国际贸易实务中,一般出口商为了推销产品,扩大贸易,往往要向客户赠送样品、目录、宣传资料、刊物等。这些物品空运至到达国后就委托当地的航空货运代理办理报关、提取、转运等工作,最后送交给收件人。货物到达时所发生的报关手续费、税金、运费、劳务费等一切费用,均由航空货运代理先行垫付后再向委托人收取。

7. 货到付款

货到付款是承运人在货物到达目的地交给收货人时,根据其与发货人之间的协议,代向收货人收取航空托运单上的货款,而后寄给发货人的一项业务。承运人在代办此项服务时,按货到付款总额的一定百分比计收劳务费。其他如航空运费、声明价值费等可由发货人预付,亦可由收货人支付。

4.2.2 国际航空货运业务流程

1. 航空货运出口一般业务流程

(1)发货人

①寻找货运代理 从运价、服务、实力和售后服务等方面选择适合的代理公司。

②询价　向所选择的货运代理公司进行运价协商。

③提供货物资料　品名、件数、重量、箱规尺寸、目的港及目的港收货人名称、地址、电话、出货时间、发货人名称、电话、地址。

④准备报关资料　清单、合同、发票、手册、核销单、机电卡等；填写报关委托书并盖章，备妥盖章空白信纸一份以备报关过程中备份需要；确认是否具有进出口权以及产品是否需要配额等。

（2）货运代理公司

①委托书　发货人与货运代理确定运输价格以及服务条件后，货运代理将给发货人一份空白"货物托运委托书"，发货人如实填写，并传真或交回货运代理。

②商检　货运代理检查委托书内容是否齐全，了解货物是否要做商检，并对需要做商检的货物进行协助办理。

③订舱　货运代理根据发货人的委托书向航空公司订舱（也可由发货人指定航空公司），同时向客户确认航班以及相关信息。

④接货　发货人自送货时，货运代理应传真货物进仓图给发货人，注明联系人、电话、送货地址、时间等；货运代理接货物时，发货人需向货运代理提供具体接货地址、联系人、电话、时间等相关信息，以确保货物及时入仓。

⑤运输费用结算　双方在未交接货物时应确定本地预付费用或目的港到付费用。

（3）机场/航空公司货站

①理货　当货物送至相关货站后，货运代理会根据航空公司的运单号码，制作主标签和分标签，贴在货物上，便于起运港及目的港的货主、货代、货站、海关、航空公司、商检及收货人识别。

②过磅　将贴好标签的货物交由货站安全检查、过磅、丈量尺寸计算体积重量，之后货站将整单货物的实际重量以及体积重量写入"可收运书"，加盖"安检章"及"可收运章"并签字确认。

③打单　货运代理根据货站的"可收运书"将全部货物数据打入航空公司的运单上。

④特殊处理　可能因货物的重要性、危险性以及装运限制（如超大、超重等），货站将要求承运的航空公司代表进行审核，并签字说明后才可入仓。

（4）商检

①单证　发货人必须出具清单、发票、合同、报检委托书（由报关行或货代提供）。

②预约　向商检预约查验时间。

③检验　商检局根据各类货物的"商品编码"监管条件进行相应的操作，抽取货物样品或现场评定，得出审核结论。

（5）报关行

①接单、送单　将发货人所准备好的所有报关资料，连同货站的"可收运书"，航空公司的正本运单及时交给报关行，以便于及时报关，方便货物及早通关以及运输。

②预录入　报关行整理并完善所有报关文件，将数据录入海关系统，进行预先审核。

③申报　预录通过后，可进行正式申报程序，将所有单证交由海关审核。

④送单时间　根据航班时间，需在中午报关通过的货物单证最迟需要在上午某时，如10:00前交给报关行；需在下午报关通过的货物单证最迟在下午某时交给报关行；否则可能导致货物不能进入预计航班，或因情况紧急而造成货站收取超时费用。

(6) 海关

①审单　海关将根据报关资料审核货物以及单证。

②查验　抽查或者由货运代理自查(后果自负)。

③征税　海关根据货物的类别,按照国家法律的规定收取税收,并填写核销单。

④放行　手续完备,海关放行,在相关单证上加盖海关放行章,交给报关行。

(7) 航空公司

①排舱　航空公司将已经被海关放行的货物根据货物尺寸、轻重编排装载表,交由货站进行货物装箱或预配。

②装机　货物经过装箱或预配后,进行装机工作,并按照装载舱单,通知转运港以及目的港,以方便货物的顺利中转及到达。

③甩货情况　旅客行李过多,货运舱位不够,会导致已经排载的货物被临时甩下;海关对某票货物有质疑,会造成货物不能运输;由于气候原因,飞机需要临时增加油料,而导致甩下货物,控制载量;由于商业原因等造成的航空公司或者货代以及货主要求停运而甩货。

(8) 目的港

①直达目的港　由航空运单上所打出的收货人进行清关,并收取货物。

②非直达目的港　由航空公司负责转运,将货物送至最终目的港,然后由运单上所显示的收货人进行清关,领取货物。

国际航空货物出口操作流程如图 4-1 所示。

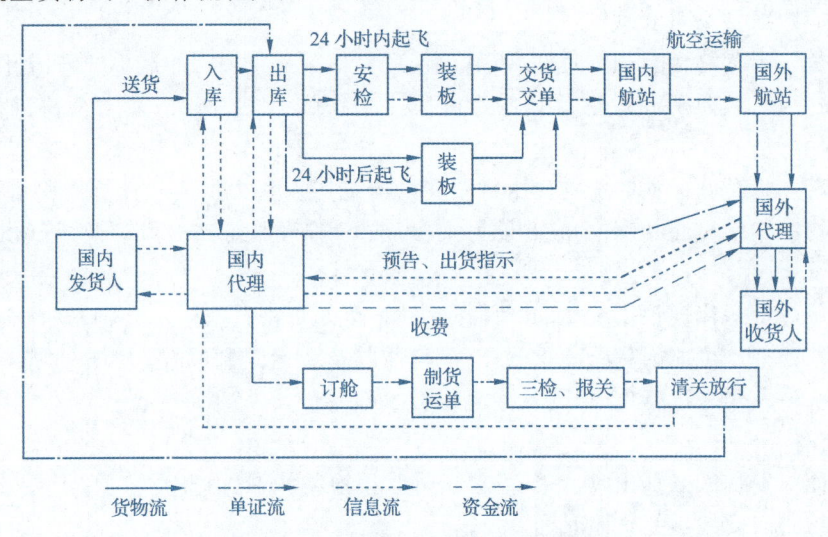

图 4-1　国际航空货物出口操作流程

2. 航空出口货运代理业务流程

航空货物出口运输代理业务程序包含以下具体环节:市场销售→委托运输→审核单证→预配舱→预订舱→接单→制单→接货→标签→配舱→订舱→出口报检报关→编制出仓单→提板箱→装板箱→签单→交接发运→航班跟踪→信息服务→费用结算。相应地,航空货运代理公司出口业务部的职能关系如图 4-2 所示,其中虚线表示仅有业务流程联系,无管理隶管关系。

(1) **市场销售**。航空货运代理公司为争取更多的出口货源,常常主动与各进出口公司、企业联系主动承揽货物。对于长期出口或出口货量大的单位,航空货运代理公司一般都争取能

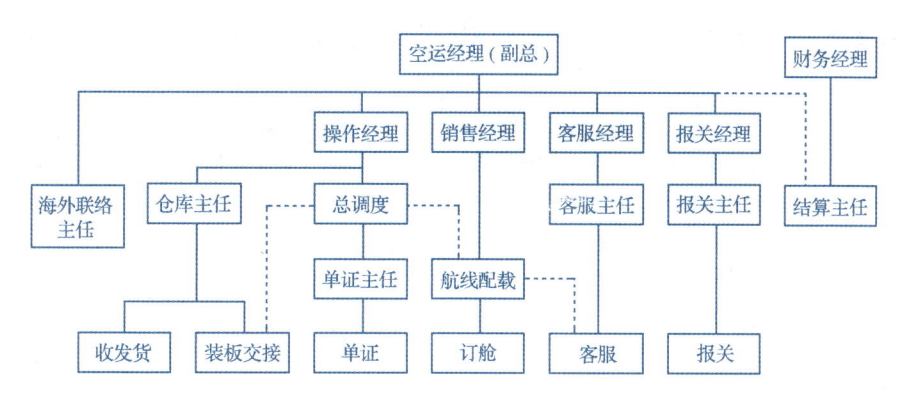

图 4-2 航空货运代理公司出口业务的职能关系

与之签订长期的代理协议。在具体操作时,需及时向出口单位介绍本公司的业务范围、服务项目、各项收费标准,特别是向出口单位介绍优惠运价,介绍本公司的服务优势等。

空运询价八要素:品名(是否危险品);重量(涉及收费)、体积(尺寸大小及是否泡货);包装(是否木箱,有无托盘);目的机场(是否基本点);要求时间(直飞或转飞);要求航班(各航班服务及价格差异);提单类别(主单及分单);所需运输服务(报关方式、代办单证、是否清关派送等)。

(2)**委托运输**。双方就航空货运代理事宜达成意向后,航空货运代理就可以向发货人提供一份自己所代理的航空公司的空白"国际货物托运书",让发货人填写。"国际货物托运书"是重要的法律文件。航空货运代理将根据托运书的要求办理出口货运手续,并据以结算费用。某些特种货物,如活动物、危险品由航空公司直接收运。

委托时,发货人除应填制"国际货物托运书",还应提供贸易合同副本、出口货物明细发票、装箱单以及检验、检疫和通关所需要的单证和资料给航空货运代理,以便航空货运代理办理订舱、提货、报关、制单等手续。

(3)**审核单证**。空代从发货人处取得单据后,应指定专人对单证进行认真核对,看看单证是否齐全,内容填写是否完整规范。单证应包括:

①托运书　重点审核价格和航班日期,审核人员签名并注明日期以示确认。

②发票、装箱单　发票加盖公司公章,标名价格术语和货价(包括无价样品的发票)。

③报关单　注明经营单位注册号、贸易性质、收汇方式,在申报单位处加盖公章。

④外汇核销单　在出口单位备注栏内,一定要加盖公司章。

⑤许可证　合同号、出口口岸、贸易国别、有效期,与其他单据相符。

⑥商检证　商检证(有海关放行联字样)、商检放行单、盖有商检放行章的报关单。

⑦进料/来料加工核销本　注意其上的合同号是否与发票相符。

⑧索赔/返修协议　要求提供正本,要求合同双方盖章,对方没章时,可以签字。

⑨到付保函　凡到付运费的货物,发货人都应提供。

(4)**预配舱**。代理人汇总所接受的委托和客户的预报并输入计算机,计算出各航线的件数、重量、体积,按照客户的要求和货物重量、高度情况,根据各航空公司不同机型对不同板箱的重量和高度要求,制定预配舱方案,并为每票货物配上运单号。

(5)**预订舱**。代理人根据所制定的预配舱方案,按航班、日期打印出总运单号、件数、重量、体积,向航空公司预订舱,这一环节称为预订舱,因为此时货物可能还没有入仓库,预报和实际的件数、重量、体积等都会有差别,这些留待配舱时再做调整。

(6) 接受单证(接单)。接受托运人或其代理人送交的已经审核确认的托运书及报关单证和收货凭证。将计算机中的收货记录与收货凭证核对。制作操作交接单,填上所收到的各种报关单证份数,给每份交接单配一份总运单或分运单,移交制单部。如此时货未到或未全到,可以按照托运书上的数据填入交接单并注明,货物到齐后再进行修改。

(7) 填制货运单(制单)。填制航空货运单,包括总运单和分运单。填制航空货运单是空运出口业务中最重要的环节,运单的填写必须详细、准确,严格符合单货一致、单单一致的要求。

所托运货物,如果是直接发给国外收货人的单票托运货物,填开航空公司运单即可,将收货人提供的货物随机单据订在运单后面。如果集中托运货物,必须先为每票货物填开航空货运代理公司的分运单,然后再填开航空公司的总运单,以便国外代理人对总运单下的各票货物进行分拨;集中托运的货物,还需要制作集中托运清单,并将清单、所有分运单及随行单据装入一个信袋,订在运单后面。

最后制作空运出口业务日报表,供制作标签用。

(8) 接受货物(接货)。接货时,双方应办理货物的交接、验收,并进行过磅称重和丈量,并根据发票、装箱单或送货单清点货物,并核对货物的数量、品名、合同号或唛头等是否与货运单上所列一致,检查货物的外包装是否符合运输的要求。

(9) 标志和标签(标签)。当货物入库后,货运代理会根据航空公司的运单号码,制作标签。然后将制作好的运单标签贴在每一件货物上,以便于起运港及目的港的货主、货代、货站、海关、航空公司、商检及收货人识别。在货物外包装上我们经常会看到各种标志和标签。

① 标志 在货物外包装上由托运人书写的有关事项和记号,其内容主要是托运人、收货人的姓名、地址、联系电话、传真、合同号等;操作(运输)注意事项(例如,防潮 Keep Dry,小心轻放 Handle With Care 等);单件超过 150 kg 的货物。

② 标签 一件货物贴一张航空公司标签,有分运单的货物,每件再贴一张分标签。

● 按标签的作用来划分

a. 识别标签 说明货物的货运单号码、件数、重量、始发站、目的站、中转站的一种运输标志,分为挂签、贴签两种。

b. 特种货物标签 说明特种货物性质的各类识别标志。分为活动物标签、危险品标签和鲜活易腐物品标签三种。

c. 操作标签 用以说明货物储运注意事项的各类标志。

● 按标签的类别来划分

a. 航空公司标签 是航空公司对其所承运的货物做出的标志,各航空公司的标签虽然在格式、颜色上有所不同,但内容基本相同。标签上三位阿拉伯数字代表所承运航空公司的代号,后八位数字是总运单号码。

b. 分标签 是航空货运代理公司对货物出具的标志。凡出具分运单的货物都要制作分标签,填制分运单号码和货物到达城市或机场的三字代码。

(10) 配舱。配舱时,需运出的货物都已入库。这时需要核对货物的实际件数、重量、体积与托运书上预报数量的差别;应注意对预订舱位、板箱的有效领用、合理搭配,按照各航班机型、板箱型号、高度、数量进行配载。同时,对于货物晚到、未到情况及未能顺利通关放行的货物做出调整处理,为制作配舱单做准备。

(11) 订舱。接到发货人的发货预报后,向航空公司订舱部门领取并填写订舱单(Cargo Booking Advance,CBA),同时提供相应的信息:货物名称、体积、重量、件数、目的地、要求出运的时间、其他要求(温度、装卸要求、货物到达目的地时限等)。订舱后,航空公司签发舱位确认书,同时给予装货集装器领取凭证,以示舱位订妥。航空公司将根据实际情况安排航班和舱位。

(12) **出口报检报关**

①出口报检　货运代理在接单时需向客户了解货物是否要做商检,是否需要货代代办报检,如果需要,需向客户索取报检委托书,并检查委托书内容是否齐全(不齐全或不规范的要补充),而后填写出境报检单,向有关商检部门报检。不同的出口货物在商检方面有不同的规定和限制,应根据各类货物的"商品编码"监管条件进行相应的操作。

②出口报关　客户可自行选择报关行,也可委托货运代理公司进行报关。将发货人所准备好的所有报关资料,连同航空公司的正本运单及时交给报关行,以便于及时报关,方便货物及早通关。海关审核无误后,即在用于发运的运单正本上加盖放行章,同时在出口收汇核销单和出口报关单上加盖放行章,在发货人用于产品退税的单证上加盖验讫章,粘上防伪标志,完成出口报关手续。

(13) **编制出仓单**。配舱方案确定后就可着手编制出仓单。出仓单的主要内容有出仓单日期、承运航班的日期、装载板箱形式及数量、货物进仓顺序编号、总运单号、件数、重量、体积、目的地三字代码和备注。出仓单有以下作用:

①出仓单交给出口仓库　用于出库计划、出库时点数并向装板箱交接。

②出仓单交给装板箱环节　是向出口仓库提货的依据。

③出仓单交给货物的交接环节　作为从装板箱环节收货的凭证和制作"国际货物交接清单"的依据,该清单用于向航空公司交接货物。出仓单还可用于外拼箱。

④出仓单交给报关环节　当报关有问题时,可有针对性地反馈,以采取相应措施。

(14) **提板箱**。除特殊情况外,航空货运均以"集装箱"或"集装板"形式装运。因而,货代需根据订舱计划向航空公司办理申领板箱的相应手续,以便装货。订妥舱位后,航空公司订舱部门将根据货量,出具并发放"航空集装箱板"凭证,货运代理公司凭此向航空公司板箱管理部门领取与订舱货量相应的集装板、集装箱。

(15) **装板箱**。航空货运代理公司将体积为 $2\ m^3$ 以下货物作为小货交与航空公司拼装,大于 $2\ m^3$ 的大宗货或集中托运拼装货,一般均由货运代理自己装板装箱。大宗货物、集中托运货物可以在货运代理公司自己的仓库、场地或货棚进行装板、装箱,亦可在航空公司指定的场地进行。

(16) **签单**。货运单在盖好海关放行章后还需到航空公司签单。主要是审核运价使用是否正确以及货物的性质是否适于空运,如危险品等是否已办了相应的证明和手续。航空公司的地面代理规定,只有签单确认后才允许将单、货交给航空公司。

(17) **交接发运**。交接是向航空公司交单交货,由航空公司安排航空运输;交单就是将随机单据和应有承运人留存的单据交给航空公司,随机单据包括第二联航空运单正本、发票、装箱单、产地证明、品质鉴定书等;交货即把与单据相符的货物交给航空公司,交货之前必须粘贴或拴挂货物标签,交货时根据标签清点和核对货物,填制"国际货物交接清单"。大宗货、集中托运货以整板、整箱称重交接;零散小货按票称重,计件交接。航空公司审单验货后,在交接签单上验收,将货物存入出口仓库,单据交订舱部门,以备配舱。

(18) **航班跟踪**。单、货交接给航空公司后,航空公司会因种种原因,如航班取消、延误、溢载、故障、改机型、错运、倒垛或装板不符规定等,未能按预定时间运出,所以货运代理公司从单、货交给航空公司后就需对航班、货物进行跟踪。需要联程中转的货物,在货物出运后,要求航空公司提供二、三程航班中转信息。有些货物事先已预订了二、三程,也需要确认中转情况。有时需直接发传真或电话与航空公司的海外办事处联系货物中转情况。及时将上述信息反馈给客户,以便遇到不正常情况及时处理。

(19) **信息服务**。航空货运代理公司应在以下方面为客户做好信息服务:

①订舱信息　应将是否订妥舱位及时告诉货主或委托人,以便及时备单、备货。

②审单应及报关信息　应在审阅货主或委托人送来的各项单证后,及时通告发货人,如有遗漏、失误应及时补充或修正。在报关过程中遇有问题,亦应及时通知货主,协商解决。

③仓库收货信息　仓库收货中,应将出口货物的到达时间、货量、体积、缺件、货损情况及时通告货主,以免事后产生纠纷。

④交运称重信息　运费计算标准以航空公司称重、所量体积为准,如在交运航空公司称重过磅过程中,发现与货主声明有误,必须通告货主,求得确认。

⑤一程及二程航班信息　应及时将航班号、日期及二程航班信息及时通告货主。

⑥集中托运信息　对于集中托运货物,还应将发运信息预报给收货人所在地的国外代理人,以便对方及时接货、查询、进行分拨处理。

⑦单证信息　货运代理人在发运出口货物后,应将发货人留存的单据,包括盖有放行章和验讫章的出口货物报关单、出口收汇核销单、第三联航空运单正本,以及用于出口产品退税的单据,交付或寄送发货人。

(20) **费用结算**。费用结算主要涉及向发货人、承运人和国外代理人三方面的结算。

①与航空公司结算费用　向航空公司支付航空运费及代理费,同时收取代理佣金。

②机场地面代理结算费用　向机场地面代理支付各种地面杂费。

③与发货人结算费用　向发货人收取的费用有航空运费(在运费预付的情况下)、地面杂费、各种服务费和手续费。

④与国外代理人结算　与国外代理人结算到付运费和利润分成。

到付运费实际上是发货方的航空货运代理人为收货人垫付的,因此收货方的航空货运代理公司在将货物移交收货人时,应收回到付运费并将有关款项退还发货方的货运代理人。同时发货方的货运代理人应将代理佣金的一部分分给其收货地的货运代理人。

由于航空货运代理公司之间存在长期的互为代理协议,因此与国外代理人结算时一般不采取一票一结的办法,而采取应收应付相互抵消,在一定期限内以清单冲账的方法。

3. 航空货运进口一般流程

(1) **机场/航空公司货站**

①理货　货物到达后,货站将根据航空运单上的数据,整理并核对货物的完整性,对有破损、短缺的,将协助收货人向航空公司进行追查或索赔,对于分批到达的货物将跟踪直到货物全部收集完毕。

②通知　货站将通知航空运单上的收货人取单报关,收货人可委托报关行报关。

③查验　海关对进口货物进行审核,并对审核通过的货物给予放行;需要商检的货物需向商检局申报,查验合格后商检局将出具证明文件,由报关行或者货主/货代交入海关,再进行进口报关程序;放行的货物将按国家法律征收相关的海关关税。

④取货　收货人将已通关的单证交给货站处理,并领取货物。

⑤结算　收货人根据收费标准交付报关费用。根据货物的不同情况,会有不同的通关时

间,货站一般情况下在收到货物 3 日内免费保管,超期将产生地面处理费用。

(2) **转关**。在办理转关运输手续时,申请人应按照《海关法》和《中华人民共和国海关关于转关运输货物监管办法》的规定,向海关如实申报。

①进口转关

● 向指运地海关提出转关申请在指运地报关行录入,打印"进口转关货物联系单",并加盖申请单位报关章,连同以下单证向进境地海关申请办理转关手续:提单、发票、装箱单等有关货运单证;如申请办理属于进口许可证管理的转关运输货物,还应交验进口许可证,如属于保税货物,应交验海关核发的加工贸易登记手册;海关审核后,对符合条件的,予以签发"进口转关运输货物联系单"并封交申请人代交进境地海关。

● 向进境地海关申请办理转关手续,申请人填报一式三份"进口转关运输货物申报单",并连同以下单证向进境地海关办理转关运输手续:"进口转关运输货物联系单"关封一枚;进口货物提单、发票、装箱单等货运单证;如申请办理属于进口许可证管理的转关运输货物,还应交验进口许可证,如属于保税货物,应交验海关核发的加工贸易登记手册;海关核发的承载转关运输货物的车辆或其他运输工具监管本。

● 进境地海关审核(包括查验)后,对符合要求的予以办理转关手续,并将一联转关申报单封交申请人带交指运地海关办理报关手续。

②出口转关 需办理出口转关运输的货物在向起运地海关办理出口报关手续时,应加填"出口转关运输货物申报单"一式两份。

(3) **通关** 机场海关接受进口申报的时间和出口申报时间相同,通关时间一般为两个工作日,但部分企业有"应急本"的除外,可在节假日进行进口申报,如果货物没有问题,通关时间也相应缩短为一个工作日。

国际航空货物进口操作流程如图 4-3 所示。

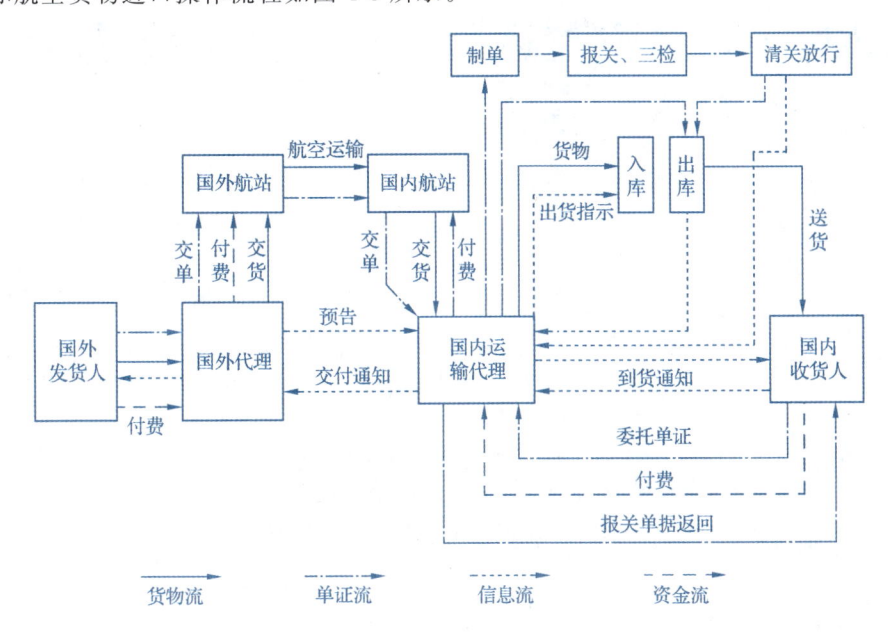

图 4-3 国际航空货物进口操作流程

4. 进口货运代理业务流程

航空货运代理公司进口业务职能关系如图 4-4 所示。在国际航空进口货运代理业务中，空代的任务就是在目的港机场从航空公司手中接收货物，办理进口手续，并交付或送到收货人指定地点。具体包括如下环节：

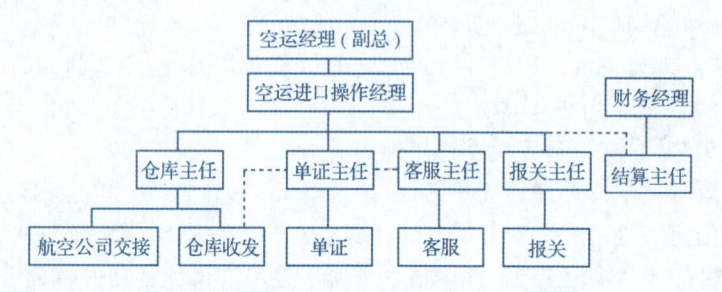

图 4-4 航空货运代理公司进口业务职能关系

（1）代理预报。在发货之前，国外代理公司会将运单、航班、件数、重量、品名、实际收货人及其地址、联系电话等内容通过传真或 E-mail 发给目的地代理公司，这一过程被称为预报。到货预报的目的是使代理公司做好接货前的所有准备工作。

（2）交接单、货

① 抽单　货代在收到取单通知后，向航空公司设在机场的进口柜台抽单，取回随机文件、总运单及空运货运代理交接单，而后便可交进口操作部门进行理单、抽单工作了。

② 提货　货代凭到货通知向货站办理提货。交接时要做到：单、单（交接清单与总运单）核对；单、货（交接清单与货物）核对。核对后，出现问题的处理方式见表 4-8。

表 4-8　　　　　　　　单货交接情况处理

总运单	清单	货物	处理方式	总运单	清单	货物	处理方式
有	无	有	清单上加总运单号	无	有	无	清单上划去
有	无	无	总运单退回	有	有	无	总运单退回
无	有	有	总运单后补	无	无	有	货物退回

此外，还需注意对分批货物做好空运进口分批货物登记表。

若存在有单无货或有货无单的情况，应在交接清单上注明，以便航空公司组织查询并通知入境地海关。发现货物短缺、破损或其他异常情况，应向民航索要商务事故记录，作为实际收货人交涉索赔事宜的依据。也可以接受收货人的委托，由航空货运代理公司代表收货人向航空公司办理索赔。

货代请航空公司开具商务事故证明情况的通常有：

- 包装货物受损　纸箱开裂、破损、内中货物散落（含大包装损坏，散落为小包装，数量不详）；木箱开裂、破损，有明显受撞击迹象；纸箱、木箱未见开裂、破损，但其中液体漏出。
- 裸装货物受损　无包装货物明显受损，如金属管、塑料管压扁、断裂、折弯；机器部件失落，仪表表面破裂等。
- 木箱或精密仪器上防振、防倒置标志泛红
- 货物件数短缺

在实际中，航空货运代理通常拥有自己的海关监管车和监管库，可在未报关的情况下先将

货物从航空公司监管库转至自己的监管库。

(3) 理货与仓储。航空货运公司自航空公司接货后,即短途驳运至自己的监管仓库,组织理货及仓储。

理货时,逐一核对每票件数,再次检查货物破损情况,遇有异常,确属接货时未发现的问题,可向民航提出交涉;按大、小货、重、轻货、单票、混载货、危险品、贵重品、冷冻、冷藏品,分别堆存、进仓,堆存时要注意货物箭头朝向,总运单、分运单标志朝向;登记每票货储存区号,并输入计算机。

鉴于航空进口货物的贵重性、特殊性,其仓储要求较高。

(4) 理单、到货通知及正本运单处理

①理单

● 集中托运 在总运单项下拆单时,应将集中托运进口的每票总运单项下的分运单分理出来,审核与到货情况是否一致,并制成(交接/入仓)清单输入计算机;将集中托运总运单项下的发运清单(舱单)输入海关计算机,以便实施按分运单分别报关、报验、提货。

● 分类理单、编号 总运单是指直单、单票混载,这两种情况一般无清单;多票混载(集中托运)有分运清单,分运单件数之和应等于总运单上的件数;货物的种类有指定货物、非指定货物、单票、混载、总运单到付、分运单到付、银行货、危险品、冷冻冷藏货物等,随机文件中有分运单、发票、装箱单、危险品证明等;按照已标有仓位号的交接清单编号并输入计算机,内容有总运单号、分运单号、发票号、合同号、航班、日期、货名、货物分类、贸易性质、实到件数、已到件数、实到重量、计费重量、仓位号、收货单位、代理人、本地货、外地货、预付、到付、币种、运费、金额等。

运单分类的方法有很多,各货运代理公司可根据需要结合使用。一般有以下分类法:分航班号理单,便于区分进口方向;分进口代理理单,便于掌握、反馈信息,做好对代理的对口服务;分货主理单,重要的经常有大批货物的货主,将其运单分类出来,便于联系客户,制单报关和送货、转运;分口岸、内地或区域理单,便于联系内地货运代理,便于集中转运;分运费到付、预付理单,便于安全收费;分寄发运单、自取运单客户理单。分类理单的同时,须将各票总运单、分运单编上航空货运代理公司自己设定的编号,以便于内部操作及客户查询。

● 编配各类单证 货运代理人将总运单、分运单与随机单证、国外代理人先期寄达的单证(发票装箱单、合同副本、装卸及运送指示等)、国内货主或到货单位预先交达的各类单证等进行编配。其后,凡单证齐全、符合报关条件的即转入制单、报关程序;否则,即与货主联系,催齐单证,使之符合报关条件。

②到货通知

● 及时发出到货通知 货物到目的港后,为减少货主仓储费,避免海关滞报金,货运代理人应尽早、尽快、尽妥地通知货主到货情况,提请货主配齐有关单证,尽快报关。

● 到货通知的内容 运单号、分运单号、货运代理公司编号;件数、重量、体积、品名、发货公司、发货地;运单、发票上已编注的合同号、随机已有单证数量及尚缺的报关单证;运费到付数额,货运代理公司地面服务收费标准;货运代理公司及仓库的地址(地理位置图)、电话、传真、联系人;提示货主:海关关于超过14日报关收取滞报金及超过3个月未报关货物上交海关处理的规定。

③正本运单处理 计算机打制海关监管进口货物入仓清单一式五份,分别提交检验检疫部门和海关,提交给海关的两份中,一份海关留存,另一份海关签字后收回存档。运单上一般需盖妥多个章:监管章(总运单)、代理公司分运单确认章(分运单)、检验检疫章(动植检章、卫检章、商检章)、海关放行章等。

(5) 制单与报验报关

①进口报验　需要商检的货物需向商检局申报,查验合格后商检局将出具证明文件,由报关行或者货主/货代交入海关,再进行进口报关海关程序。

②进口报关

● 制单、报关、运输的形式　除部分进口货存放民航监管仓库外,大部分货物存放于各货代公司自有的监管仓库。货物进口后的制单、报关、运输一般有以下几种形式:货运代理公司代办制单、报关、运输;货主自行办理制单、报关、运输;货运代理公司代办制单、报关后,货主自办运输;货主自行办理制单、报关后,委托货运代理公司运输;货主自办制单、委托货运代理公司报关和办理运输。

● 进口制单　制单指按海关要求,依据运单、发票、装箱单及证明货物合法进口的有关批准文件,制作"进口货物报关单"。

货代公司制单的一般程序为:长期协作的货主单位,有进口批文、证明手册等存放于货运代理处的,货物到达并发出到货通知后,即可制单、报关,通知货主运输或代办运输;部分进口货,因货主单位缺少有关批文、证明的,可于理单、审单后,列明内容,向货主单位催寄有关批文、证明,亦可将运单及随机寄来单证、提货单以快递形式寄货主单位,由其备齐有关批文、证明后再决定制单、报关事宜;无须批文和证明的,可即行制单、报关,通知货主提货或代办运输;部分货主要求异地清关时,在符合海关规定的情况下,制作"转关运输申报单"办理转关手续。报关单上需由报关人填报的项目有:进口口岸、收货单位、经营单位、合同号、批准机关及文号、外汇来源、进口日期、提单或运单号、运杂费、件数、毛重、海关统计商品编号、货品规格及货号、数量、成交价格、价格条件、货币名称、申报单位、申报日期等,转关运输申报单内容少于报关单,亦需按要求详细填列。

● 进口报关程序　初审;审单;征税;验放,由海关在正本航空公司运单上或货运代理经海关认可的分运单上加盖放行章。

(6) 收费与发货。办完报关、报验等进口手续后,货主须凭盖有海关放行章、检验检疫章(进口药品须有药品检验合格章)的进口提货单到所属监管仓库付费提货。

①收费　货运代理公司仓库在发放货物前,一般先将费用收妥。收费内容有:到付运费及垫付佣金;单证、报关费;仓储费(含冷藏、冷冻、危险品、贵重品特殊仓储费);装卸、铲车费;航空公司到港仓储费;海关预录入、动植检、卫检报验等代收代付费用;关税及垫付佣金。除了每次结清提货的货主外,经常性的货主可与货运代理公司签订财务付费协议,实施先提货,后付款,按月结账的付费方法。

②发货　仓库发货时,须检验提货单据上各类报关、报验章是否齐全,并登记提货人的单位、姓名、身份证号以确保发货安全。保管员发货时,须再次检查货物外包装情况,遇有破损、短缺,应向货主做出交代。发货时,应协助货主装车,尤其遇有货物超大超重、件数较多的情况,应指导货主(或提货人)合理安全装车,以提高运输效率,保障运输安全。

货物交接不当将会导致纠纷及索赔,应予以特别注意:分批到达货,收回原提货单,出具分批到达提货单,待后续货物到达后即通知货主再次提取;航空公司责任的破损、短缺,应由航空公司签发商务记录;货运代理公司责任的破损、短缺,应由代理公司签发商务记录;遇有货代公司责任的破损事项,应尽可能商同货主、商检单位立即在仓库进行商品检验,确定货损程度,要避免后面运输中加剧货损的发展。

(7) 送货与转运。出于便利、节省费用、运力所限等多种因素的考虑,许多货主或国外发货人要求将进口到达货物由货运代理人报关、垫税、提货后直接运输到收货人手中。货运代理公司在代理客户制单、报关、垫税、提货、运输的一揽子服务中,由于工作熟练、衔接紧密、服务到位,所以受到货主的欢迎。

① 送货上门业务　指进口清关后,货物直接运送至货主单位,运输工具一般为汽车。

② 转运业务　将进口清关后的货物转运至内地的货运代理公司,运输方式主要为飞机、汽车、火车、水运、邮政等。办理转运业务时,需由内地货运代理公司协助收回相关费用,同时口岸货代公司亦应支付一定比例的代理佣金给内地代理公司。

③ 进口货物转关及监管运输　进口货物转关是指货物入境后不在进境地海关办理进口报关手续,而运往另一设关地点办理进口海关手续。在办理进口报关手续前,货物一直处于海关监管之下,转关运输亦称监管运输,意味着运输过程置于海关监管之中。

5. 航空集装箱货运业务流程

(1)托运人向航空公司申请航班和装货设备。

(2)托运人提取装货设备运回工厂或仓库,将货物装入集装箱或成组器,缮制装箱单。

(3)托运人填制国际货物托运书,这是托运人托运货物的正式文件,也是航空公司填制货运单的依据,要求逐项准确填写,并对填写内容承担责任。

(4)托运人向口岸或内陆监管部门报关报验,通过后获得出口货物放行证明。

(5)托运人通过内陆运输将集装箱、成组器货物按期限运抵出口口岸空港。

(6)托运人将填制好的国际货物托运书、装箱单和其他有关单证交给航空公司核验,并提供起运地海关的关封,航空公司根据托运人填制的国际货物托运书检查核对,必要时可以开箱或拆组检查,其中包括衡量货物的重量及大件货物的体积。

(7)收受的集装箱、成组货物经核对准确无误后,航空公司可向托运人开具经双方共同签署的航空货运单。

(8)航空公司与托运人计算航空运费和其他有关费用,并按规定方式计收和结清。

(9)航空公司对受理的货物进行全面的安全检查后,根据有关货运单证编制整个航班的货物舱单,并连同航空货物运单向海关申请验放。

(10)航空公司将货物从起运地机场运至目的地机场,将集装箱、成组器货物从飞机货舱内卸下、搬运至机场货运站内指定的位置,经核对航空货运单与集装箱、成组器货物齐备无误后,经集装箱、成组器货物存放在货运站临时库区里。

(11)航空公司根据航空货运单上的收货人名称地址发出到货通知书,催促收货人尽快办理货物报关、提货手续。

(12)航空公司代理人将集装箱、成组器货物通过陆路运输运至航空货运单指定的地点,与收货人清点货物,核对航空货运单与集装箱、成组器货物及收货人名称无误后,双方在航空货运单上签字、盖章,收货人接收货物。

(13)拆箱、拆组后的装货设备由航空公司代理人回运至指定地点,并办理交接手续。

4.2.3　国际航空货运单证

1. 航空托运书

航空托运书(Shipper's Letter of Instructions)是托运人用于委托承运人或其代理人填开航空货运单的一种表单,表单上列有填制航空货运单所需的各项内容,并印有授权于承运人或其代理人代其在货运单上签字的文字说明。包括下列内容栏：

(1) 托运人(Shipper)。托运人的全称、街名、城市名、国名、电话、电传或传真号。

(2) 收货人(Consignee)。收货人的全称、街名、城市名、国名、电话号、电传号或传真号，本栏内不得填写"order"或"to order of the shipper"(按托运人的指示)等字样，因为航空货运单不能转让。

(3) 始发站机场(Airport of Departure)。填始发站机场的全称。

(4) 目的地机场(Airport of Destination)。不知道机场名称时，可填城市名称，如果某一城市名称用于一个以上国家时，应加上国名。

(5) 要求的路线/申请订舱(Requested Routing/Requseting Booking)。在航空公司安排运输路线时使用，但当托运人有特别要求时，也可填入本栏。

(6) 供运输用的声明价值(Declared Value for Carriage)。填供运输用的声明价值金额，该价值即承运人负赔偿责任的限额。承运人按有关规定向托运人收取声明价值费，但如果所交运的货物毛重每 kg 不超过 20 美元(或其等值货币)，则无须填写声明价值金额，可填"NVD"(No. Value Declared)，空着不填写时，视为货物未声明价值。

(7) 供海关用的声明价值(Declared Value for Customs)。海关根据此栏所填数额征税。

(8) 保险金额(Insurance Amount Requested)。空运企业暂未开展国际航空运输代保险业务的，本栏可空着不填。

(9) 处理事项(Handling Information)。填附加的处理要求，例如托运人还希望在货物到达的同时通知他人，请另填写通知人的全名和地址。

(10) 货运单所附文件(Document to Accompany Airway Bill)。填随附在货运单上往目的地的文件名称，例如托运人的动物证明。

(11) 件数和包装方式(Number and Kind of Packages)。填该批货物的总件数，并注明其包装方法，例如：包裹(Package)、纸板盒(Carton)、盒(Case)、板条箱(Crate)、袋(Bag)、卷(Roll)等，当货物没有包装时，注明散装(Loose)。

(12) 实际毛重(Actual Gross Weight)。本栏内的重量应由承运人或其代理人在称重后填入。如托运人已经填上重量，承运人或其代理人必须进行复核。

(13) 运价类别(Rate Class)。本栏可空着不填，由承运人或其代理人填写。

(14) 计费重量(kg)[Chargeable Weight(kg)]。本栏内的计费重量应由承运人或其代理人在量过货物的尺寸(cm)由承运人或其代理人算出计费重量后填入，当托运人已经填上时，承运人或其代理人必须进行复核。

(15) 费率(Rate/Charge)。本栏可空着不填。

(16) 货物的品名及数量(包括体积及尺寸)[Nature and Quantity of Goods (Incl. Dimensions or Volume)]。填写货物的品名和数量(包括尺寸或体积)。货物中的每一项均须分开填写，并尽量填写详细，本栏所属填写内容应与出口报关发票和进口许可证上所列明的相符。危险品应填写适用的准确名称及标贴的级别。

(17) 托运人签字(Signature of Shipper)。托运人必须在本栏内签字。

(18) 日期(Date)。填托运人或其代理人交货的日期。

2. 航空运单

(1)航空运单基础知识

①航空运单的定义　航空运单(Airway Bill)是承运人与托运人之间签订的运输契约,它是由承运人或其代理人签发的重要的货物运输单据,其内容对双方均具有约束力。

②航空运单的性质　航空运单与海运提单有很大的不同,却与国际铁路运单相似。它是由承运人或其代理人签发的重要的货物运输单据,是承托双方的运输合同,其内容对双方均具有约束力。航空运单不可转让,持有航空运单也并不能说明可以对货物要求所有权。

● 航空运单是发货人与航空承运人之间的运输合同　与海运提单不同,航空运单不仅证明航空运输合同的存在,而且航空运单本身就是发货人与航空运输承运人之间缔结的货物运输合同,在双方共同签署后产生效力,并在货物到达目的地交付给运单上所记载的收货人后失效。

● 航空运单是承运人签发的已接收货物的证明　航空运单也是货物收据,在发货人将货物发运后,承运人或其代理人就会将其中一份交给发货人(发货人联),作为已经接收货物的证明。除非另外注明,它是承运人收到货物并在良好条件下装运的证明。

● 航空运单是承运人据以核收运费的账单　航空运单分别记载着属于收货人负担的费用,属于应支付给承运人的费用和应支付给代理人的费用,并详细列明费用的种类。

● 航空运单是报关单证之一　出口时航空运单是报关单证之一。在货物到达目的地机场进行进口报关时,航空运单也通常是海关查验放行的基本单证。

● 航空运单同时可作为保险证书　如承运人承办保险或发货人要求承运人代办保险,航空运单可用来作为保险证书。

● 航空运单是承运人内部业务的依据　航空运单随货同行,运单上载有有关该票货物发送、转运、交付的事项,承运人会据此对货物的运输做出相应安排。

③航空运单的各联功能　国际航空运输协会空运单是一式十份,其中三份是正本。我国航空运单是一式十二份,其中三份正本。三份正本中,第一份给航空公司(For the Issuing Carrier)留底;第二份给收货人(For the Consignee)作为到货通知;第三份给托运人(For the Shipper)作为货物收据,托运人把它当作信用证要求的航空运单交给银行。其余副本供航空公司按规定和需要分发,具体如下:

第 4 张副本(交货收据),Copy 4(Delivery Receipt);

第 5 张副本(发给目的地航空港),Copy 5(For Airport of Destination);

第 6 张副本(发给第三承运人),Copy 6(For the Third Carrier);

第 7 张副本(发给第二承运人),Copy 7(For the Second Carrier);

第 8 张副本(发给第一承运人),Copy 8(For the First Carrier);

第 9 张副本(发给销售代理人),Copy 9(For Sales Agent);

第 10 张副本(额外的副本),Copy 10(Extra Copy);

第 11 张副本(发票),Copy 11(Invoice);

第 12 张副本(发运地航空港),Copy 12(For Airport of Departure)。

④航空运单主要分类

● 航空主运单(Master Airway Bill, MAWB)　凡由航空运输公司签发的航空运单就称为主运单,又称空运直单。它是航空运输公司据以办理货物运输和交付的依据,是航空公司和托运人订立的运输合同,每一批航空运输的货物都有自己相对应的航空主运单。

● 航空分运单(House Airway Bill, HAWB)　集中托运人在办理集中托运业务时签发的航空运单被称为航空分运单。在集中托运的情况下,除了航空运输公司签发主运单外,集中托运人还要签发航空分运单,作为集中托运人与实际托运人之间的货物运输合同。

航空主运单作为航空运输公司与集中托运人之间的货物运输合同,当事人则为集中托运人和航空运输公司,货主与航空运输公司没有直接的契约关系。不仅如此,由于在起运地由集中托运人将货物交付航空公司,在目的地由集中托运人或其代理从航空公司处提取货物,再转交给收货人,因而货主与航空运输公司也没有直接的货物交接关系。

⑤总、分运单的关系

● 总、分运单的不同

a. 签发人不同　目前很大部分总运单仍是航空公司印刷的,总运单号是直接印刷在运单上的,有一部分航空公司开始使用中性运单,则不适用上述情况;分运单是货运代理公司签发,一般为代理公司自行印刷。

b. 号码规律不同　总运单号码的构成是航空公司3字代码加8位数字,总运单最后一位数字为校验码;分运单的号码组成没有必然的规律,一般为签发分运单的公司代码加一串数字,如 CTS1234567。

● 总、分运单间的关联　如果有分运单,则必然有总运单。如果有分运单,则总运单上的收发货人一般均为货运代理公司。分运单件数相加必须等于总运单件数。分运单毛重相加一般必须等于总运单毛重(在收货国没有重量限制规律时,可不相等,如日本)。如果有分运单,则总运单的品名栏必须显示"Consolidation as per Attached Manifest"。

(2)航空运单的内容。航空运单也有正面、背面条款之分,不同的航空公司也会有自己独特的航空运单格式,但各航空公司所使用的航空运单大多借鉴 IATA 所推荐的标准格式,差别不大。因此我们只介绍这种标准格式,也称中性运单。

航空公司的航空货运单必须印有发行该运单的航空公司名称、标志及地址。

航空公司的货运单单号由两部分组成:第一部分,发行该运单的航空公司数字代号,由三位数字组成;第二部分,序号,由八位数字组成,序号的最后一个数字为检查号。"Not Negotiable"印刷在航空货运单的右上部,表示航空货运单是不可转让的。

下面就有关需要填写的栏目说明如下:

①始发站机场　需填写 IATA 统一制定的始发站机场或城市的三字代码,这一栏应该和11栏相一致。

1A:IATA 统一编制的航空公司代码。

1B:运单号。由八位数字组成,前七位为顺序号,第八位为检查号。

例如:COS 00129536;JTB 03161319

②托运人姓名和地址(Shipper's Name and Address)　填写托运人的全名,地址填写国家名称、城市名称、街道名称、门牌号码、邮政编码和电话号码。

③托运人账号(Shipper's Account Number)　根据承运人的需要,填写托运人账号。

④收货人姓名及地址(Consignee's Name and Address)　填写收货人的全名,地址填写国家名称、城市名称、街道名称、门牌号码、邮政编码和电话号码。收货人的姓名要与其有效身

份证件相符,地址要详细,邮政编码和电话号码要清楚准确。与海运提单不同,因为空运单不能转让,所以此栏内不可填写"凭指示"之类的字样。

⑤收货人账号(Consignee's Account Number)　根据承运人需要,填写收货人账号。

⑥承运人代理的名称和所在城市(Issuing Carrier's Agent Name and City)　填写制单代理人的名称及其所在的城市,应清楚、详细。

⑦代理人的IATA代号(Agent's IATA Code)　在NON-CASS CASS:货运财务结算系统区,必须填写IATA七位数字的代号;在CASS系统区,还应填写三位数字的地址代码及检查号。

⑧代理人账号(Account No.)　根据承运人的需要,填写代理人账号。

⑨始发站机场及所要求的航线[Airport of Departure(Addr. of First Carrier) and Requested Routing]　填写货物始发站的机场的名称,应填写英文全称,不得简写或使用代码。这里的始发站应与第1栏填写的一致。

⑩结算注意事项(Accounting Information)　填写与结算有关的注意事项。此栏只有在采用特殊付款方式时才填写,包括:

- 以现金或者支票支付货物运费,应予注明。
- 以旅费证支付货物运费,仅限于作为货物运输的行李,填写旅费证的号码及应支付的金额,填写"客票及行李票"号码、航班、日期等。
- 以政府提单支付货物运费,填写政府提单的号码。
- 因无法交付而退回始发站的货物,在新的货运单的此栏内填写原货单号码。

⑪目的站及承运人

- 11A. to　填写目的站或者第一中转站机场的IATA三字代码。
- 11B. 第一承运人(By the First Carrier)　填写第一承运人的全称或者IATA两字代码。
- 11C. to　填写目的站或者第二中转站机场的IATA三字代码。
- 11D. by　填写第二承运人的全称或者IATA两字代码。
- 11E. to　填写目的站或者第三中转站机场的IATA三字代码。
- 11F. by　填写第三承运人的全称或者IATA两字代码。

⑫币种(Currency)　填写始发站所在国家的货币的三字代码(由国际标准化组织,即ISO规定)。除(33A)至(33D)栏以外,货运单上所有货物运费均应以此币种表示。

⑬付款方式(CHGS Code)　填写货物运费的支付方式。

⑭运费及声明价值费(WT/VAL)　此时可以有两种情况:预付(PPD,Prepaid)或到付(COLL,Collect)。如预付,在(14A)中填入"×",否则填在(14B)中。需要注意的是,航空货物运输中运费与声明价值费支付的方式必须一致,不能分别支付。

空运单付款方式缩写

⑮其他费用(Other)　也有预付和到付两种支付方式。

⑯供运输用声明价值(Declared Value for Carriage)　填写托运人向承运人办理货物声明价值的金额。托运人未办理货物声明价值,必须填写"NVD"字样。

⑰供海关用声明价值(Declared Value for Customs)　填写托运人向海关申报的货物价值。托运人未办理此声明价值,必须填写"NCV"(No Value Declaration)字样。

⑱目的地机场(Airport of Destination)　填写最终目的地机场的名称,应填英文全称,不得简写或使用代码。如有必要,填写该机场所属国家、州的名称或城市全称。

⑲航班/日期(Requested Flight/Date) 填写货物所搭乘航班及日期。
⑳保险金额(Amount of Insurance) 航空公司提供代保险而客户有需要时才填。
㉑操作信息(Handling Information) 填写货物在仓储和运输过程中的注意事项。
㉒海关信息(SCI) 填写海关信息,仅在欧盟国家之间运输货物时使用。

- 货物件数和运价组成点(No. of Pieces RPC) 填写货物包装件数,当所使用的货物运价种类不同时,应分别填写,并将总件数填写在(22J)内。如果货物运价系分段相加运价,则将运价组成点(运价点)的 IATA 三字代码填写在件数下面。
- 毛重(Gross Weight) 与件数相对应,填写货物的毛重,当分别填写时,将总毛重填写在(22K)栏内。
- 重量单位(kg/lb) 填写货物毛重的计量单位,"K"或者"L"分别表示"kg"或者"磅"。
- 运价等级(Rate Class) 填写所采用的货物运价等级代号。针对不同的航空运价共有 6 种代码:

M——Minimum,起码运费。
N——Normal,45 kg 以下货物适用的普通货物运价。
Q——Quantity,45 kg 以上货物适用的普通货物运价。
C——Specific Commodity Rates,特种运价。
R——Reduced,低于普通货物运价的等级货物运价。
S——Surcharge,高于普通货物运价的等级货物运价。

- 商品代码(Commodity Item No.) 在使用特种运价时需要在此栏填写商品代码。

使用指定商品运价时,填写指定商品代号。(22D)填写"C"。使用等级货物运价时,填写所适用的普通货物运价的代号及百分比数。(22D)填写"R"或"S"。根据从低原则使用重量分界点运价时,填重量分界点运价代号及分界点重量。

- 计费重量(Chargeable Weight) 填写航空公司据以计算航空运费的计费重量,该重量可以与货物毛重相同也可以不同。
- 费率(Rate/Charge) 填写所适用的货物运价。
- 航空运费(Total) 填写根据货物运价和货物计费重量计算出的航空运费额。当分别填写时,将航空运费总额填写在(22L)内。
- 货物的品名、数量,含尺码或体积(Nature and Quantity of Goods incl. Dimensions or Volume) 填写货物的具体名称及数量。货物品名不得填写表示货物类别的统称,例如不能填写电器、仪器、仪表等;鲜活易腐物品、活体动物等不能作为货物品名。托运人托运危险物品应填写其标准学术名称。作为货物运输的行李应填写其内容和数量,或随附装箱清单。货物的尺码应以 cm 或英寸为单位,尺寸分别以货物最长、最宽、最高边为基础。体积则是上述三边的乘积,单位为 cm^3 或 in^3。

㉓其他费用(Other Charges) 指除运费和声明价值附加费以外的其他费用。在相应的其他费用代号后加"C"表示该项费用由承运人(Carrier)收取,加"A"表示该项费用由代理人(Agent)收取。

㉔航空运费(Weight Charge) 填写(22H)或(22L)中的航空运费总额,可以预付或者到付,根据付款方式分别填写。

航空运单中其他费用代号

㉕声明价值附加费(Valuation Charge) 填写按规定收取的声明价值附加费,可以预付或者到付,根据付款方式分别填写。

㉖税款(Tax)　填写按规定收取的税款额,可以预付或者到付,根据付款方式分别填写,但是,必须同(24A)和(25A)或(24B)和(25B)同时全部预付或者同时全部到付。

㉗交代理人的其他费用总额(Total Other Charges Due Agent)　填写交代理人的其他费用总额,可以预付或者到付,根据付款方式分别填写。

㉘交承运人的其他费用总额(Total Other Charges Due Carrier)　填写交承运人的其他费用总额,可以预付或者到付,根据付款方式分别填写。

㉙费用总额

● 全部预付货物费用的总额(Total Prepaid)　24A、25A、26A、27A、28A、29A合计的预付货物运费的总额。

● 全部到付货物费用的总额(Total Collect)　24B、25B、26B、27B、28B、29B合计的到付货物运费的总额。

㉚托运人或其代理人签字、盖章(Signature of Shipper or his Agent)　由托运人或其代理人签字、盖章。

㉛填开内容

● 填开日期[Executed on(Date)]　填写货运单的填开日期,年、月、日。

● 填开地点[at(Place)]　填写货运单的填开地点。

● 制单承运人或其代理人签字、盖章(Signature of Issuing Carrier or its Agent)　由填制货运单的承运人或其代理人签字、盖章。

㉜相关费用

● 汇率(Currency Conversion Rates)　目的地国家的币种和汇率。

● 到付货物运费(CC Charge in Dest. Currency)　填写根据(33A)中的汇率将(30B)中的到付货物运费换算成的金额。

● 目的站其他费用额(Charges at Destination)　填写在目的站发生的运费额。

● 全部到付费用总额(Total Collect Charge)　填写(33B)和(33C)的合计金额。

(3) 银行对航空运单的接受

①航空运单上填写有关内容应与信用证一致,或符合信用证的规定。

②当信用证要求实际起运日时,应另作批注。空运单上"仅供承运人使用"一栏内有关航班和日期的批注,只作为航空公司内部参考用,不能作为实际起运日的批注。当信用证不要求起运日时,空运单上的签发日就是起运日。

③国际航空运输航程很远,常需中途加油或换机,此外,从起飞到目的地不一定有直达飞机,常需中途转机。因此,跟单信用证统一惯例规定,即使信用证禁止转运,银行也将接受指明转运已经发生或将要发生或可能发生的空运单据,但运单必须包括运输全程。如开证申请人禁止任何形式的转运,可在信用证内规定不适用本款规定。

4.2.4　货物的航空运费核算

货物的航空运费是指将一票货物自始发地机场运输到目的地机场所应收取的航空运输费用,不包括其他费用。货物的航空运费主要由两个因素组成,即货物的计费重量与货物适用的运价。

1. 计费重量

货物的航空运费核算

所谓计费重量,是指据以计算运费的货物的数量。航空公司规定,在货物体积小、重量大时,按实际重量计算;在货物体积大、重量小时,按体积计算。在集中托运时,一批货物由几件不同的货物组成,有轻泡货,也有重货。其计费重量则采用整批货物的总毛重或总的体积重量,按两者之中较高的一个计算。航空公司将按照计费重量向货运代理收取运费,货运代理也按照计费重量向客户收取运费,货站也向货代按计费重量收取地面处理费。即

货物体积(m^3)=长(cm)×宽(cm)×高$(cm)/10^6$×货物总件数

体积重量(kg)=货物体积(m^3)×167 kg×货物总件数

计费重量=max{体积重量,实际重量}

(1) 重货。重货(High Density Cargo)是指每 6 000 cm^3 或每 366 in^3 重量超过1 kg 或者每 166 in^3 重量超过 1 磅的货物。重货的计费重量就是它的毛重。如果货物的毛重以 kg 表示,计费重量的最小单位是 0.5 kg,当重量不足 0.5 kg 时,按 0.5 kg 计算;超过 0.5 kg 不足 1 kg 时按 1 kg 计算。如果货物的毛重以磅表示,当货物不足 1 磅时,按 1 磅计算。每张航空货运单的货物重量不足 1 kg 时,按 1 kg 计算。贵重物品按实际毛重计算,计算单位为 0.1 kg。

(2) 轻货。轻货(Low Density Cargo),又称泡货,是指每 6 000 cm^3 或每 366 in^3 重量不足 1 kg 或者每 166 in^3 重量不足 1 磅的货物,即 1 CBM=167 kg。轻泡货物以它的体积重量(Volume Weight)作为计费重量,计算方法是:分别量出货物的最长、最宽、最高的部分,单位为 cm 或 in,测量数值的尾数四舍五入;将货物的长、宽、高相乘得出货物的体积;将体积折合成 kg 或磅,即根据不同的度量单位分别用体积值除以 6 000 cm^3 或 366 in^3 或 166 in^3。体积重量尾数的处理方法与毛重尾数的处理方法相同。

(3) 多件货物。在集中托运的情况下,同一运单项下会有多件货物,其中有重货也有轻货,此时货物的计费重量就按照该批货物的总毛重或总体积重量中较高的一个计算。也就是首先计算这一整批货物总的实际毛重;其次,计算该批货物的总体积,并求出体积重量;最后,比较两个数值,并以高的作为该批货物的计费重量。

知识链接

货物混载及货物集装可以将泡货和重货搭配,从而使整批货物的计费重量小于泡货计费重量和重货计费重量之和。二者之差就是所"吃掉"的泡,俗称吃泡。

有时,货物没有那么重,但又不能和其他货物混装,必须按集装器的基础收费重量收费,此时,计费重量等于集装器基重;每家航空公司的基重又有区别,需单独确认。

2. 航空运价

承运人为运输货物对规定的重量单位(或体积)收取的费用称为运价(Rates)。运价指机场与机场间的空中费用,不包括承运人、代理人或机场收取的其他费用。根据适用运价计得的发货人或收货人应当支付的每批货物的运输费用称为运费。

目前国际航空货物运价按制定的途径划分,主要分为协议运价和国际航协运价。国际航

协运价是指 IATA 在 TACT(The Air Cargo Tariff,航空货物运价)运价资料上公布的运价。国际货物运价使用 IATA 的运价手册(TACT Rates Book),结合并遵守国际货物运输规则(TACT Rules)共同使用。

按照 IATA 货物运价公布的形式不同可分为公布直达运价和非公布直达运价。公布直达运价包括普通货物运价(General Cargo Rate)、指定商品运价(Specific Commodity Rate)、等级货物运价(Commodity Classification Rate)、集装货物运价(Unit Load Device Rate)。非公布直达运价包括比例运价和分段相加运价。

(1) 公布的直达运价。公布的直达运价指航空公司在运价本上直接注明承运人对由甲地运至乙地的货物收取的一定金额。

①公布的直达运价的种类

● 特种货物运价(Specific Commodity Rates,SCR) 特种货物运价通常是承运人根据在某一航线上经常运输某一种类货物的托运人的请求或为促进某地区间某一种类货物的运输,经国际航空运输协会同意所提供的优惠运价。

特种货物运价比普通货物运价要低,因此适用特种运价的货物除了满足航线和货物种类的要求外,还必须达到承运人所规定的起码运量(如 100 kg)。如果货量不足,而托运人又希望适用特种运价,计费重量就要以所规定的最低运量(100 kg)为准。

适用航空特种货物运价的货物类型

● 等级货物运价(Class Rates or Commodity Classification Rates,CCR) 等级货物运价指适用于指定地区内部或地区之间的少数货物运输。通常表示为在普通货物运价的基础上增加或减少一定的百分比。

● 普通货物运价(General Cargo Rates,GCR) 普通货物运价是适用最为广泛的一种运价。当一批货物不能适用特种货物运价,也不属于等级货物时,就应该适用普通货物运价。

● 起码运费(Minimum Charges,MC) 起码运费是航空公司办理一批货物所能接受的最低运费,不论货物的重量或体积大小,在两点之间运输一批货物应收取的最低金额。这是航空公司在考虑办理即使很小的一批货物也会产生的固定费用后制定的。

航空货运中除以上介绍的四种公布的直达运价外,还有一种特殊的运价,即成组货物运价(United Consignment ULD,Unit Load Devices),适用于托盘或集装箱货物。

②公布的直达运价的使用说明

● 除起码运费外,公布的直达运价都以 kg 或磅为单位。
● 首先适用特种货物运价,其次是等级货物运价,最后是普通货物运价。
● 当货物运费总额低于所规定的起码运费时,按起码运费计收。
● 承运货物的计费重量以实际重量与体积重量中的高者为准;当某一运价要求有最低运量,而货物的实际重量和体积重量都不能达到要求时,以最低运量为计费重量。
● 公布的直达运价是一个机场至另一个机场的运价,而且只适用于单一方向。
● 公布的直达运价仅指基本运费,不包含仓储等附加费。
● 公布的直达运价与飞行路线无关,但可能因承运人选择的航路不同而受到影响。
● 运价的货币单位一般以起运地当地货币单位为准,费率以承运人或其授权代理人签发空运单的时间为准。

(2) 非公布的直达航空运价。如甲乙地间没有可适用的公布的直达运价,则要选择比例运价或利用分段相加运价。

①比例运价(Construction Rate) 在运价手册上除公布的直达运价外,还公布一种不能单独使用的附加数。当货物的始发地或目的地无公布的直达运价时,可采用比例运价与已知

的公布的直达运价相加,构成非公布的直达运价。

需要注意的是在利用比例运价时,普通货物运价的比例运价只能与普通货物运价相加,特种货物运价、集装设备的比例运价也只能与同类型的直达运价相加,不能混用。此外,可以用比例运价加直达运价,也可以用直达运价加比例运价,还可以在一个计算中使用两个比例运价,但这两个比例运价不可连续使用。

② 分段相加运价(Combination of Rate) 所谓分段相加运价,是指在两地间既没有直达运价也无法利用比例运价时,可以在始发地与目的地之间选择合适的计算点,分别找到始发地至该点、该点至目的地的运价,两段运价相加组成全程的最低运价。

无论是比例运价还是分段相加运价,中间计算点的选择也就是不同航线的选择将直接关系到计算出来的两地之间的运价,因此承运人允许发货人在正确使用的前提下,以不同计算结果中最低值作为该货适用的航空运价。

(3) 航空附加费

① 声明价值费(Valuation Charges) 与海运或铁路运输的承运人相似,航空承运人也要求将自己对货方的责任限制在一定的范围内,以限制经营风险。

《华沙公约》中对由于承运人自身的疏忽或故意造成的货物的灭失、损坏或延迟规定了最高赔偿责任限额,这一金额一般被理解为每 kg 20 美元或每磅 9.07 英镑或其他等值货币。如果货物的价值超过了上述值,即增加了承运人的责任,承运人要收取声明价值费。否则即使出现更多的损失,承运人对超出的部分也不承担赔偿责任。

货物的声明价值是针对整件货物而言的,不允许对货物的某部分声明价值。声明价值的收取依据货物的实际毛重,其计算公式为

$$声明价值费 = (货物价值 - 货物毛重 \times 20) \times 声明价值费费率$$

声明价值费的费率通常为 0.5%。大多数航空公司在规定声明价值费费率的同时还要规定声明价值费的最低收费标准。如果根据上述公式计算出来的声明价值费低于航空公司的最低标准,则托运人要按照航空公司的最低标准缴纳声明价值费。

② 其他附加费 其他附加费包括制单费、货到付款附加费、提货费等,一般只有在承运人或航空货运代理人或集中托运人提供服务时才收取。

3. 航空运费的计算

(1) 起码运费 当货运量较小,经计算得出的运费比起码运费(M级)低时,按起码运费计收。

例 4-1

由 A 点至 B 点运输普通货物 4 kg,M 级运费为 37.5 元,而 45 kg 以下的货物运价 N 级为 7.5 元,求应收费用。

解:7.5×4=30 元,小于 M 级运费,因此该批货物应收运费 37.5 元。

(2) 普通货物运价。普通货物运价(General Cargo Rates,GCR)又称一般货物运价,是使用最为广泛的一种运价。45 kg(100 磅)以下的,运价类别代号为 N(Normal Rates);45 kg 以上(含 45 kg)的,运价类别代号为 Q(Quantity Rate);45 kg 以上的可分为 100、200、250、300、500、1 000、2 000 kg 等多个收费重量分界点,但运价类代号仍以 Q 表示。

① 普通货物运价(GCR)的计算步骤
- 计算出航空货物的体积(Volume)及体积重量(Volume Weight)。

$$体积重量(kg) = 货物体积(cm^3)/6\ 000(cm^3/kg)$$

- 比较体积重量与总重量,取大者为计费重量(Chargeable Weight)。
- 根据公布运价,找出计费重量的适用运价(Applicable Rate)。
- 计算航空运费(Weight Charge)。

$$航空运费 = 计费重量 \times 适用运价$$

- 当采用较高重量分界点的较低运价计算出的运费比上述算出的运费低时,取低者。
- 比较上一步计算出的航空运费与最低运费 M,取高者。

② 航空货运单运费计算栏的填制
- No. of Pieces RCP　填写货物的数量。
- Gross Weight　货物的总重量。
- K/L　以 kg 为单位用代号"K",以磅为单位用代号"L"。
- Rate Class　若计费重量小于 45 kg,则填写 N;若计费重量大于 45 kg,则填写 Q;若航空运费为最低运费,则填写 M。
- Commodity Item No.　普通货物此栏不填。
- Chargeable Weight　填写计费重量。
- Rate/Charge　填写适用运价。
- Total　填写航空运费。
- Nature and Quantity of Goods(Incl. Dimensions or Volume)　填写商品品名及商品的尺寸。

例 4-2

Routing:SHA — PAR;Commodity:Tools;Gross Weight:280 kg;Q45:51.29;Dimensions:10 box×40 cm×40 cm×40 cm each。计算航空运费。

解:Volume Weight　10×40×40×40/6 000≈107 kg

Chargeable Weight　280 kg

Applicable Rate　Q45:51.29

Weight Charge　280×51.29=14 361.20

例 4-3

PEK(北京)到 SXB(斯特拉斯堡)运价分类如下:N—18 元;Q—14.81 元;300 kg—13.54 元;500 kg—11.95 元。普货一件 38 kg 从 PEK 运到 SXB,计算运费。

解:18×38=684 元;14.81×45=666.45 元。

二者比较取其低者,故该件货物可按 45 kg 以上运价计得的运费 666.45 元收取。

(3) **特种货物运价**。特种货物运价(Specific Commodity Rates,SCR)又称指定商品运价,其适用的条件有:运输始发地至目的地之间有公布的指定商品运价;托运人所交运的货物,其品名与有关指定商品运价的货物品名相吻合;货物的计费重量满足指定商品运价使用时的最低重量要求。

①特种货物运价的计算步骤

- 查询运价表,如运输始发地至目的地之间有公布的指定商品运价,则考虑使用指定商品运价。
- 查找 TACT RATES BOOK 的品名表,找出与运输货物品名相对应的指定商品代号。
- 计算计费重量。此步骤与普通货物的计算步骤相同。
- 找出适用运价,然后计算出航空运价。此时需要比较计费重量与指定商品运价的最低重量。

如果货物的计费重量超过指定商品运价的最低重量,则优先使用指定商品运价作为适用运价,即

$$航空运价=计费重量\times 适用运价$$

如果货物的计费重量没有达到指定商品运价的最低重量,则需要比较计算:

a. 按普通货物计算,适用运价 GCR N 或 GCR Q。

b. 按指定商品运价计算,适用运价为 SCR 的运价。

c. 比较用上述两种方法计算出的航空运价,取低者。

- 比较计算出的航空运费与最低运费,取高者。

②航空货运单运费计算栏的填制　Commodity Item No.栏填写指定商品代号;其余与普通货物的航空货运单运费计算栏的填制相同。

例 4-4

Routing:Dubai to Glasgow(U.K);Commodity:Carpets;Gross Weight:520 kg。求航空运费。已知 SCR2865 9.95(Min Weight 500 kg)。

解:根据 TACT2.4,2199 为纱、线等纺织品,2865 则为地毯等,虽然用泛指品名可获得较低的运价,但由于重量满足,所以仍应优先使用确指品名的运价。

Gross Weight:520 kg

Applicable Rate:SCR2865 9.95(Min Weight 500 kg)

Chargeable Weight:520 kg

Weight Charge:520×9.95=5 174.00

(4) **等级货物运价**。等级货物运价(Class Rates or Commodity Classification Rates,CCR)是指适用于指定地区内部或地区之间的少数货物运输。

适用等级货物运价的货物通常有:活动物、活动物的集装箱和笼子;贵重物品;尸体或骨灰;报纸、杂志、期刊、书籍、商品目录、盲人和聋哑人专用设备和书籍等出版物;作为货物托运的行李。其中前三项通常在普通货物运价基础上,增加一定百分比;如一般贵重货在 GCR 基础上按 200%计收。后两项在普通货物运价的基础上,减少一定百分比。如行李一般为 50%。

例 4-5

ROUTING：SHA—HKG；COMD：GOLD RING；PCS：1BOX—0.45 kg；DIMS：15 cm×15 cm×10 cm；N：11.87（注：USD1=CNY8.277 82）。求航空运费。

解：Volume Weight：15×15×10/6 000＝0.375 kg
Chargeable Weight：0.5 kg（贵重物品计重单位 0.1, 0.45 进为 0.5）
Applicable Class Rat：(200% of Normal)
GCR：200%×11.87＝23.74
Weight Charge：23.74×0.5＝11.87
查最低运费的规定（90.00），按适用最低运费的 200% 收取，故 Minimum Charge：200%×90.00＝180.00
但不得低于 50 美元或其等值货币，USD50.00×8.277 82＝CNY413.891
根据 Rounding Off Unit：for Minimum Charge 5（取整规定）得
Minimum Charge：CNY415.00
因此，按最低运费 CNY415.00 收取。

(5) 其他费用

①航空运单的制单费　用两字代码"AW"表示，按国际航协规定，航空货运单若由航空公司销售或填制，则表示为"AWC"；若由航空公司的代理人销售或填制，则表示为"AWA"。

②垫付款和垫付费　代码为"DB"，仅适用于货物费用及其他费用到付。垫付款由最后一个承运人向提货人收取。在任何情况下，垫付款数额不能超过货运单上全部航空运费总额，但当货运单运费总额低于 100 美元时，垫付款金额可以达到 100 美元标准。

③危险品处理费　代码为"PA"，自中国至 IATA 业务一区、二区、三区，每票货物的最低收费标准均为 400 元人民币。

④运费到付货物手续费　代码为 CC Fee，凡是运费到付的货物，承运人以办案货运单上运费和声明价值附加费等费用总额的 2%～5% 向收货人收取运费到付服务费。在中国，CCFee 最低收费标准为 CNY100。

⑤其他　报关费；报检费；安检费；机场操作费；地面运输费；货代终端费用（当把货物交给空代的时候，空代负责打板等事情，最终交由机场收取的服务费用）等。

4.3 国际航空货物运输保险

为了规避货物的运输风险，避免因承运人享受免责或责任限制而使货物毁灭、遗失、损坏造成的损失得不到足额赔偿，托运人可以为货物投保航空货物运输保险。

如果托运人已经为货物运输投保了保险金额不低于货物价值的航空运输险，保险公司将根据货物的实际损失情况，对保险货物由于保险合同规定的原因造成的损失，向受益人支付不超过航空货物运输保险金额的赔偿金。如损失是由承运人责任造成的，再由保险公司向承运人追偿。

1. 责任范围

航空货物运输保险分为航空运输险和航空运输一切险两种。被保险货物遭受损失时,按保险单上订明的承保险别的条款负赔偿责任。

(1)航空运输险。
①被保险货物在运输途中遭受雷电、火灾、爆炸或由于飞机遭受恶劣气候或其他危难事故而被抛弃,或由于飞机遭碰撞、倾覆、坠落或失踪等意外事故所造成的全部或部分损失。
②被保险人对遭受承保责任范围内危险的货物采取抢救、防止或减少货损的措施而支付的合理费用,以不超过该批被救货物的保险金额为限。

(2)航空运输一切险。除包括上列航空运输险责任外,本保险还负责被保险货物由于外来原因所致的全部或部分损失。

2. 除外责任

①被保险人的故意行为或过失所造成的损失。
②属于发货人责任所引起的损失。
③保险责任开始前,被保险货物已存在的品质不良或数量短差所造成的损失。
④被保险货物自然损耗、本质缺陷、特性及市价跌落、运输延迟引起的损失或费用。
⑤航空运输货物战争险条款和货物罢工险条款规定的责任范围和除外责任。

3. 责任起讫

(1)本保险负"仓至仓"责任,自被保险货物运离保险单所载明的起运地仓库或储存处所开始运输时生效,包括正常运输过程中的运输工具在内,直至该项货物运达保险单所载明目的地收货人的最后仓库或储存处所或被保险人用于分配、分派或非正常运输的其他储存处所为止。如未运抵上述仓库或储存处所,则以被保险货物在最后卸载地卸离飞机后满30日为止。如在上述30日内被保险货物需转送到非保险单所载明的目的地,则以该项货物开始转运时终止。

(2)由于被保险人无法控制的运输延迟、绕道、被迫卸货、重行装载、转载或承运人运用运输契约赋予的权限所做的任何航行上的变更或终止运输契约。致使被保险货物运到非保险单所载目的地时,在被保险人及时将获知的情况通知保险人,并在必要时加缴保险费的情况下,本保险仍继续有效,保险责任按下述规定终止:

①被保险货物如在非保险单所载目的地出售,保险责任至交货时为止。但不论任何情况,均以被保险货物在卸载地卸离飞机后满30日为止。
②被保险货物在上述30日期限内继续运往保险单所载原目的地或其他目的地时,保险责任仍按上述第1款的规定终止。

4. 被保险人的义务

被保险人应按照以下规定的应尽义务办理有关事项,当因未履行规定的义务而影响保险人利益时,保险人有权对有关损失拒绝赔偿。

(1)当被保险货物运抵保险单所载目的地以后,被保险人应及时提货,当发现被保险货物遭受任何损失时,应即向保险单上所载明的检验、理赔代理人申请检验,如发现被保险货物整件短少或有明显残损痕迹,应立即向承运人、受托人或有关当局索取货损货差证明。如果货损货差是由于承运人、受托人或其他有关方面的责任所造成的,应以书面方式向责任方提出索赔。必要时还须取得延长时效的认证。

(2)对遭受承保责任范围内危险的货物,应即采取合理的抢救措施,防止或减少货损。

(3)在向保险人索赔时,必须提供下列单证:保险单正本、提单、发票、装箱单、磅码单、货损货差证明、检验报告及索赔清单,如涉及第三者责任还须提供向责任方赔偿的有关函电及其他必要的单证或文件。

5.索赔时效

本保险索赔时效,从被保险货物在最后卸载地卸离飞机后起计算,最多不超过2年。

拓展资讯

全球航空货运需求增幅创新高

能力培养

一、名词解释

IATA	FIATA	TACT	班机运输	整机包机	部分包机
集中托运	MAWB	HAWB	重货	泡货	吃泡
靠级	起码运费	GCR	SCR	CCR	

二、简答题

1. 简述《华沙公约》与《海牙议定书》的主要内容。
2. 航空货运的经营方式有哪些?
3. 简述班机运输的特点。
4. 简述集中托运的业务与单证流程。
5. 简述航空货运出口的一般业务流程。
6. 简述航空货运代理的出口业务流程。
7. 简述航空货运进口的一般业务流程。
8. 简述航空货运代理的进口业务流程。
9. 简述航空集装箱货运业务流程。
10. 简述航空运单的性质和各联功能。
11. 简述航空主运单与分运单的功能及相互关系。
12. 什么是直达的公布运价?它有哪些类型?
13. 什么是非公布的直达运价?
14. 简述航空运输险与航空运输一切险的承保范围。

三、计算题

1. 从上海运往巴黎一件玩具样品，毛重5.7 kg，体积尺寸为41 cm×33 cm×20 cm，公布运价(CNY)如下：M—320.00；N—52.81；Q—44.46；100—40.93。计算其航空运费。

2. 现有一批货物毛重280 kg，从北京空运至伦敦。根据"航空货物公布直达运价"可知45 kg以上300 kg以下的运价为40元/kg，300 kg以上500 kg以下的运价为35元/kg。请计算应收运费。

3. 一批样品，毛重25 kg，体积尺寸为80 cm×50 cm×30 cm。从北京运往东京。该票货物航空运价公布如下：M—230.00；N—37.51；45—28.13。试计算运费。

4. 某公司空运出口一批商品(普货)共计115箱，每箱重15 kg，体积尺寸为40 cm×44 cm×60 cm，从北京运往美国迈阿密。问该批货物的空运运费为多少？(设M—11.81美元，N—28.65美元；Q—21.62美元；100 kg—18.82美元；500 kg—15.35美元；1 000 kg—15.00美元；2 000 kg—14.60美元)。

5. Routing：BEIJING, CHINA (BJS) to AMSTERDAM, HOLLAND (AMS)；Commodity：PARTS；Gross Weight：38.6 kg；Dimensions：101 cm×58 cm×32 cm。计算其航空运费。公布运价(CNY)如下：M—320.00；N—50.22；45—41.53；300—37.52。

6. 一批活热带鱼，毛重120 kg，体积0.504 m^3，从A点到B点。Q级GCR 9.00元；等级CCR 16.7元；特种SCR1024(起码重量为100 kg)7.59元，计算运费。

7. 有四批精密仪器都需从北京空运香港。它们的重量分别为10 kg、20 kg、35 kg、40 kg。如分别托运各需多少运费？如集中托运又需多少运费？(设：一般货物的起码运费为65港元，45 kg以下每kg 3港元，45 kg以上每kg 2.5港元)。

8. 某货代公司接受A、B两个货主的航空货运委托，配载同一个航班，货物A：500 kg，1.5 m^3；货物B：300 kg，3 m^3。计算：

(1)A、B货物计费重量分别是多少？

(2)两货混载后计费重量是多少？

(3)如与泡货货主按吃泡部分3/7分成，货代得到多少重量的操作利润？

(4)泡货货主按多少重量支付运费？

9. 有4个客户各发1批货物(CAN—SAO)，重量分别为A：实重30 kg，体重10 kg；B：体重150 kg，实重100 kg；C：体重200 kg，实重100 kg；D：实重120 kg，体重60 kg。运价(RMB)：M—460；N—65；+45—63；+100—58；+300—53；+500—47。计算空运代理的运费差价利润和集中托运操作利润(吃泡不分成)。

10. 从北京运往新加坡一箱水龙头接管，毛重40.2 kg，其公布运价见表4-9。请计算其航空运费，并按计算结果填制航空运单运费计算栏(表4-10)。

表4-9　　　　　　　　　　　　　公布运价

BEIHING Y. RENMINBI	CN CNY		BJS KG
SINGAPORE	SN	M N 45	200.00 30.50 22.49

表 4-10　　　　　　　　　航空运单运费计算栏

No. of Pieces RCP	Gross Weight	kg lb	Rate Class / Commodity Item No.	Chargeable Weight	Rate/ Charge	Total	Nature and Quantity of Goods (Incl. dimensions Volume)
							PIPE FILLING

四、案例分析

1. 2017年7月，浙江某出口公司与印度某进口商达成一笔总金额为6万多美元的羊绒纱出口合同，贸易条件为 CFR NEW DELHI BY AIR，支付方式为100%不可撤销的即期信用证，装运期为当年8月自上海空运至新德里。合同订立后，进口方按时通过印度一家商业银行开来信用证，信用证中的价格术语为"CNF NEW DELHI"，出口方并未在意并按规定发运了货物，将信用证要求的各种单据备妥交单，并办理了议付手续。然而，国内议付行在将有关单据寄到印度开证行后不久即收到开证行的拒付通知书，理由为单证不符：商业发票上的价格术语"CFR NEW DELHI"与信用证中的"CNF NEW DELHI"不一致。得知这一消息后，出口方立即与进口方联系要求对方付款赎单；同时通过国内议付行向开证行发出电传，申明该不符点不成立，要求对方按照 UCP600 的规定及时履行偿付义务。但进口方和开证行对此都置之不理，在此情况下，出口方立即与货物承运人联系，其在新德里的货运代理告知该批货物早已被收货人提走。在如此被动的局面下，后来出口方不得不同意对方降价20%的要求作为问题的最后解决办法。试分析本案例中造成出口方陷入被动局面的根本原因是什么？如何防范此类风险？

2. 中国某出口企业按 FCA（货交承运人）Shanghai Airport 条件向印度 A 进口商出口手表一批，货价5万美元，规定交货期为2017年8月，自上海空运至孟买；支付条件：买方由孟买银行转交的航空公司空运到货通知即期全额电汇付款。该出口企业于2017年8月31日将该批手表运到上海虹桥机场交由航空公司收货并出具航空运单，随即向印商用电传发出装运通知。航空公司于9月2日将该批手表运至孟买，并将到货通知连同有关发票和航空运单送孟买银行。该银行立即通知印商前来收取上述到货通知等单据并电汇付款。此时，国际市场手表价下跌，印商以中方交货延期，拒绝付款、提货。该出口企业则坚持对方必须立即付款、提货。双方争执不下，遂提起仲裁。假如你是仲裁员，你认为谁是谁非？应如何处理？说明理由。

3. 一批设备从曼谷空运经上海中转到无锡，3件货物重105 kg，计费重量共132 kg，从曼谷运往上海采用航空运输，转运无锡时，使用卡车运输，但在高速公路上，不幸发生车祸，设备全部损坏。航空公司是否应赔偿？为什么？赔偿额是多少？

4. 一批从北京运往伦敦的机器配件，在巴黎中转时，由于临时出现问题，发货人向航空公司提出停止运输，返回北京。发货人的请求是否可以得到航空公司的许可？为什么？返回的机器配件的运费由谁支付？

5. 从上海空运泰国的整套流水线机器，用了4个箱子，每件重量30 kg，整套机器价值USD4 000，无申明价值。收货时，发现一个箱子开裂，该箱内机器已完全受损，其他3个箱子完好，但因缺少部件，整套机器已不能使用。航空公司应如何赔偿？

6.某货主托运下列物品自北京至伦敦：一件 26 kg 的玉器摆件，运输声明价值 280 000 元人民币；一幅挂毯，可使用 SCR2211 代号；一架装在盒内的古筝；一箱专业参考书。运价：M—420.00；N—51.69；45—38.71（1 美元＝8.356 68 元人民币）。上述货物至少需要几张货运单？玉器摆件的航空运费是多少？古筝盒的长为 180 cm，宽为 45 cm，高为 20 cm，体积重量为多少？哪些货物的计费运价低于 GCR？由于承运人原因，使玉器摆件丢失，则承运人的赔偿限额为多少？

五、实训项目

根据下面的资料使用附录 1（IATA 航空运单）缮制航空运单：

(1) Buyer—SIMON INTERNATIONAL CORPORATION
　　　　324 LICON AVENUE MONTREAL, CANADA
(2) Seller—SHANGHAI BOHAO INTERNATIONAL CORPORATION
　　　　42 XUHUI ROAD SHANGHAI CHINA
(3) DESCRIPTIONS OF GOODS— 100% COTTON SKIRTS
(4) QUANTITY—12 00 PCS USD 10.20/PC CPT MONTREAL
(5) PACKING—PACKED IN 1 CARTON OF 40 PCS EACH
(6) TERMS OF SHIPMENT—LATEST DATE OF SHIPMENT 171220
(7) AIRPORT OF DESTINATION—MONTREAL, CANADA
(8) AIRPORT OF DEPARTURE—SHANGHAI CHINA
(9) TERMS OF PAYMENT—30% T/T IN ADVANCE , 70% T/T AFTER CUSTOMS CLEARANCE
(10) PARTIAL SHIPMENTS—ALLOWED
(11) TRANSSHIPMENT—NOT ALLOWED
(12) H.S.CODE—808.3100
(13) MASTER AIRWAY BILL NO.—08121256
(14) FLIGHT—MU504
(15) FLIGHT DATE—2017.12.12
(16) RATE—USD50.00
(17) G.W.—10 kg/CTN
(18) VOL—0.12CBM/CTN

情境 5
国际铁路货物运输

学习目标

【知识目标】
了解铁路货运基础知识、国际铁路联运规章、铁路运输合同的内容、铁路货物的保价运输、陆上货物运输保险的种类与内容;掌握国际铁路联运进出口操作流程、铁路运单的性质及组成。

【能力目标】
能够以铁路运输代理人身份完成国际铁路货物进出口的全程操作;能够选择适当的陆路运输险别;能够对国际铁路运输中涉及运单、责任、保险等方面的案例进行分析;能够合理规避国际铁路运输活动中的各种风险。

【技能目标】
会缮制国际铁路联运运单;会计算境内与过境铁路运费。

情境引导

国际铁路货物运输

国际铁路货物运输基础	认识铁路货物运输	设施设备:车站;线路与信号;机车与车辆
		货物类别:按性质(普通、特殊);按范围(管内、直通、水陆/公铁/国际铁路联运)
		运输类型:整车;零担;集装箱;五定班列;行邮、行包专列;特种货物运输
	国际铁路线路	境内国际铁路:往朝鲜、俄罗斯、蒙古、越南、哈萨克斯坦、其他
		国际铁路干线:西伯利亚;加拿大;美国;中东—欧洲等

续表

国际铁路联运实务	国际铁路联运基础知识	联运规章:国内规章;国际规章(《国际货协》《统一货价》等);水路联运规则
		国际铁路货物联运的范围
		国际铁路货物联运的运输限制
	国际铁路联运操作规程	出口作业程序:发运准备;发运工作;口岸交接
		进口作业程序:运输标志的编制;审核;寄送资料;国境站交接与分拨
	国际铁路联运合同运单	国际铁路运输合同:合同形式;合同条款;当事人的权利和义务
		国际铁路联运运单:运单的组成;运单的缮制
	国际铁路联运运费计算	计算基础;计费重量;计费里程;运杂费;运价率加成的规定
		运费计算方法:计算原则;国内段运费计算程序;过境运费计算程序
	对港、澳特别行政区的铁路运输	中国内地对香港特别行政区铁路货运:流程;单证;运输组织与口岸交接;港段接卸;运费结算
		对澳门特别行政区的铁路运输
铁路货物运输保险	货运事故保险与索赔	货运保价与保险:保价运费;货物保险和保价运输的具体操作
		铁路货运事故索赔:提赔;赔偿款额;索赔文件
	陆上货物运输险	陆运险与陆运一切险:责任范围;责任起讫;被保险人的义务;索赔时效
		陆上运输冷藏货物险:承保范围;除外责任;责任起讫;索赔时效
		陆上运输货物战争险:承保范围;除外责任;责任起讫;索赔时效

5.1 国际铁路货物运输基础

5.1.1 认识铁路货物运输

1. 铁路运输设施设备

(1) 铁路车站。车站既是铁路办理客、货运输的基地,又是铁路系统的一个基层生产单位。在车站上,除办理旅客和货物运输的各项作业以外,还办理和列车运行有关的各项工作。

①中间站 提高铁路区段通过能力,保证行车安全而设的车站。

②区段站 为邻接的铁路区段供应机车,办理货物列车的中转作业,进行机车的更换或机车乘务组的换班以及解体,编组区段列车和摘挂列车。

③编组站 办理大量货物列车解体和编组作业,并设有比较完善的调车设备的车站。

④铁路枢纽 在铁路网的交汇点或终端地区,由各种铁路线路、专业车站以及其他为运输服务的有关设备组成的总体,称为铁路枢纽。

(2) 铁路线路与信号。铁路线路是机车车辆和列车运行的基础。是由路基、桥隧建筑物和轨道组成的一个整体工程结构。铁路信号设备是铁路信号、联锁设备、闭塞设备的总称。通信设备是指挥列车运行、组织运输生产及进行公务联络等的重要工具。

(3) 机车及车辆设备。机车也就是人们常说的火车头,是铁路运输的基本动力。由于铁路车辆大多不具备动力装置,列车的运行和车辆在车站内的移动都需要经过机车的牵引或推送。机车的种类有蒸汽机车、内燃机车和电力机车。目前,我国铁路运输以电力机车为主。

车辆主要用于承载货物和旅客,无动力,需由机车牵引才能运行。通常按货车结构和所运货物的种类不同,把货车分为敞车、棚车、平车、罐车、长大货物车、保温车、漏斗车、自翻车、家畜车、守车、其他货车。

2. 铁路运输货物的分类

(1) 按货物的性质和运输条件划分。按货物性质不同,铁路运输的货物可分为普通货物和特殊条件货物。普通货物是指在运输过程中,按一般运送条件办理的货物,如煤、矿石、粮谷、棉布等。由于货物本身的性质,在运输过程中,需要采取特殊的运送措施才能保证货物完整和行车安全的货物,称为特殊条件货物,如危险货物、鲜活货物、超限货物、集重货物。

(2) 按运输范围划分

① 管内运输 指在一个铁路局管辖范围内的运输。
② 直通运输 跨两个或两个以上铁路局的运输,包括不同轨距铁路间的货物运输。
③ 水陆联运 以一份货运票据,由铁路和水路共同参加的运输。
④ 公铁联运 以一份货运票据,由铁路和公路共同参加的运输。
⑤ 国际铁路货物联运 参加国际联运协定(或公约)的国家之间办理货物运输时,在国境站换装或车辆直通过轨运输时,无须发(收)货人参加或重新办理托运。

3. 铁路货物运输的类型

(1) 整车运输。托运人向铁路托运一批货物的重量、体积或形状需要以一辆及以上货车运输的货物,应按整车运输的方式向铁路承运人办理托运手续。

《铁路货物运输规程》规定,下列货物限按整车办理:需冷藏、保温或加温运输的货物;规定限按整车办理的危险货物;易于污染其他货物的污秽品;不易计算件数的货物;蜜蜂;未装容器的活动物;一批货物重量超过 2 t、体积超过 3 m^3 或长度超过 9 m 的货物,经发站确认不致影响中转站和到站装卸车作业的货物除外。

(2) 零担运输。零担运输是指托运一个批次货物数量较少时,装不足或者占用一节货车车皮进行运输在经济上不合算,而由运输部门安排和其他托运货物拼装后进行运输。运输部门按托运货物的吨公里数和运价率计费。一批货物的重量、体积、性质或形状不需要一辆铁路货车装运(用集装箱装运除外),即属于零担运输。零担货物可以分为普通零担货物、危险零担货物、笨重零担货物和零担易腐货物。

(3) 集装箱运输。铁路集装箱按箱型不同可分为 1 t 箱、5 t 箱、6 t 箱、10 t 箱、20 ft 箱、40 ft 箱。凡装载量在 20 t 以上的称为大型箱,如 20 ft 箱、40 ft 箱;凡装载量在 5 t 以下的为小型箱,如我国目前通用的 1 t 箱;装载量为 5~20 t 的为中型集装箱,如我国目前通用的 5 t 箱、10 t 箱。

(4) 五定班列。货运"五定"班列是指在主要城市、港口、口岸间铁路干线上组织开行的"定点(装车地点)、定线(固定运行线)、定车次、定时(固定到发时间)、定价(运输价格)"的快速货物列车,它包括集装箱"五定"班列和普通货物"五定"班列两种组织形式。"五定"班列具有"运行高速、手续简便、运期保证、安全优质、价格优惠"的优势。

(5) 行邮专列、行包专列。行邮专列是铁道部和国家邮政局双方实施战略合作,于 2004 年 5 月 18 日共同推出的中国铁路有史以来最快的货运专列。目前开行了北京—上海、北京—广州、北京—哈尔滨三对特快行邮专列。

行包专列是指按照旅客列车运输方式组织,使用专用货车编组,利用行包基地和客、货运站场、设备整列装载包裹等小件货物的列车。行包专列分为跨铁路局和局管内的行包专列,当前共开行14对，现由中铁快运集中统一管理。

(6) 铁路特种货物运输

①铁路危险货物运输　铁路运输中，把具有爆炸、易燃、毒害、腐蚀、放射性等物质，在运输装卸和储存保管过程中，容易造成人身伤亡和财产毁损而需要特别防护的货物，均称为危险货物。

我国《铁路危险货物运输管理规则》规定了承运方和托运方均必须遵循的条例，其范围涉及整个危险货物运输过程中的各个方面，包括危险货物包装和标志、危险货物托运和承运、装卸和运输、危险货物车辆调车、危险货物车辆编组和挂运等。

②铁路鲜活货物运输　鲜活货物是指在铁路运输过程中，需要采取制冷、加温、保温、通风、上水等特殊措施，以防止腐烂变质或病残死亡的货物。鲜活货物分为易腐货物和活动物两大类。

《铁路鲜活货物运输规则》规定了易腐货物运输的基本条件，并对易腐货物装车与卸车、易腐货物车辆运行组织、加冰冷藏车的加冰作业以及一般活动物运输和蜜蜂运输等做出了具体详细的规定。

③阔大货物运输　在铁路运输中，一般把超限货物、超长货物和集重货物统称为阔大货物。

阔大货物外形复杂、体积庞大、价格昂贵、对运送条件要求高，经由铁路运送时，不仅在车辆使用上要严格挑选，而且必须遵守《铁路货物装载加固规则》和《铁路超限货物运输规则》所规定的装载加固技术条件和其他各项规定。

5.1.2　国际铁路线路

1. 我国境内国际铁路

(1) **往朝鲜**。沈丹线（沈阳—丹东—朝鲜新义州）；长图线（长春—图们—朝鲜南阳）；梅集线（梅河口—集安—朝鲜满浦）；牡图线。

(2) **往俄罗斯**。滨洲线（大连—哈尔滨—满洲里，至俄罗斯接西伯利亚大铁路）；滨绥线（大连—哈尔滨—绥芬河，去俄罗斯远东地区）；北黑铁路线；图珲铁路线。

(3) **往蒙古**。集二铁路（天津—北京—集宁—二连浩特，达乌兰巴托，接西伯利亚大铁路）。

(4) **往越南**。昆河铁路（昆明—河口—越南新铺）；湘桂线（衡阳—南宁—凭祥—越南同登）。

(5) **往哈萨克斯坦**。北疆铁路（乌鲁木齐—阿拉山口）。

(6) **在建、筹建、拟建的出境国际铁路**。连接中亚的中吉乌铁路；连接东南亚的中缅铁路（滇缅铁路）；连接东南亚的中老泰国际铁路；连接南亚各国的中印铁路。

2. 国际铁路干线

(1) **西伯利亚大铁路**。东起海参崴，途经哈巴罗夫斯克（伯力）、赤塔、伊尔库茨克、新西伯利亚、鄂木斯克、车里雅宾斯克、萨玛拉，至莫斯科。该线东连朝鲜和中国，西接北欧、西欧、中欧各国。我国与俄罗斯、东欧国家及伊朗之间的贸易，主要经西伯利亚大铁路。

第二条西伯利亚大铁路东起苏维埃港，经共青城、新西伯利亚，与第一条西伯利亚大铁路接轨后至莫斯科。

(2) **加拿大连接东、西两大洋的铁路**。由鲁珀特港和温哥华港，经埃德蒙顿、温尼伯至魁北克和哈利法克斯港。

(3) 美国连接东、西两大洋的铁路。一条从西雅图经芝加哥至底特律；另一条从洛杉矶经休斯敦至新奥尔良。

(4) 中东—欧洲铁路。从伊拉克的巴士拉，西经巴格达、叙利亚、土耳其，过博斯普鲁斯大桥至伊斯坦布尔，接巴尔干铁路，向西经索菲亚、贝尔格莱德、布达佩斯至维也纳，连接西欧铁路网。

除以上主要的国际铁路干线外，在东南非洲还有一条丁字形的干线。这条干线东起坦桑尼亚的达累斯萨拉姆港，西经赞比亚到达安哥拉的本格拉港，在赞比亚境内往南经博茨瓦纳等国直至南非的开普敦。在南美大陆上有一条横贯线，连接着东海岸阿根廷的布宜诺斯艾利斯港和西海岸智利的瓦尔帕莱索港。

5.2 国际铁路联运实务

5.2.1 国际铁路联运基础知识

在两个或两个以上国家铁路全程运送中，使用一份运送票据，并以连带责任办理的运输，称为国际铁路联运。

1. 国际铁路货物联运有关规章

(1) 国内运输规章。《铁路货物运输规程》（简称货规）是铁路和托运人、收货人组织货物运输、划分权利和义务以及承担责任的基本规章，对双方都具有约束效力。《货规》的引申规则有：《铁路货物运输规则》《铁路危险货物运输管理规则》《铁路鲜活货物运输规则》《铁路超限货物运输规则》《铁路货物装载加固规则》《快运货物运输办法》《铁路集装箱运输规则》《铁路货物保价运输办法》《铁路货物运输杂费管理办法》等。

(2) 国际铁路联运规章与文件

①《国际铁路货物联运协定》（简称《国际货协》） 这是参加国际铁路货物联运协定的各国铁路和发货人、收货人在办理铁路货物联运时都必须遵守的基本文件。《国际货协》对运输合同的缔结，运输合同的履行和变更，铁路的责任，发货人、收货人的权利与义务等事项均作了规定。对铁路和托运人、收货人都具有约束力。我国参加了该协定。

②《统一过境运价规程》（简称《统一货价》） 它规定了参加《统一货价》的铁路，按照《国际货协》的条件，利用铁路运送过境货物时，办理货物运送的手续、过境运送费用的计算、货物品名分等表、过境里程表和货物运费计算表等内容，对铁路和发货人、收货人都适用。我国参加了该协约。

③《国际铁路货物联运协定办事细则》（简称《货协细则》） 它只适用于参加国际联运协定的铁路内部工作，并用以调整铁路间的相互关系，不能用于调整托运人、收货人同铁路间的法权关系。

④《国际联运车辆使用规则》（简称《车规》） 它是参加国际联运车辆使用规则协约国对车辆使用的规章，我国参加了该协约。

⑤《国际铁路货物联运办法》 它是国际联运有关规章的摘录与综合。本办法仅供我国国内铁路使用。

⑥《国境铁路协定》和《国境铁路会议议定书》 《国境铁路协定》是由相邻国家签订的,规定了办理联运货物交接的国境站、车站及货物交接条件和方法、交接列车和机车运行办法及服务方法等内容。中朝、中蒙、中越、中俄、中哈和中俄蒙铁路间都签订有国境铁路协议和议定书。

⑦《铁路货物运价规则》(简称国内价规) 它是办理国际铁路货物联运时国内段货物运送费用计算和核收的依据。

(3)水陆联运。《铁路和水路货物联运规则》是水陆联运中关于运输条件、办理手续、运杂费计算以及托运人、收货人同铁路、水路之间的权利、义务和责任划分的基本规章。对铁路、水路和托运人、收货人都具有约束效力。

2.国际铁路货物联运的范围

(1)同参加《国际货协》和未参加《国际货协》但采用《国际货协》规定的铁路间的货物运送,铁路从发站以一份运送票据负责运送至最终到站交付给收货人。

(2)同未参加《国际货协》铁路间的货物运送,发货人在发送路用《国际货协》运送票据办理至参加《国际货协》的最后一个过境路的出口国境站,由该站站长或收货人、发货人委托的收转人转运至最终到站。

(3)通过过境铁路港口站的货物运送。从参加《国际货协》国家通过参加《国际货协》的过境铁路港口,向其他国家或相反方向运送货物时,用《国际货协》运送票据只能办理至过境铁路港口站止,或者从这个站起开始办理,由港口站的收转人办理转发送。

3.国际铁路货物联运的运输限制

(1)国际铁路直通联运中不准运送的货物。应当参加运送的铁路的任一国家禁止运送的物品;由应当参加运送的铁路的任一国家邮政专运物品;炸弹、弹药和军火;爆炸品、压缩气体、液化气体或在压力下溶解的气体、自燃品和放射性物质;一件重量不足 10 kg,体积不超过 0.1 m³ 的零担货物;在换装联运中使用不能揭盖的棚车运送一件重量超过 1.5 t 的货物;换装联运中使用敞车类货车运送的一件重量不足 100 kg 的零担货物,但此项规定不适用《危险货物运送规则》中规定的一件最大重量不足 100 kg 的货物。

(2)在参加运送的各铁路间预先商定后才准运送的货物。一件重量超过 60 t,而在换装运送中,对越南重量超过 20 t 的;长度超过 18 m 的,而运往越南长度超过 12 m 的;其他超限的货物;在换装运送中用特种平车装运的;在换装运送中用专用罐车装运的化学货物;运往越南的一切罐车装货物。

(3)必须按特殊规定办理运送的货物。危险货物;押运人押运的货物;易腐货物;集装箱货物;托盘货物;不属于铁路或铁路出租的空、重车;货捆货物。

5.2.2 国际铁路联运操作规程

1.国际铁路联运出口作业程序

(1)发运准备

①了解铁路运输规则 确认所发运的货物是否符合我国铁路对危险品、超限货物、超重货物、鲜活和其他列名货物的运输限制。确认所发运货物的装载、码放堆存、装载加固方案是否符

合铁路运输条件。确认所发运货物的去向、所过境口岸、所到达和过境运输的国家是否有所限制。

②货主出具国际联运委托书　委托书中对运输委托事项要明确表示，如收货人、收货人地址、联系方法、OK码、货名、规格、数量、到站、到站编码、出口合同号码等。缮制运单的必要指示有时要用中俄两种文字写明。

③单据审核、货物查验　在接到货主发运国际联运货物的委托后，首先要审核货主提供的运输资料，包括出口合同、货物清单、规格、报关单据、箱单、发票等，确认货物的贸易性质、货物包装、品质，是否符合中国铁路的运输规定。对于特殊货物，要严格审核。

④申报铁路国际联运计划　在运期确定后，即执行发站申报铁路国际联运计划，在车站计划室报请后，即输入F.M.O.S(铁道部货运计划管理网络)微机终端。申报铁路国际联运计划使用"铁路货物运输服务订单(申报计划表)"。各发站的F.M.O.S微机终端受理国际联运计划申报后，统一汇总到铁道部运输局和国际合作司，国际合作司向发到铁路和过境铁路发出商定电函。接收国和通过国铁路在收到发运国的商定电函后，根据本国的铁路运输能力和口岸接受能力，同意每月接收的货运量及各种型号的车数。回电通知中铁，即在F.M.O.S中批复到车站。各国的联运计划申请批复程序基本是一样的。

⑤办理特种货物申报审批手续　《国际货协》规定，超限货物和危险货物的运输方案和申报审批手续，应在中铁商定电报发出的同时办理。各国铁路对于大型货物和危险品运输，均须制定相应的装载包装运输方案，并明令需加派押运人员(或武装押运)。超限货物、危险品货物应在得到外铁商订、中铁特批后才能发运。因此，上述货物应提前办妥运输方案的审批和商订。

(2)发运工作

①送站、报关、装车　国际铁路联运计划批复后即按约定发出时间，准备货物短运、上站及报关、报检工作。一般是在发运日期，货物送站后即报关、查验，通关后即执行申报车站日装车计划。

②缮制货运单据　报请装车时，需缮制国际铁路联运运单，运单按《国际货协》统一格式制作，是《国际货协》参加国之间运输货物和结算的凭证，在不同国家间的铁路直通货物联运中，用一份单据，一票到底。此运单使用文字根据需要和规定为发运国文字和国际货协工作语言文字(中文、俄文)的一种或两种文字印刷和填写。

我国出口货物必须填制"出口货物明细单"和"出口货物报关单"以及"出口外汇核销单"。此外，根据规定和合同的要求还要添附"出口许可证""品质证明书""商检证""卫生检疫证""动植物检"以及"装箱单""磅码单""化验单""产地证"及"发运清单"等有关单证。

③配车发运　货物报关后，凭编制好的国际联运运单向车站报请日装车计划。车站货运室根据货物情况请上级货运调度批准后，即可配车发运。

④海关监管　装车时，如已报关货物，需在国联运单第26栏加盖海关监管戳记，并需海关关员执行监管事宜。如不在发车站报关而在边境口岸站报关，则只需按规则填写运单后，即可发送。由国境站海关在国联运单第26栏加盖海关监管戳记。

发车时，如装铁路棚车等封闭型车辆的已报关货物，需在棚车门加封海关关封锁，其关封锁号码应备注在关封内，国境站海关核对相符后，即可监管出境。如不是封锁型车辆，则凭海关关封内的箱单发票核对查验出境。

⑤交费还单　装车后交纳运费。车辆应于当日18时前开出，车站货运室在次日将加盖车站戳记的国联运单第三联返还。该联既是发货凭证，也是外汇核销、信用证议付凭证，还是发货人与承运人签字的运输合同。

(3)口岸交接

①国内段代理业务　经过国内铁路运输到达边境口岸站，由专门从事边境口岸交接业务

的代理公司代为办理口岸交接手续。办理内容有：到达车辆的交接所交接手续；海关随机查验货物的卸货、拆箱检验；出口车、箱的检疫和费用交纳；需口岸报关货物的报关、报检；运输变更申请；进口货物的发运、报关、报检；进口货物的关税、增值税交纳。

②国外段代理接货、运输　提前通知签有代理协议的境外铁路运输代理公司做好接货的准备，需要换装铁路车辆的货物，在接运国口岸站的换装场进行换装作业。

③口岸交接需要注意的事项

● 充分做好前期准备工作，包括国联计划申报、超限货物、危险品装载运输方案申报、需商检货物的提前报检、办证。

● 各环节、各阶段工作落实，如发车时通知边境口岸代理和境外运输代理车号、货物名称、数量、发车日期、到货日期等运输信息。

● 对于比较重要的物资和运输时间要求较紧的货物，货主要求跟踪国内段铁路运输，可利用F.M.O.S网络随时查询国内铁路车辆所在地点、是否有滞留等。

国际铁路联运出口业务流程如图5-1所示。

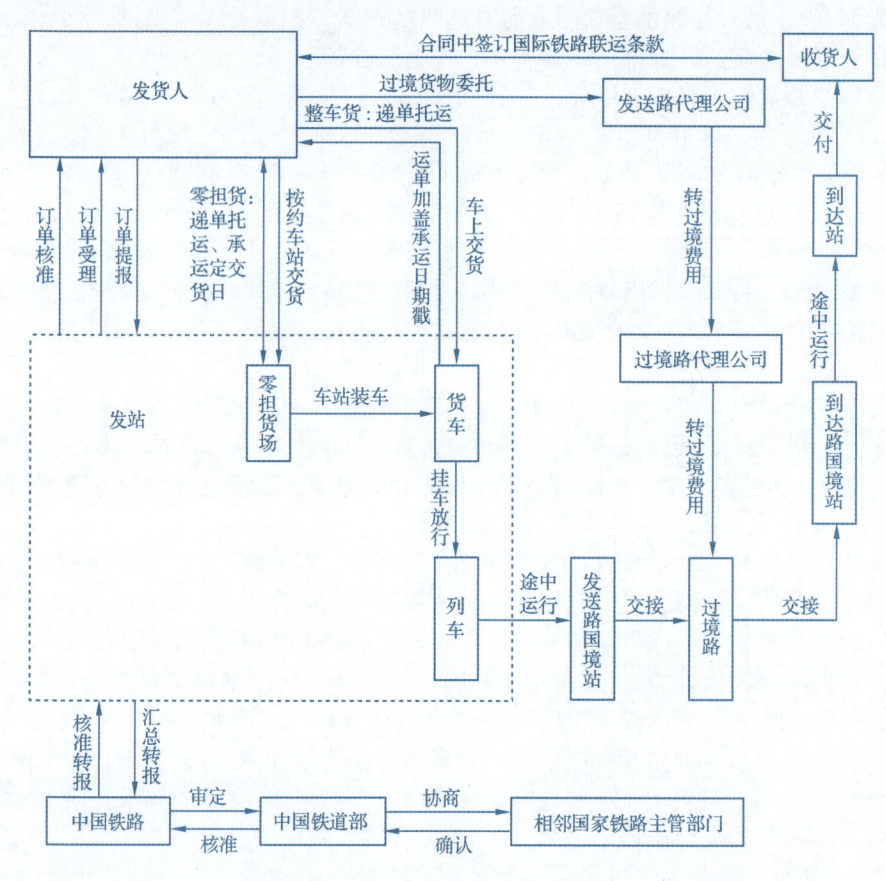

图 5-1　国际铁路联运出口业务流程

2. 国际铁路联运进口作业程序

(1) 运输标志的编制。运输标志又称唛头(Mark)，一般印制在货物外包装上。我国规定，联运进口货物在订货工作开始前，由经贸部统一编制向国外订货的代号，作为收货人的唛头。

(2) 审核联运进口货物的运输条件。主要包括收货人唛头是否正确；商品品名是否准确具体；货物的性质和数量是否符合到站的办理种别；包装是否符合有关规定等。

(3)向国境站寄送合同资料。合同资料是国境站核放货物的重要依据,各进出口公司在贸易合同签字以后,要及时将一份合同中文抄本寄给货物进口口岸的外运分公司。

(4)联运进口货物在国境站的交接与分拨

①联运进口货物交接的一般程序　进口国境站根据邻国国境站货物列车的预报和确报,通知交接所及海关做好到达列车的检查准备工作。进口货物列车到达后,铁路会同海关接车,由双方铁路进行票据交接,然后将车辆交接单及随车带交的货运票据呈交接所,交接所根据交接单办理货物和车辆的现场交接。海关则对货物列车执行实际监管。

我国进口国境站交接所通过内部联合办公,开展单据核放、货物报关和验关工作,然后由铁路负责将货物调往换装线,进行换装作业,并按流向编组向国内发运。

②联运进口货物变更到站和变更收货人　对国际铁路联运货物,根据发货人和收货人的需要,可以提出运输变更。联运进口货物变更到站、变更收货人时,首先应通过有关进出口公司向国外发货人提出。在国外发货人不同意办理变更时,可向国境站外贸运输机构申请,在国境站办理变更。联运进口货物变更的受理应在货物到达国境站前,如由收货人申请变更到站和收货人,则只可在货车开至到达国进口国境站且货物尚未从该站发出时提出变更。

③联运进口货物的分拨与分运　对于小额订货、合装货物和混装货物,通常以口岸外运分公司作为收货人。在双方国境站办妥货物交接手续后,口岸外运分公司应及时向铁路提取货物,进行开箱分拨,并按照合同编制有关货运单证,向铁路重新办理托运手续。

5.2.3　国际铁路联运合同与运单

1. 国际铁路运输合同

铁路运输合同是发货人与铁路部门签订的将货物运达指定地点,明确各自权利、义务关系的协议。

(1)铁路货物运输合同订立的形式。铁路货物运输中,属于大宗物资的运输,有条件的可按年度、半年度或季度签订货物运输合同,也可以签订更长期限的运输合同;其他整车货物运输,可以按月度签订运输合同,按月度签订的运输合同,可以用月度要车计划表代替;零担货物和集装箱货物运输,以货物运单作为运输合同。

(2)铁路货物运输合同的主要条款

①按年度、半年度、季度或月度签订的货物运输合同　应载明:托运人和收货人名称;发站和到站;货物名称;货物重量;车种和车数;违约责任;双方约定的其他事项。

②以货物运单作为货物运输合同　应载明:托运人、收货人名称及其详细地址;发站、到站及到站的主要铁路局;货物名称;货物包装及标志;件数和重量;承运日期;运到期限;运输费用;货车类型和车号;施封货车和集装箱的施封号码;其他事项。

(3)国际铁路运输合同当事人的权利和义务

①托运人的权利和义务

● 托运人的权利　在《国际货协》允许的范围内变更合同内容,如发货人变更到站和收货人乃至运回发货站;收货人有权在到达国境站后,要求变更到站和改变收货人,但申请须在到达国境站以前提出,费用由要求变更的当事人负责;运单中的货物毁损或腐坏的,可拒领货物并按规定向承运人索赔。

● **托运人的义务** 正确填写运单,并承担误填运单的法律后果;支付运费,发站国铁路的运费由发货人向发货站支付;过境国铁路的运费由发货人向始发站支付或由收货人向到站支付,如有几个过境国而发货人未付运费则由收货人向到站支付全程运费;到站凭提单取货时,当收货人拒绝收货时,则一切运费与罚款均由发货站向收货人收取,除非货物损坏已达不能按原用途使用的程度,一般不得拒绝收货。

②承运人的权利和义务

● **承运人的权利** 收取运费和其他费用;在符合规定情况下,对货物有留置权;按规定拒绝或延缓执行托运人变更合同的要求;按规定引用责任限制和免责条款拒绝索赔;如果货物灭失或损坏,其赔偿不能高于货物全部灭失的价值。

● **承运人的义务** 货物由发货站运至到站后,负责将货交给收货人;执行托运人按规定提出的变更合同的要求;从签发运单到交货为止,为承运人的责任期间,对货物逾期、毁损或灭失负赔偿责任,有关国铁路负连带责任。

有下列情况之一的,承运人不负责任:因铁路无法预防和无法消除的情况;因货物自然属性引起的自然损坏、生锈、内部腐坏;因发货人或收货人的过失,如货物名称错填,未采取必要的安全措施,造成货物损坏;因自然灾害或不可抗力等原因。

2. 国际铁路联运运单

(1) **国际铁路联运运单的组成**。铁路运单是发、收货人及其代理人与铁路之间的运输合同,对双方均有法律约束效力。国际铁路联运使用《国际货协》标准格式的运单(见附录2)。运单分为慢运和快运两种,快运运单的正面和背面的上、下边带有1 cm宽的红边以示区别,由5张组成:

①运单正本 随同货物至到站,并连同第⑤张和货物一起交收货人。

②运行报单 随同货物至到站,并连同第④张一起留存到达站。

③运行副单 发货后交收货人,作为发货人与收货人通过银行结算贸易款的凭据。

④货物交付单 随同货物至到站,并连同第②张一起留存到达站。

⑤货物到达通知单 随同货物至到站,并连同第①张和货物一起交收货人。

此外,需为发送路和过境路准备必要份数的补充运行报单。带号码的补充运行报单通常由发站填制,一式三份,一份留站存查,一份报自局,一份随同货物至出口国境截留。不带号码的补充运行报单每一过境铁路填制一份,货物过境中国铁路时,入境站应多填制一份补充运行报单及慢运或者快运票据,以备中国国境站截留后清算过境运送费用。

运单正面未画粗线的为运送本批货物所需的各栏,由发货人填写。运单正面画粗线的各栏和背面所有各栏,均由铁路填写。运单中记载的事项,应严格按照为其规定的各栏和各行范围填写,但第9~11栏的"一般说明"中规定的情况除外。

(2) **联运运单填写说明**。下列记号表示:

X——应由发货人填写。

O——应由铁路填写。

XO——应由发货人或铁路填写(视由何人办理货物装车或车辆施封而定)。

X1——发货人及其通信地址,发货人只能是一个自然人或法人。由越南、中国和朝鲜运送货物时,准许填写这些国家规定的发货人及其通信地址代号。O按发送路的规定填写。

X2——合同号码。该栏内应填写出口单位与进口单位签订的供货合同号码。如供货合同有两个号码,则该栏内填出口单位合同号码,X6栏内右上角填写进口单位合同号码。

X3——发站。填写运价规程中所载发站全称。由朝鲜运送时,还应注明发站数字代号。

X4——发货人的特别声明。发货人根据国际货协的有关规定,填写自己的声明。

X5——收货人及其通信地址。要求同X1。必要时,发货人可指示在收货人专线上交货。

X6——对铁路无约束效力的记载。发货人根据国际货协规定,可以对该批货物做出记载,该项记载仅作为给收货人的通知,铁路不承担任何义务和责任。

X7——国境口岸站。注明货物应通过的发送国和过境国的出口国境站。

X8——到达路和到站。在斜线之前,应注明到达路的简称,各国铁路的简称和编码见表5-1;斜线后应用印刷体字母(中文用正楷粗体字)注明运价规程上到站的全称。

表5-1 各国铁路的简称与编码

国家	简称和编码	国家	简称和编码	国家	简称和编码	国家	简称和编码	国家	简称和编码
爱沙尼亚	爱铁26	哈萨克斯坦	哈铁27	立陶宛	立铁24	塔吉克斯坦	塔铁66
白俄罗斯	白铁21	中国	中铁33	摩尔多瓦	摩铁23	土库曼斯坦	土铁67
保加利亚	保铁52	朝鲜	朝铁30	蒙古国	蒙铁31	乌兹别克斯坦	乌(兹)铁29
越南	越铁32	吉尔吉斯	吉铁59	波兰	波铁51	乌克兰	乌(克)铁22
格鲁吉亚	格铁28	拉脱维亚	拉铁25	俄罗斯	俄铁20	阿塞拜疆	阿(塞)铁57

X9——记号、标志和号码。填写每件货物上的记号、标志和号码。

X10——包装种类。注明货物的包装种类。使用集装箱运送货物时,注明"集装箱"字样,并在下面用括号注明装入集装箱内货物的包装种类。如货物运送时不需要容器或包装,并在托运时未加容器和包装,则应记载"无包装"。

X11——货物名称。货物名称应符合国际货协的规定。如使用运送用具办理运送,则在货物名称之下另写一行,注明运送用具名称。此外,运送由押运人押运的货物时,必须注明有关押运人的事项,并在相应情况下注明更换押运人的国境站名称。在"货物名称"字样下面专设的栏内填写通用货物品名表规定的六位数字代码。

在填写9~11各栏事项时,可不受各栏间竖线的限制。但是,有关货物事项的填写顺序,应严格符合各栏排列次序。填写全部事项时,如篇幅不足,可添附补充清单。

X12——件数。注明一批货件的数量,使用集装箱运送货物,注明集装箱的数量,并在下面用括号注明装入所有集装箱内的货物总件数。运送货捆货物时用分数注明货捆数目(分子),装入货捆中的货件总数(分母)。如用敞车类货车运送不盖篷布或盖有篷布而未加封的货物,以及总件数超过100件的,或运送仅按重量不计件数承运的小型无包装制品时,则注明"堆装"字样,不注货件数量。如使用运送用具办理运送,则在运送用具名称同一行上,根据第11栏的填写内容注明该用具的数量。

X13——发货人确定的重量(kg)。注明货物的总重。用集装箱和托盘或使用其他运送用具运送货物时,注明货物重量,集装箱、托盘或其他运送用具的自重和总重。

X14——共计件数(大写)。填写第12栏(件数)中所记载的件数,即货件数量或"堆装"字样,而发送集装箱货物时,注明第12栏括号中记载的装入集装箱内的货物总件数。

X15——共计重量(大写)。填写第13栏"发货人确定的重量(kg)"中所载的总重量。

X16——发货人签字。发货人应签字或盖戳证明列入运单中的所有事项正确无误。

X17——互换托盘。该栏内的记载事项,仅与互换托盘有关。注明托盘互换办法(例如,"EUR"),并分别注明平式托盘和箱式托盘的数量。所有其他托盘均为运送用具,与这些托盘有关的事项载入第18、19两栏。

X18——种类、类型。在发送集装箱货物时,应注明:集装箱种类(小吨位、中吨位、大吨位);集装箱类型[小吨位和中吨位集装箱容积以 m^3 表示,大吨位集装箱以 ft 表示,如 20 ft、30 ft 或 40 ft 箱(有时写成 20'、30' 或 40'),其分别对应 6 058 m^3、9 125 m^3 和 12 192 m^3]。使用运送用具时,应注明该用具的种类(例如,篷布、挡板)。填写全部事项时,如篇幅不足,则应添附补充清单,并注明"记载事项见补充清单"。

X19——所属者及号码。在运送集装箱时,应注明集装箱所属记号和号码。对不属于铁路的集装箱,应在集装箱号码之后注明大写拉丁字母"P"。使用属于铁路的运送用具时,应注明运送用具所属记号和号码(如果有此号码)。

X20——发货人负担下列过境铁路的费用。注明根据《国际货协》第15条由发货人负担过境路费用的过境路简称(见第8栏)。如发货人不负担任一过境路的费用,记载"无"。

O 在数字编码栏内按照货物运送的先后顺序,填写发货人所指出的过境路的编码。

X21——办理种别。办理种别指整车、零担和大吨位集装箱。不需要者画销。

X22——由何方装车。由发货人或铁路装车,不需要者画销。若无画销,视为发货人装车。

X23——发货人添附的文件。注明发货人在运单上添附的所有文件(出口货物明细单、出口货物报关单、动植物检疫证书、出口许可证、商品检验证书、品质证明书、卫生检疫证书等和其他货物出口所需的文件、证明书、明细表、运单的补充清单等)。如运单上附有补充清单,则在该栏内记载添附补充清单的张数。

X24——货物的声明价格。用大写注明货物价格。

O25——批号(检查标签)。在该栏上半部注明发送路和发站的数字编码。在该栏下半部按发送路的现行国内规章的规定,填写批号。在采用检查标签时,还必须在第2张(运行报单)和第一份补充运行报单(存根)的第25栏内,各贴附一份检查标签。

26——海关记载。该栏供海关记载之用。

XO27~XO30 各栏的一般说明:这些栏用于记载使用车辆的事项,只在运送整车货物时填写。关于车辆的事项由发货人或发站(视由何方装车而定)填写。当在国境站将整车货物换装到另一种轨距的车辆或在途中换装时,换装站应将原车辆记载事项画销,但原字迹须能辨认,并应在下面记载货物换装后每一车辆的事项。填写货物换装后车辆事项时,如篇幅不足,换装站应编制必要数量的补充清单(运单第1、2、4、5各张以及每份补充运行报单各需一份),并将其添附在运单和各份补充运行报单上。第27~30各栏的最后一行应注明:"续见补充清单"。为押运人提供单独车辆时,还必须记载有关该车辆的相应事项并在下面注明:"押运人用的车辆"。

XO27——车辆。注明车种、车号和车辆所属路简称。如车辆上无车种标志,则按发送路的现行国内规章填写车种。例:KP 24538746 表示俄铁。如车辆有十二位数码,则不填写上述事项,而应填写如下号码,例如 215412605130。

XO28——标志载重。填写车辆上记载的载重量。如使用标有"ABC"标志的车辆,则写上字母"C"及其下面所注的最大重量,以此作为载重量。

XO29——轴数。填写所使用的车辆的轴数。

XO30——自重。填写车辆上记载的自重。当用过磅的方法确定空车重量时,车辆上记载的自重写成分子,而过磅确定的自重写成分母。

O31——换装后的货物重量。货物换装运送时,应注明换装后铁路确定的重量。将货物从一辆车换装数辆车时,换装后每辆车的货物重量应分别记载。

O32——铁路确定的重量(kg)。注明铁路确定的货物重量。

O33~O44——数字编码栏。各该栏供铁路填记事项之用。各路只能在其留存的运单各张上或补充运行报单上填记数字编码。参加运送的铁路,可商定共同使用上述各栏的办法。

XO45——封印个数和记号。根据《国际货协》第9条第8项或国际货协附件第8号第12条的规定,填写车辆或集装箱上施加的封印的个数和所有记号。

O46——发站日期戳。货物承运后,发站在运单的所有各张和补充运行报单上加盖发站日期戳,作为缔结运输合同的凭证。

O47——到站日用戳。货物到达到站后,到站在运单的1、2、4、5张上加盖到站日期戳。

XO48——确定重量方法。注明确定货物重量的方法,例如:"用轨道衡""用1/10的衡器""按标准重量""按货件上标志的重量""丈量法"。如由发货人确定货物重量,则发货人还应在该栏内注明关于确定货物重量的方法的事项。

O49——过磅站戳记,签字。在32栏中记载的重量以过磅站戳记和司磅员签字证明。

X50——附件第2号。根据《国际货协》附件第2号托运危险货物时,必须在方框内画对角线(×)。如果该栏中方框和"附件第2号"字样为黑色,则发货人在根据国际货协附件第2号托运至中华人民共和国、俄罗斯联邦及相反方向和过境这些国家的危险货物时,除在运单货物名称下画一横线外,还应同时在运单第一张货物名称下画一红线。

5.2.4 国际铁路联运的运费计算

1. 铁路货物运费计算的基本规则

(1)**铁路货物运输计费重量单位**。铁路货物运输费用的计费重量,整车货物以吨为单位,吨以下四舍五入;零担货物以10 kg为单位,不足10 kg进为10 kg;集装箱货物以箱为单位。

(2)**押运人乘车费计费里程确定**。押运人乘车费由发站按国铁的运价里程(含办理直通的铁路局临管线和工程临管线)计算,通过合资、地方铁路的将其通过的合资、地方铁路运价里程合并计入,在合资、地方铁路到发的计算到合资、地方铁路的分界站。我国一般为每人每千米3分。

(3)**D型长大货物车、铁路集装箱、货车篷布使用费计费里程确定**。D型长大货物车使用费、铁路集装箱使用费、货车篷布使用费按发站至到站的运价里程(含与国铁办理直通运输的合资、地方铁路的运价里程)计算核收。

(4)铁路货物运费、杂费执行运价率规定。货物运费按照承运货物当日实行的运价率计算;杂费按照发生当日实行的费率核收。

(5)铁路货物运输运价率加/减成率的规定。一批或一项货物,运价率适用两种以上减成率计算运费时,只适用其中较大的一种减成率;适用两种以上加成率时,应将不同的加成率相加之和作为适用的加成率;同时适用加成率和减成率时,应以加成率和减成率相抵后的差额作为适用的加/减成率。

(6)铁路运杂费尾数的处理。每项铁路运费、杂费的尾数不足1角时要四舍五入处理。各项杂费凡不满一个计算单位,均按一个计算单位计算(另定者除外)。

2. 国际铁路联运运费计算方法

国际铁路联运运费计算的主要依据是《统一货价》《国际货协》和《国内价规》。

(1)运费计算的原则

①发送国和到达国铁路的运费　均按铁路所在国家的国内规章办理。

②过境国铁路的运费　均按承运当日统一货价规定计算,由发货人或收货人支付。如由参加《国际货协》铁路的国家向未参加《国际货协》铁路的国家之间运送货物,则有关未参加《国际货协》国家铁路的运费,可按其所参加的另一种联运协定计算。我国出口的联运货物,交货共同条件一般均规定在卖方车辆上交货,因此我方仅负责至出口国境站一段的运送费用。但联运进口货物则要负担过境运送费用和我国铁路段的费用。

(2)铁路境内货物运输费用计算

①计算程序
- 根据货物运价里程表确定发站与到站间的运价里程,一般应按最短路径确定。
- 根据运单上所列货物品名,查找货物运价分号表,确定适用的运价号。
- 根据运价里程与运价号,在货物运价表中查出适用的运价率。
- 计算该批货物国内运费,公式为

$$运费 = 运价率 \times 计费重量$$

②费用说明
- 基本运费

$$基本运费 = (发到基价 + 运行基价 \times 运价里程) \times 计费重量$$

- 铁路建设基金

$$铁路建设基金 = 铁路建设基金费率 \times 计费重量 \times 运价里程$$

- 电气化附加费

$$电气化附加费 = 电气化附加费率 \times 计费重量 \times 通过铁路电气化区段里程$$

- 印花税　以每张货票计算按运费的0.5‰核收,不足一角免收,超过一角实收。
- 特殊运价区段运费　先扣除"特殊运价区段"里程,计算出结果后,再加上"特殊区段运价率"乘以"特殊区段里程"的运费,得出全程运费。
- 铁路营运杂费
- 国际铁路联运杂费

例 5-1

上海某外贸公司出口俄罗斯一批家用电器,共 250 件,100 m³,装运一车 P62 型铁路棚车。使用国际铁路联运方式运往俄罗斯莫斯科巴威列斯卡雅货站。发站为上海铁路局杨浦站,境外运输代理是俄罗斯 TSES 货运公司,现将上海杨浦至满洲里运费计算如下。路程:杨浦—满洲里(境)全程 3 343 公里,计费里程 3 343 公里;其中电气化路段 1 627 km;国境里程 10 km;使用车型 P62;标记载重吨 60 t;货名为家用电器;运价号为 6 号;运价率:基价Ⅰ为 14.60 元/t;基价Ⅱ为 0.078 4 元/(t·km);电气化附加费:0.012 元/(t·km);铁建基金:0.033 元/(t·km)。求全程运费。

解:基本运费 $= 14.60 \times 60 + 0.078\ 4 \times 60 \times 3\ 343 = 16\ 601.5$ 元

铁路基金 $= 0.033 \times 60 \times 3\ 343 = 6\ 619.1$ 元

电气化附加费 $= 0.012 \times 60 \times 1\ 627 = 1\ 171.4$ 元

印花税 $= 0.5‰ \times 16\ 601.5 = 8.3$ 元

费用合计:24 400.3 元

(3)过境铁路运费计算

①根据运单上载明的运输路线,在过境里程表中查出各通过国的过境里程。

②根据货物品名,在货物品名分等表中查出其可适用的运价等级和计费重量标准。

③在慢运货物运费计算表中,根据货物运价等级和总的过境里程查出适用的运费率。计算公式为

$$基本运费 = 货物运费率 \times 计费重量 \times 过境里程 \times 加成率$$

加成率系指运费总额应按托运类别在基本运费基础上所增加的百分比。快运货物按慢运运费加 100%,零担货物加 50% 后再加 100%。随旅客列车挂运整车,另加 200%。

例 5-2

连云港—阿拉山口,运输里程 4 071 km,40 ft 过境集装箱。查《统一货价》运价号为 2 号,查《统一货价》运价,40 ft 集装箱 4 071 km 的运价为每箱 5 668 瑞士法郎;换装费 68 瑞士法郎;验关费 4 瑞士法郎;加成率 0.3。求过境运价(不考虑港口作业费、车站杂费及装卸费等)。

解:5 668+68+4=5 740 瑞士法郎=29 848 元人民币。

考虑加成率:29 848×0.3=8 954.4 元人民币。

合计 38 802.4 元人民币。

5.2.5 对港、澳特别行政区的铁路货物运输

1. 对香港特别行政区的铁路运输

对香港特别行政区的铁路运输不同于国际联运,也不同于一般的国内运输。其有如下特

点:租车方式两票运输;运输工作计划多变;主要编制月度计划。

(1) 一般程序

① 按铁路局规定,按时提出月度要车计划和旬度装车计划。

② 发货地外运公司或外贸进出口公司提前5日向当地外运办理委托手续,外运公司填制铁路运单向车站办理至深圳北站的托运手续。

③ 按车站指定的进货日期,将货物送到车站指定的货位,并办妥出口报关手续。

④ 发货单位以出口物资工作单委托深圳外运分公司办理接货租车过轨等手续,装车后立即拍发起运电报。

⑤ 深圳外运分公司接到各发货地工作单和起运电报后,通知中旅做接车准备工作。

⑥ 发货地发车后,当地外运分公司与铁路局进行票据交换,并编制货车过轨计划,办理租车手续。

⑦ 货车到达后,深圳外运分公司与铁路局进行票据交换,并编制货车过轨计划,办理租车手续。

⑧ 中旅社向香港海关报关,并向广九铁路公司办理托运起票手续。

⑨ 货到香港后,由中旅社负责卸货并送交货主。如属于运往澳门特别行政区的货物,则发至广州,由广州外运公司办理中转手续,其他手续与对香港运输货物的手续相同。

中国内地对香港铁路出口货物运输流程如图5-2所示。

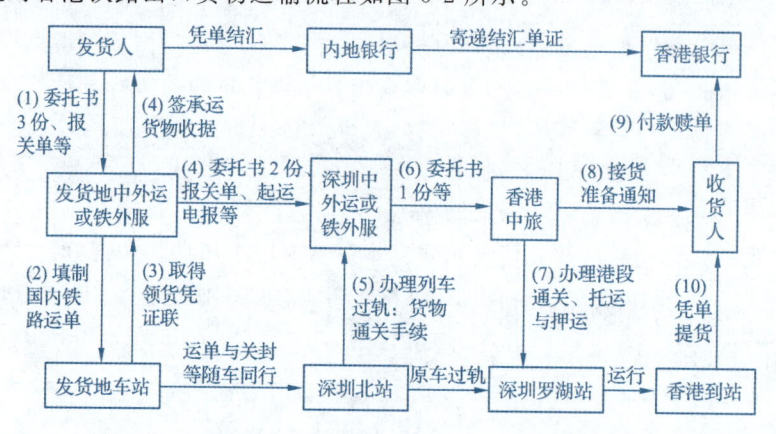

图5-2 中国内地对香港铁路出口货物运输流程

(2) 运输单证。出口物资工作单是发货人委托深圳外运分公司和中旅社办理货物转运报关接货等的书面文件,也是被委托人的工作依据和核收运杂费的凭证;供港货物委托书;出口货物报关单;起运电报,货物装车后24小时内发出;承运货物收据,是结汇收款凭证;铁路运单,承运人承运货物的证明;根据出口货物性质,有时还要提供商检证书、文物出口证明书、许可证等证件。

(3) 运行组织与口岸交接

① 运行组织 包括快运货物列车、直达列车、成组运输。

② 口岸交接 铁路到达深圳的外贸出口货物有三种方式:原车过轨(约占80%～90%)、卸车(存储)经公路出口和卸车后存外贸仓库再装火车出口。深圳外运公司办理杂货,总公司工作组和转运站办理活畜禽。

(4) 港段接卸。货车到达深圳后,深圳外运公司填报"当天车辆过轨货物通知单"(预报),交给香港中旅罗湖办事处,香港中旅派人过桥取送。货车过轨后,罗湖办事处根据香港九龙铁路公司提供的过轨车号,填制过轨确报。至现场逐个核对车号,并进行适当处理,并向香港九广铁路公司起票托运。香港的卸货点没有货场,卸货时全部火(火车)车(汽车)直取或车(火车)船直取方式。汽车不来,火车就不能卸。

(5) 运费的结算方法。各地经深圳口岸转运香港特别行政区的铁路货物运输,均经过两段运输,因此运费也分段计算,内地按人民币计算,港地按港币计算,一切费用均由发货单位支付。

2. 对澳门特别行政区的铁路运输

澳门与内地没有铁路直通。内地各省运往澳门的出口货物,先由铁路运至广州。整车货物到广州南站新风码头 42 道专用线;零担货物到广州南站;危险品零担到广州吉山站;集装箱和快件到广州火车站。货物到达广州后由广东省外运分公司办理水路或公路的中转,运至澳门。货物到达澳门后,由南光集团运输部负责接收货物并交付收货人。不适于水运的内地出口物资,可用汽车经拱北口岸运至澳门。

5.3 铁路货物运输保险

对于因承运人过失责任造成的货物损失,各种运输方式一般都通过法律、行政法规规定了最高的赔偿数额,该赔偿限额往往低于货物的实际损失。为了规避风险,托运人可以选择保价运输。而对货物运输中非承运人责任的风险,为了得到更充分的保障,托运人还可以选择货运保险。

5.3.1 货运事故保险与索赔

1. 货运保价与保险的操作

货物保价运输是指托运人在委托承运人对货物进行运输时,由托运人按自愿原则对委托运输的货物向承运人声明该货物的实际价值,并支付保价费。如在运输过程中发生了货物的灭失、短少、变质、污染或者损坏等情况,在承运人不具有免责事由时,可按最高不超过托运人声明货物的价值进行赔偿。

货物保险和保价运输是两种投保方式,采取自愿原则,由托运人自行确定。保价运输为全程保价,且一张运单托运的货物只能选择保价或不保价。托运人选择货物保价运输时,申报的货物价值不得超过货物本身的实际价值,保价费按不超过货物保价金额的 7‰ 收取。办理保价运输的货物,应在运输合同上加盖"保价运输"戳记。

分程运输或多个承运人运输,保价费由第一程承运人(货运代办人)与后程承运人协商,并在运输合同中注明。承运人之间没有协议的按无保价运输办理,各自承担责任。

货物保险由托运人向保险公司投保,也可以委托承运人代办。

2. 铁路货运事故索赔

(1) 提赔。按照《国际货协》的规定,发货人或收货人有权根据铁路货运合同提出赔偿请求。提出请求时附上理由和证据,并注明赔偿款额,以书面形式由发货人向发站提出,或由收货人向到站提出。

同时,须按下列规定办理:货物全部灭失的,由发货人提出,附送运单副本,也可由收货人提出,同时附送运单或运单副本;货物部分灭失、毁坏或腐烂时,由发货人或收货人提出,并附运单和商务记录;货物逾期运达,由收货人提出,并附运单;多收运费时,由发货人按已交付的款项提出,同时,须提交运单副本或发送国国内的有关规定,也可以由收货人按其交纳的运费提出,并附运单。铁路部门在收到赔偿请求之日起 180 日内进行审查,并予以答复。

发货人或收货人自向铁路部门提出赔偿请求,遭拒赔之日起或未能满足赔偿要求时,才有权向受理赔偿的铁路所属国法院提起诉讼。因索赔事项不同,诉讼时效的期间也有所不同。逾期索赔的时效为 2 个月,从货物迟到之日起 30 日后起算;其他全部或部分灭失、腐烂等,索赔请求和诉讼时效为 9 个月,从货物交付之日起计算。

(2) 赔偿款额

①保价货物 按货物实际损失赔偿,最多不超过该批货物的保价金额。货物损失一部分时,按损失部分占全批货物的比例乘以保价金额进行赔偿。

②非保价货物 不按件数只按重量承运的货物,每吨最多赔偿 100 元;按件数和重量承运的货物,每吨最多赔偿 2 000 元;实际损失低于赔偿限额的,按照实际损失赔偿。

③理赔 投保运输险的货物发生损失,凭车站出具的货运记录按照保险合同的约定,到当地保险公司办理赔偿。如因承运人责任造成的保险承保范围内的损失,按照货运保险的基本原则,保险公司应取得代位追偿权。

货物的损失,由于承运人的故意行为或重大过失造成的,不适用上述赔偿限额的规定,按照实际损失赔偿。

(3) 索赔文件。在办理索赔手续时,需向车站提供索赔的下列证明文件:货物运单(原件);货运记录(原件);赔偿要求书;与该事故有关的证明文件,包括发票报销联(原件或加盖财务专用章的复印件)、证明货物价值的有关资料、物品清单(在发站没有填制的除外)、领货凭证(货物全部灭失时须提供)、事故的货物鉴定书(无须鉴定除外)。

5.3.2 陆上运输货物保险

货物在陆运过程中,可能遭受各种自然灾害和意外事故。常见的风险有:车辆碰撞、倾覆和出轨、路基坍塌、桥梁折断和道路损坏以及火灾和爆炸等意外事故;雷电、洪水、地震、火山爆发、暴风雨以及霜雪冰雹等自然灾害;战争、罢工、偷窃、货物残损、短少、渗漏等外来原因所造成的风险。这些风险会使运输途中的货物造成损失。货主为了转嫁风险损失,就需要办理陆上运输货物保险。

陆运出口货物由中方保险时,应按照有关规定及时向人保公司办理投保手续。陆上运输进口货物,则按同人保公司签订的陆运进口货物预约保险合同的规定办理投保手续。陆运货物如发生承保范围内的损失,应向保险公司提出索赔。

1. 陆运险与陆运一切险

根据中国人民保险公司制定的《陆上运输货物保险条款》的规定,陆上运输货物保险的基本险别有陆运险(Overland Transportation Risks)和陆运一切险(Overland Transportation All Risks)两种。此外,还有陆上运输冷藏货物险,它也具有基本险性质。

(1) 保障范围

①陆运险的保障范围 被保险货物在运输途中遭受狂风、雷电、地震、洪水等自然灾害,或由于陆上运输工具(主要是指火车、汽车)遭遇碰撞、倾覆或出轨,如在驳运进程中,包括驳运工具

搁浅、触礁、沉没或由于遭受地道坍塌、崖崩或火灾、爆炸等意外事故所造成的全部损失或部分损失。保险公司对陆运险的承保范围大至相称于海运险中的"水渍险",保险公司负责赔偿被保险货物在运输途中遭受自然灾害及意外事故所造成的全部或部分损失。此外,被保险人对遭受承保责任范围内风险的货物采取抢救、防止或减少货损的措施而支付的合理费用,保险公司也负责赔偿,但以不超过该批被救货物的保险金额为限。在投保陆运险的情况下,被保险人可根据需要加保一种或数种一般附加险。

②陆运一切险的保障范围　除包括上述陆运险的责任外,保险公司对被保险货物在运输途中由于外来原因造成的短少、短量、偷窃、渗漏、碰损、破碎、钩损、雨淋、生锈、受潮、发霉、串味、沾污等全部或部分损失,也负赔偿责任。陆运一切险的承保责任范围与海运"一切险"相似,保险公司除承担陆运险的赔偿责任外,还负责被保险货物在运输途中由于一般外来原因所造成的全部或部分损失。

陆运货物在投保上述基本险之一的基础上,可以加保附加险,如投保陆运险,则可酌情加保一般附加险和战争险等特殊附加险。如投保陆运一切险,就只需加保战争险,而无须再加保一般附加险,陆运货物在加保战争险的前提下,再加保罢工险,不另收保险费。陆运货物战争险的责任起讫以货物置于运输工具时为限。

(2) 除外责任
①被保险人的故意行为或过失所造成的损失。
②属于发货人责任所引起的损失。
③在保险责任开始前,被保险货物已存在的品质不良或数量短差所造成的损失。
④被保险货物自然损耗、本质缺陷、特性及市价跌落、运输延迟引起的损失或费用。
⑤陆上运输货物战争险条款和货物运输罢工险条款规定的责任范围和除外责任。

(3) 责任起讫。保险责任的起讫期限与海洋运输货物保险的"仓至仓"条款基本相同,从被保险货物运离保险单所载明的起运地发货人的仓库或储存处所开始运输时生效。包括正常陆运和有关水上驳运在内,直至该项货物送交保险单所载明的目的地收货人仓库或储存处所,或被保险人用于分配、分派或非正常运输的其他储存处所为止。但如未运抵上述仓库或储存处所,则以被保险货物到达最后卸载的车站后,保险责任以60日为限。

(4) 被保险人的义务。被保险人应按照以下规定的应尽义务办理有关事项。如因未履行规定的义务而影响保险公司利益时,保险公司对有关损失有权拒绝赔偿。

①提货验货　当被保险货物运抵保险单所载目的地后,被保险人应及时提货,当发现被保险货物遭受任何损失后,应立即向保险单上所载明的检验、理赔代理人申请检验。如发现被保险货物整件短少或有明显残损痕迹,应立即向承运人、受托人或有关当局索取货损货差证明。如果货损货差是由于承运人、受托人或其他有关方面的责任所造成的,应以书面方式向责任方提出索赔,必要时还需取得延长时效的认证。

②施救义务　对遭受承保责任内危险的货物,应迅速采取合理的抢救措施,防止或减少货物损失。

③单证义务　在向保险人索赔时,必须提供下列单证:保险单正本、提单、发票、装箱单、磅码单、货损货差证明、检验报告及索赔清单。如涉及第三者责任还须提供向责任方追偿的有关函电及其他必要单证或文件。

(5) **索赔时效**。从被保险货物在最后目的地车站全部卸离车辆后计算,最多不超过 2 年。

2. 陆上运输冷藏货物险

陆上运输冷藏货物险(Overland Transportation Insurance "Frozen Products")是陆上运输货物保险中的一种专门险。保险公司负责赔偿被保险货物在运输途中遭受暴风、雷电、洪水、地震等自然灾害,或由于运输工具遭受碰撞、倾覆、出轨,或在驳运过程中因驳运工具遭受搁浅、触礁、沉没、碰撞,或由于遭受隧道坍塌、崖崩或失火、爆炸等意外事故所造成的全部或部分损失。负责赔偿由于冷藏机器或隔温设备在运输途中损坏所造成的被保险货物解冻溶化而腐败的损失。但对于因战争、工人罢工或运输延迟而造成的被保险冷藏货物的腐败或损失以及被保险冷藏货物在保险责任开始时未能保持良好状况,整理、包扎不妥或冷冻不合规格所造成的损失则除外。此外,被保险人对遭受承保责任内危险的货物采取抢救、防止或减少货损的措施而支付的合理费用,保险公司也负责赔偿,但以不超过该批被救货物的保险金额为限。一般的除外责任条款也适用本险别。陆上运输冷藏货物险的保险责任期限也采用"仓至仓条款",但是以被保险货物到达目的地车站后 10 日为限。

3. 陆上运输货物战争险

陆上运输货物战争险(火车)(Overland Transportation Cargo War Risks "by Train")是陆上运输货物险的特殊附加险,只有在投保了陆运险或陆运一切险的基础上方可加保。加保陆上运输货物战争险后,保险公司负责赔偿在火车运输途中由于战争、类似战争行为和敌对行为、武装冲突所致的损失,以及各种常规武器包括地雷、炸弹所致的损失。但是,由于敌对行为使用原子或热核武器所致的损失和费用,以及根据执政者、当权者或其他武装集团的扣押、拘留引起的承保运程的丧失和挫折而造成的损失除外。陆上运输货物战争险的责任起讫以货物置于运输工具时为限。即自被保险货物装上保险单所载起运地的火车时开始到保险单所载目的地卸离火车时为止。如果被保险货物不卸离火车,则以火车到达目的地的当日午夜起计算,满 48 小时为止;如在运输中途转车,不论货物在当地卸载与否,保险责任以火车到达该中途站的当日午夜起计算满 10 日为止。如货物在此期限内重新装车续运,仍恢复有效。但当运输契约在保险单所载目的地以外的地点终止时,该地即视为本保险单所载目的地,在货物卸离该地火车时为止,如不卸离火车,则保险责任以火车到达该地当日午夜起满 48 小时为止。

拓展资讯

"一带一路"倡议的经济走廊:新亚欧大陆桥

能力培养

一、名词解释

区段站　　　　编组站　　　　管内运输　　　　直通运输　　　　铁路枢纽

整车运输　　　零担运输　　　五定班列　　　　行邮专列　　　　行包专列

国际铁路联运　F.M.O.S　　　货物保价运输

二、简答题

1. 简述国际铁路联运进出口作业流程。
2. 简述国际铁路联运运单的组成。
3. 简述铁路货运事故索赔的程序及应提供的文件。
4. 简述陆上货物运输保险的种类。

三、计算题

1. 甲国有5个车辆的整车货物随旅客列车挂运经我国运往乙国,已知车辆标重为16 t,按过境里程和运价等级该货物在《统一货价》中的基本运价率为8美元/t,而根据运价里程和运价号查得该货物在中国《国内价规》中的运价率折合美元为7美元/t,若两个运价的计费重量均为货车标重,中国应向甲国发货人收取多少运费?(根据《统一货价》的规定,随旅客列车挂运的整车货物的加成率为200%)

2. 货主托运机械设备一批,货重52 t,包一车皮(标载60 t/车皮),始发站天津,到达站哈尔滨,请计算铁路基本运费。[查得运价号7;里程1 254 km;发到基价11.6元/t;运行基价:0.058 1元/(t·km)。不考虑具体铁路路段情况]

3. 某盐场专用线(距车站中心38 km),用敞车装食盐60 t(货车标重60 t),运往食品厂专用线卸车(食品厂距车站中心31 km)。装车、卸车均属本站管辖专用线[发到基价6.3元/t;运行基价0.032 9元/(t·km)],计算运费。

4. 石岗站发洛阳东站尿素50 t,用一辆60 t的棚车装运,托运人附化肥证明一份。计算运费。[查运价里程、基金里程、电气化里程都是1 094 km;发到基价4.2元/t;运行基价0.025 7元/(t·km);电气化附加费率0.012元/(t·km)。]

5. 兰州西站发天回镇汽油一车50 t,用铁路罐车装运,计算发站运杂费。[查运价里程、基金里程、电气化里程都是1 171 km;发到基价14.6元/t;运行基价0.070 4元/(t·km);铁路建设基金费率0.033元/(t·km);电气化附加费率0.012元/(t·km)。]

6. 由兰州西站某厂专用线装运40 t货物(家电),用60 t棚车一辆,按整车分卸办理。第一分卸站金昌卸10 t,第二分卸站酒泉卸25 t,最终到达柳园卸5 t,派押运人2名,计算运费。[路程:兰州西至柳园站运价里程1 056 km;兰州西至金昌站运价里程366 km;兰州西至酒泉站运价里程737 km;其中运价里程1 056 km;铁路基金里程1 056 km;电气化里程279 km;发到基价14.6元/t;运行基价0.070 4元/(t·km);铁路建设基金费率0.033元/次;电气化附加费率0.012元/(t·km)。押运人费3分/(人·km);分卸费80元。]

情境 6
国际公路货物运输

学习目标

【知识目标】
了解公路货运基础知识、公路货运类型、国际公路货运公约、公路货物的保价运输;掌握公路货运业务流程、公路运单的性质及组成。

【能力目标】
能够以公路运输代理人身份完成国际公路货物进出口的全程操作;能够选择合适的陆运险种;能够对国际公路运输中涉及运单、责任、保险等方面的案例进行分析;能够合理规避国际公路运输活动中的各种风险。

【技能目标】
会缮制道路货物运单;会计算各种类型的公路运费。

情境引导

国际公路货物运输

公路货物运输基础	货运汽车与公路	货运汽车:定义;种类
		公路:公路分类;主要公路(编号规则、国道);公路货物枢纽;公路货运口岸
	公路货运基础	经营方式:公共运输业;契约运输业;自用运输业;汽车货运代理
		货运服务:客货联运;货运委托;货物包装;仓储理货;存车服务;道路商品汽车发送

国际公路货物运输实务	国际公路货物运输概述	国际公路货运类型：公路过境运输；内地与港澳公路运输；内陆口岸集疏运 国际公路货运公约：CMR；关于集装箱的关税协定；TIR；TIR协定
	国际公路货运单证	公路运单种类：我国道路货运单、国际道路货运单；CMR运单 国际公路运单的性质：运输合同证明；货物收据；非物权凭证；不可转让
	国际公路货物运输业务流程	国内：一般流程；整车与零担作业；口岸集装箱作业；口岸散货吨车作业 中国内地对香港特别行政区跨境公路运输实务：货柜运输流程；散货吨车运输流程 边境公路过境汽车货运流程；出口公路过境运输；进口公路过境运输 TIR制度下的跨境道路运输；TIR的概念；TIR制度基本原则
	国际公路货物运输运费核算	价格规则：计价标准（重量、里程、单位、运价价目）；计价类别；特别运价规定 运费计算：公路运费率；道路货物运费；其他 货站服务：站务收费；劳务费；组货劳务费；其他
公路货物运输保险		公路货运事故索赔；提赔；赔偿金额

6.1　公路货物运输基础

公路运输是对外贸易运输和国内货物运输的主要方式之一，既是独立的运输体系，也是车站、港口和机场物资集散的重要手段。

6.1.1　货运汽车与公路

1. 货运汽车

汽车指由动力驱动，有四个以上车轮的非轨道承载车辆。现行国家标准把汽车分为乘用车和商用车两种。货运汽车属于商用车，可分为普通货车、多用途货车、越野货车、全挂牵引车、专用作业车、专用货车如罐式车、冷藏车、集装箱运输车等。

2. 公路

(1) 我国公路分类。公路按行政等级不同可分为国家公路、省公路、县公路和乡公路（简称为国、省、县、乡道）以及专用公路五个等级。一般把国道和省道称为干线，县道和乡道称为支线。

根据我国现行的《公路工程技术标准》，将公路按使用任务、功能和适应的交通量不同分为高速公路、一级公路、二级公路、三级公路、四级公路五个等级。

(2) 我国主要公路

①我国公路编号规则　根据《国家高速公路网命名和编号规则》规定，我国道路分为：

● 国家高速公路　其编号由字母标志符汉语拼音"G"和阿拉伯数字编号组成，如"沈阳—海口高速公路"简称"沈海高速"，编号"G15"。

● 地区环线　以地区名称命名，如"杭州湾地区环线高速公路"简称"杭州湾环线高速"，编号"G92"。

● 城市绕城环线　以城市名称命名，如"上海市绕城高速公路"简称"上海绕城高速"，编号

"G1501"。

● 省级高速公路　命名规则与国家高速公路网一致,编号由字母标志符汉语拼音"S"和阿拉伯数字编号组成,如"上海市区－嘉定高速公路",简称"沪嘉高速",编号"S5"。

②国道　1981年,经国务院批准,正式使用国家干线公路网,简称为国道网。国家干线公路网采取放射与网络相结合的布局,由具有全国政治、经济、国防意义的现有干线公路连接而成,共70条,总长达10.9万千米,并根据其地理走向分为3类。第一类是以北京为中心,呈扇面辐射的公路,共12条;第二类是中国版图之内南北走向的公路,共28条;第三类是中国版图之内东西走向的公路,共30条。

为区分这三类国道,每条公路干线常采用三位阿拉伯数字作为编号来表示。第一位数字表国道类别:1××代表第一类以北京为中心的放射性国道;2××代表第二类南北走向的国道;3××代表第三类东西走向的国道。第二、三位数字表示国道的排列顺序,"1××"的"××"就是第一类国道自北向南按顺时针方向排列的序数。国道的称谓,如国道319,通常称"319国道"或"319线"。

(3)我国公路枢纽。我国公路枢纽总数为179个,其中12个为组合枢纽(包括几个城市),共计196个城市。原45个公路主枢纽已全部纳入布局规划方案,是国家公路枢纽的重要组成部分,并居主导地位。

(4)我国公路货运口岸

①对独联体　新疆:吐尔戈特,霍尔果斯,巴克图,吉木乃,艾买力,塔克什肯;东北地区:晖春/卡拉斯基诺,东宁(岔口)/波尔塔夫卡,绥芬河/波格拉尼契内,室韦(吉拉林)/奥洛契,黑山头/旧楚鲁海图,满洲里/后贝加尔斯克,漠河/加林达。

②对朝鲜　丹东与朝鲜新义州;吉林省晖春、图们江与朝鲜咸镜北道;吉林省的三合,沙坨子口岸经朝鲜的清津港转运。

③对巴基斯坦　新疆的红其拉甫和喀什市。

④对印度、尼泊尔、不丹　主要有西藏南部的亚东、帕里、樟木等。

⑤对越南　主要有云南省红河哈尼族彝族自治州的河口和金水河口岸等。

⑥对缅甸　云南省德宏傣族景颇族自治州的畹町口岸,还可通过该口岸转运印度。

6.1.2　公路货运基础

1. 公路运输的经营方式

(1)公共运输业。专业经营汽车货物运输业务并以整个社会为服务对象。

①定期定线　不论货载多少,在固定路线上均按时间表行驶。

②定线不定期　在固定路线上视货源情况,派车行驶。

③定区不定期　在固定的区域内根据货载需要,派车行驶。

(2)契约运输业。按照承托双方签订的运输契约运送货物。契约期一般较长,托运人保证提供一定的货运量,承运人保证提供所需的运力。

(3)自用运输业。企业自置汽车,专门运送自己的物资和产品,一般不对外营业。

(4)汽车货运代理。以中间人身份向货主揽货,并向运输公司托运,收取手续费和佣金。有的汽车货运代理专门从事向货主揽取零星货载,集中成为整车货物,自己以托运人名义向运输公司托运,赚取零担和整车货物运费之间的差额。

2. 公路货物运输服务

(1)**客货联运**。货物联运是指全程需要通过两种以上运输方式或中转环节才能完成,由联运服务企业代办换乘、换装或中转环节运输手续,实行一次起票,全程负责的运输。

(2)**货运委托**。是指专门办理货物运输代理业务的服务项目。服务内容包括了代客提货、代办运输和中转、送货上门等,也有承接代购、代销运购结合、运销结合的。

(3)**货物包装**。是指为运输货物办理捆扎、打包和加固外包装等专项服务的项目。

(4)**仓储理货**。是指为运输货物在待运、中转期间代办储存、堆放、保管以及在储存期间根据运输需要办理货物分拣、归堆、包装整理等专项服务的项目。

(5)**存车服务**。是指专门办理运输车辆停放、看管的专项服务项目。也有兼营司乘人员食宿、车辆小修等业务的内容。

(6)**道路商品汽车发送**。指在我国境内道路上受汽车生产厂、购车单位或个人委托提供驾驶劳务,运送商品汽车及其他机动车辆的运输服务活动。

6.2 国际公路货物运输实务

6.2.1 国际公路货物运输概述

国际公路货物运输是指起运地点、目的地点或约定的经停地点位于不同的国家或地区的公路货物运输。国际公路货物运输是邻国间边境贸易货物运输的主要方式,按有关国家之间的双边或多边公路货物运输协定或公约运作;随着集装箱运输的迅速发展,公路运输集装箱的比例增大,越来越广泛地参与了国际多式联运。

1. 国际公路货物运输类型

(1)**公路过境运输**。指根据相关国家政府间有关协定,经过批准,通过国家开放的边境口岸和公路进行出入国境的汽车运输,分为双边汽车运输和多边汽车运输。

(2)**我国内地与港澳之间的公路运输**。由于澳门、香港的特殊性,对于澳门、香港与内地之间的公路运输,并不完全按照国内货物运输进行运作和管理,而是依照国际公路运输进行管理,但管理模式并不完全一样。

(3)**内陆口岸间的公路集疏运**。出口货物由内地向港口、铁路、机场集中,进口货物从港口、铁路、机场向内地疏运,以及省与省之间、省内各地间的外贸物资的调拨。

2. 国际公路货物运输公约

(1)《**国际公路货物运输合同公约**》。简称CMR,由联合国所属欧洲经济委员会制定,其宗旨是为了统一公路运输所使用的单证和承运人的责任。我国没有参加此公约。

(2)《**关于集装箱的关税协定**》。协定的宗旨是相互间允许集装箱免税过境。有欧洲21个国家和欧洲以外的七个国家参加。

(3)《国际公路车辆运输规定》。简称 TIR。规定持有 TIR 手册的集装箱公路运输承运人,由发运地到目的地,在海关签封下,中途可不受检查,不支付关税,也可不提供押金。我国没有参加。

(4)《根据 TIR 手册进行国际货物运输的有关关税协定》。简称 TIR 协定。

6.2.2 国际公路货运单证

1. 公路运单的种类

(1)我国道路货物运单。根据我国《道路货物运单使用和管理办法》,道路货物运单分为甲、乙、丙三种:甲种适用于普通货物、大件货物、危险货物等货物运输和运输代理业务;乙种适用于集装箱汽车运输;丙种适用于零担货物运输。

甲、乙种道路货物运单一式四联。第一联存根,作为领购新运单和行业统计的凭证;第二联托运人存查联,交托运人存查并作为运输合同当事人一方保存;第三联承运人存查联,交承运人存查并作为运输合同当事人另一方保存;第四联随货同行联,作为载货通行和核算运杂费的凭证,货物运达、经收货人签收后,作为交付货物的依据。

丙种道路货物运单一式五联。第一联存根;第二联托运人存查联;第三联提货联,由托运人邮寄给收货人,凭此联提货,也可由托运人委托运输代理人通知收货人或直接送货上门,收货人在提货联收货人签章处签字盖章,收、提货后由到达站收回;第四联运输代理人存查联,交运输代理人存查并作为运输合同当事人保存;第五联随货同行联,作为载货通行和核算运杂费的凭证,货物运达、货运站签收后,作为交付货物的依据。

丙种道路货物运单与汽车零担货物交接清单配套使用。承运人接收零担货物后,按零担货物到站次序,分别向运输代理人签发道路货物运单(丙种)。

已签订年、季、月度或批量运输合同的,必须在运单"托运人签章或运输合同编号"栏目注明合同编号,托运人委托发货人签章。批次运输任务完成或运输合同履行后,凭运单核算运杂费,或将随货同行联(第五联)汇总后转填到合同中,由托运人审核签字后核算运杂费。道路货物运输和运输代理经营者凭运单开具运杂费收据。

运输危险货物必须使用在运单左上角套印"道路危险货物运输专用章"的道路货物运单(甲种),方准运行。

(2)我国国际道路货物运单。我国《国际道路运输管理规定》第二十二条规定,我国从事国际道路货物运输的经营者,应当使用国际道路货物运单,一车一单,在规定期限内往返一次有效。由承托双方填写并签字盖章,随车同行。

(3)CMR 运单。《国际道路货物运输合同公约》(CMR)运单一式三联。发货人和承运人各持运单的第一、三联,第二联随货走。CMR 运单不是议付或可转让的单据,也不是所有权凭证。

运单内容包括:运单签发的日期和地点;托运人、收货人、承运人的名称和地址;货物接管的地点、日期和指定的交货地点;货物的常用名称、包装方式,如属危险货物,还应注明通常认可的性能;货物的毛重,或以其他方式表示的数量;与运输有关的费用,包括运输费用、附加费、关税以及从签订合同到交货期间发生的其他费用。

此外,运单还应该包括以下内容:是否允许转运的说明;托运人负责支付的费用;货物价值;托运人关于货物保险所给予承运人的指示;交付承运人的单据清单;有关履行运输合同的期限等。此外,缔约国还可在运单上列入其认为有利的其他事项。

2. 国际公路运单的性质

(1)公路运单是运输合同的证明。《国际道路货物运输合同公约》规定,国际公路货物运单具有合同证明和货物收据的功能,但却不具有物权凭证的性质。因此,道路货物运单不能转让,只能在抬头记名,货物到达目的地后承运人通知运单抬头人提货。《国际道路运输管理规定》的表述有所不同,但从本质上仍视运单为合同成立的证明,只有在一定条件下才可作为运输合同。

(2)公路运单是承运人接受货物或货物已装上载运工具的证明。运单也是货物收据,在托运人将货物交付承运人或其代理人或装上指定的载运工具后,由承托双方验收交接,而后由承运人或其代理人在运单上签字并交给托运人,作为已经接受货物或货物已装上载运工具的证明。

6.2.3 国际公路货物运输业务流程

国际公路货物运输一般都含国内运输区段和跨境运输,因此我们要了解一般公路运输货运流程、整车与零担货运流程、集装箱与散货口岸货运流程以及中港货运流程和跨境运输货运流程。

1. 国内公路货运流程

(1)公路货运一般流程

①接单 公路运输主管从客户处接收(传真)运输发送计划→公路运输调度从客户处接收出库提货单证→核对单证。

②登记 运输调度在登记表上按送货目的地分收货客户标定提货号码→驾驶员(指定人员及车辆)到运输调度中心取提货单,并在运输登记本上确认签收。

③调用安排 填写运输计划→填写在途、送到情况及追踪反馈表→计算机输单。

④车队交接 根据送货方向、重量、体积统筹安排车辆→报运输计划给客户处,并确认到厂提货时间。

⑤提货发运 按时到达客户提货仓库→检查车辆情况→办理提货手续→提货,盖好车棚,锁好箱门→办好出厂手续→电话通知收货客户预达时间。

⑥在途追踪 建立收货客户档案→驾驶员及时反馈途中信息→与收货客户电话联系送货情况→填写跟踪记录→有异常情况及时与客户联系。

⑦到达签收 电话或传真确认到达时间→驾驶员将回单用 EMS 或 FAX 传真回公司→签收运输单→定期将回单送至客户处→将当地市场的情况及时反馈给客户。

⑧回单 按时准确到达指定卸货地点→货物交接→百分之百签收,保证运输产品的数量和质量与客户出库单一致→了解送货人对客户产品在当地市场的销售情况。

⑨运输结算 整理好收费票据→做好收费汇总表交至客户,确认后交回结算中心→结算中心开具发票,向客户收取运费。

(2)整车与零担货运作业流程。整车货物运输的组织较为简单,主要包括:货源组织与计

划→车型选择→装货→开单→运输→目的地卸货→交接等过程。公路零担货物运输的托运程序主要包括:

①站内作业

● 受理托运 受理托运的必备条件是:公布办理零担业务的线路、站点(包括联运、中转站点)、班期及里程运价;张贴托运须知、包装要求和限运规定。受理托运的方法包括限时受理制、预先审批制、日历承运制。零担货物托运人办理托运手续时必须填写托运单,由承运人审核。

● 过磅起票 核对运单→检查货物包装→过磅量方→扣、贴标签标志→验货入库。

● 开票收费 零担货运的杂费项目有汽渡费、标签费、标志费、联运服务费、中转包干费、退票费、保管费、快件费、保价(保险)费。

● 配载装车 装车准备→配载→装车组织→站车交接。

②途中作业 车辆运行跟踪;中途卸货站要由值班人员在行车路单上鉴定到发车时间与装卸车后货物的装载状况。零担货物的中转作业一般有三种方法:全部落地中转(落地法);部分落地中转(坐车法);直接换装中转(过车法)。

③到站作业 货物到站→卸货验货→对单入库→仓储保管→交付和中转。

公路整车运输与零担运输业务运作对比见表6-1。

表6-1 公路整车运输与零担运输业务运作对比

对比项目	整车运输	零担运输
承运人责任期间	装车/卸车	货运站/货运站
是否进站存储	否	是
货源与组织特点	货种单一,量大,价低,装卸地点一般比较固定,运输组织相对简单	货源不确定,货物批量小,品种繁多,站点分散,质高价贵,运输组织相对复杂
营运方式	直达的不定期运输方式	定线,定班期发运
运输时间	相对较短	相对较长
运输合同形式	通常预先签订书面运输合同	通常将托运单或运单作为合同的证明
运输费用的构成与高低	单位运费率一般较低,仓储、装卸等费用分担需在合同中约定	单位运费率一般较高,运费中往往包括仓储、装卸等费用

(3)口岸集装箱作业流程

①客户传单 提供清晰的S/O,详细的拖柜地点、时间、报关方式及联络人资料。

②审单 OP审核拖柜时间与截关时间,与车队约车。

③接单 OP承诺接单,向车队下达派车任务。

④提柜 车队到船公司打印提柜单及还柜单,安排车辆提空柜。

⑤装货 按要求到指定工厂装货。

⑥集港 拖柜到口岸交重柜,拿重柜纸出闸。

⑦报关 交报关资料及重柜纸给报关行报关或转关,跟踪报关情况。

⑧结算 确认相关费用,出发票给客户,传真设备交接单。

(4)口岸散货吨车作业流程

①客户传单:提供清晰的S/O,详细的拖柜地点、时间、报关方式及联络人资料。

②审单 OP审核拖车时间、截关时间及客户提柜的资料是否完整,并根据吨位向运输部预约适当的车辆。

③接单　OP承诺接单,派单给运输部。
④装货　按客户指定要求至客户指定的地点装货。
⑤报关　在车抵达仓库后进行,分一般贸易报关及转关。
⑥入仓　报关后,货物进保税仓或海关监管仓,递资料后卸货。
⑦结算　确认相关费用,出发票给客户。
⑧交单　正本入仓单交回客户。

2.中国内地对香港特别行政区跨境公路运输实务

中国内地对香港特别行政区跨境公路运输,一般指香港与内地之间的跨境厢式货运、集装箱道路运输。中国内地对香港特别行政区运输的服务区域主要是针对香港的码头、机场、仓库与广东的深圳、东莞、广州、惠州、佛山、顺德、中山、珠海等地之间的往返公路运输。

(1)中国内地对香港特别行政区货柜(集装箱)运输流程

①客户传单　提供清晰的S/O,详细的拖柜地点、时间及报关方式,香港报关,尾纸归属等联系资料。
②审单　OP审核拖柜时间、截关时间及客户提柜的资料是否完整并向车队约车。
③接单　OP承诺接单,与拖车行确认,发出拖车通知书。
④提柜　香港分大码头和小码头,大码头是24小时提还柜,而小码头是在工作时间内才可以提柜,因此应提前确认在哪里提柜。
⑤装货　按客户指定要求到达客户指定的地点装货。
⑥报关　方式有一般贸易、转关、清单,遇到查柜,不同的口岸有不同的查柜费。
⑦出关　驾驶员要填载货清单,内地海关和香港海关加盖印章。报关放行后,报关行传报关底单给驾驶员,驾驶员拿此正本底单即可出关。
⑧出港交柜　香港还柜只要在截关之前还柜就可上船。
⑨送尾纸　请拖车行按客人要求将尾纸在还柜或送货后第一时间送到指定公司。
⑩香港报关　香港是自由港,船开或到港后14日之内申报即可,如超过申报日期,香港贸易署会通知付货人补报关,并有可能罚款。
⑪结算　确认相关费用出发票给客户。

(2)中国内地对香港特别行政区散货吨车运输流程

①客户传单　提供清晰的S/O,详细的拖柜地点、时间及报关方式,香港报关,尾纸归属等联系资料。
②审单　OP审核拖车时间、截关时间及客户提柜的资料是否完全,并根据吨位向运输公司约相适应的车。
③接单　OP承诺接单,派车给香港运输。
④装货　按客户指定要求至达客户指定的地点装货。
⑤报关　一般贸易报关或转关、清关。
⑥交货　经皇岗及文锦渡入港,在截关时间内第一时间交仓。
⑦送尾纸　尾纸及载货清单回交客户指定的地点。
⑧香港报关　同上。
⑨结算　确认相关费用,出发票给客户。
⑩交单　正本入仓单交回客户。

尾纸与载货清单

3. 边境公路过境汽车货运流程

(1) 出口货物公路过境运输

①托运人填报托运单并提交有关出口许可证。

②车队凭委托书及许可证,填制海关出口货物报关单,向出境口岸报关。

③海关征税验关后,将货物封关,运送至指定境外交货点交接。

(2) 进口公路过境运输

①托运人向我驻外办事处办理托运手续。

②驻外机构接收后,通知国内驻口岸机构,并安排具备过境承运资格的外运车队,派车前往装货,驻口岸办事处向收货人索取进口许可证,填报中华人民共和国海关进口货物报关单,向口岸海关报验,申请放行。

③验关征税放行后,按托运委托书的要求,将货物运送至指定地点,交收货人签收。

跨境运输中,车辆抵达边境口岸时,需接受口岸国际道路运输管理机构的查验,查验车辆驾驶员的国际驾驶证、国际汽车运输行车许可证、国际道路运输国籍识别标志、国际道路运输有关牌证及货物出口相关单证。

4. TIR 制度下的跨境道路运输

为了便于开展集装箱联合运输,联合国所属欧洲经济委员会成员国之间于 1956 年缔结了关于集装箱的关税协定。协定的宗旨是相互间允许集装箱免税过境,在这个协定的基础上,根据欧洲经济委员会倡议,还缔结了《国际公路车辆运输规定》(Transport International Router, TIR)。我国还未加入 TIR。

(1) TIR 的相关概念。TIR 公约的正式名称是《根据国际公路运输手册进行国际货物运输的海关公约》,简称《TIR 证国际货物运输海关公约》,也称《国际道路运输公约》(简称"TIR 公约")。

TIR 制度的基本原理为:经授权的道路运输承运人,可以凭 TIR 证在 TIR 公约缔约方的境内内陆海关接受查验并施关封后,中间经过的所有过境国的海关无须对货物进行任何检查,直接运往目的地国家的内陆海关。

TIR 成为目前国际上比较通用的一种国际公路运输制度,遵循此制度的车辆,车头面板上都要挂蓝底白字的 TIR 标记。

(2) TIR 制度的基本原则

①采用符合标准的运输车辆或集装箱

②国际担保 TIR 公约要求每一个缔约国都特许一个代表国际道路运输企业的国家担保协会(须经海关授权),在 TIR 证运输出现意外、产生海关税费风险并无法追究 TIR 证运输承运人责任的情况下,不论违法者是本国或外国承运人,海关都可以向本国的国家担保协会要求偿付海关税费,由国家担保协会保证先期支付海关关税及其他有关税收。

③TIR 证 TIR 证作为国际海关文件,既是 TIR 制度的行政支柱,也是 TIR 制度下所载运货物具备上述"国际担保"条件的法律证明文件,更是起运国、过境国和目的地国海关监管的依据。

④海关监管的相互承认 起运国海关查验结果、签封及其采取的海关监管措施为所有过境国和目的地国海关所接受和承认。

⑤控制使用 各国国家担保协会颁发 TIR 证,运输企业使用 TIR 证均需获得包括海关在内的国家主管部门授权,实行行政许可管理。

6.2.4 国际公路货物运输运费核算

各个国家与地区对公路货运都有详细的收费规则、收费类目与标准。运价是指货物运输的基本收费标准,以吨千米为计算单位。按承运货物类别,公路运价分为整车货物运价、零担货物运价、集装箱货物运价、特殊货物运价等。公路运价一般通过运本予以公布,特殊货物和重大件货物等一般采用议价收费。运价有两种计算标准,一是按货物等级规定基本运费费率,一是以路面等级规定基本运价。凡是一条运输路线包含两种或两种以上的等级公路,则以实际行驶里程分别计算运价。特殊道路,如山岭、河床、原野地段,则由承托双方另议商定。

运杂费的计收程序一般为:确定货物等级和计收重量→查规定计收的费率→计算发站至到站的计费里程→核算有关杂费。

1. 公路货物运输价格规则

(1) 计价标准

①计费重量　汽车货物运输计费重量单位,整批货物运输以 t 为单位,当尾数不足 100 kg 时,四舍五入;零担货物运输以 kg 为单位,起码计费重量为 1 kg,尾数不足 1 kg 时,四舍五入;轻泡货物 1 m^3 折算重量 333 kg。凡 1 kg 的货物,体积超过 4 dm^3 的为轻泡货物(或尺码货物 Measurement Cargo)。

②计费里程　货物运输计费里程以 km 为单位,尾数不足 1 km 的,进为 1 km。计费里程以省、自治区、直辖市交通行政主管部门核定的营运里程为准,未经核定的里程由承托双方商定。同一运输区间有两条(含两条)以上营运路线可供行驶时,应按最短的路线计算,或按承托双方商定的路线计算计费里程。拼装分卸按从第一装货地点起至最后一个卸货地点止的载重里程计算。

③计价单位　整批:元/(t·km);零担:元/(kg·km);集装箱:元/(箱·km);包车:元/(t·h)。

④货物运价价目　基本运价有以下三种形式:整批货物基本运价、零担货物基本运价、集装箱基本运价。然后根据货物的类别确定不同的运价价目,一般采取在基本运价基础上加成。

(2) 计价类别

①车辆类别　普通货车、特种货车(罐车、冷藏车、专用车)。

②货物类别　普通货物(一、二、三等)、特种货物(长大笨重、大型物件、危险货物、贵重货物、鲜活货物)。

③集装箱类别　按箱型分国内标准(1、6、10 t 箱)、国际标准(20、40 ft 箱)、非标准集装箱;按货物种类分普通货物集装箱、特种货物集装箱。

④公路类别　等级公路、非等级公路。

⑤区域类别　国内、出入境。

⑥营运类别　整批、零担、集装箱运输。

(3) 特别运价规定　每件货物重量满 250 kg 以上为超重货;货物长度达 7 m 以上为超长货;装载高度由地面起超过 4 m 为超高货。超重货物按运价加成 30%。特大型特殊货物协商运价计费。托运普通、易碎等货物均按质量计费;超重和轻泡货物按整车计费。同一托运人托运双程运输货物时,按运价率减成 15%。同一托运人一去程或回程运送所装货物包装的,按运价减成 50%。过境公路运输采用全程包干计费。对展品、非贸易运输物资,一般按普通运价加成100%计费。根据国家政策,经省运价部门规定降低运价的货物。

2. 公路货运运费计算

(1) 公路运费率。公路运费率分为整车(FCL)和零担(LCL)两种,后者一般比前者高30%～50%,按我国公路运输部门规定,一次托运货物在2.5 t以上的为整车运输,适用整车费率;不满2.5 t的为零担运输,适用零担费率。此外,还有包车费率(Lumpsum Rate),即按车辆使用时间(h或d)计算。

(2) 道路货物运费

① 整车运费＝吨次费×计费重量＋整批货物运价×计费重量×计费里程＋其他费

② 零担运费＝计费重量×计费里程×零担货物运价＋其他费

③ 公路集装箱运输

- 计程运费＝重(空)箱运价×计费箱数×计费里程＋箱次费×计费箱数＋其他费
- 计时包车运费＝不同箱型包车运价×包用车辆吨位×计费时间＋其他费
- 包箱运价 遇有大批量又同时受时间限制的国际集装箱的港、站进出口集散运输和直达、中转及联运至目的地的运输,经承托双方协议,可采用包箱运价。包箱运价以计程运价率和运距为基础计算,一般不得高于同类箱型的基本运价的20%。

包箱运费＝重(空)箱运价×计费箱数×计费里程×(1＋20%)＋箱次费×
计费箱数×(1＋20%)＋货物其他费用

式中,对于长途汽车集装箱运输,箱次费为零。

(3) 公路货运其他收费

① 调车费 应托运人要求,车辆调出所在地而产生的车辆往返空驶,计收调车费。按往返空驶里程、车辆标记吨位和调出省基本运价的50%收取。

② 延滞费 车辆按约定时间到达约定的装货或卸货地点,因托运人或收货人责任造成车辆和装卸延滞,计收延滞费。按计时运价的40%收取,不足1 h的免收。

③ 装货落空损失费 应托运人要求,车辆行至约定地点而装货落空造成的车辆往返空驶,计收装货落空损失费,按运价的50%收取。

④ 道路阻塞停运费 当由于道路受阻要求就近卸存、接运时,费用由托运人承担。

⑤ 排障费 运输大型特型笨重物件时,需对运输路线的桥涵、道路及其他设施进行必要的加固或改造所发生的费用,由托运人负担。

⑥ 车辆处置费 当托运人的特殊要求,对车辆改装、拆卸、还原、清洗时,计收车辆处置费,其费用由托运人承担。在运输过程中国家有关检疫部门对车辆的检验费以及因检验造成的车辆停运损失,由托运人负担。

⑦ 车辆通行费 货物运输需支付的汽渡、过路、过桥、过隧道等通行费由托运人负担,承运人代收代付。

⑧ 运输变更手续费 由托运人承担。

⑨ 装卸费 由托运人负担。

⑩ 保管费 货物运达后,明确由收货人自取的,从承运人向收货人发出提货通知书的次日(以邮戳或电话记录为准)起计,第4日开始核收货物保管费;应托运人的要求或托运人的责任造成的,需要保管的货物,计收货物保管费。货物保管费由托运人负担。

货物运杂费在货物托运、起运时一次结清,也可按合同采用预付费用的方式,随运随结或运后结清。托运人或者收货人不支付运费、保管费以及其他运输费用的,承运人对相应的运输货物享有留置权,但当事人另有约定的除外。

货物在运输过程中因不可抗力灭失,未收取运费的,承运人不得要求托运人支付运费;已收取运费的,托运人可以要求返还。

(4) 公路货运站服务费。公路运输货运站提供服务的收费办法,按《汽车货运站收费规则》办理。

①托运货物站务收费　仓储理货费;货物装卸费;中转换装包干费。

②承运货物劳务费　车辆站务费指为车辆提供停车、消防、照明、车辆加水、清洗等服务时向承运人收取的费用。

③组货劳务费　为承运人提供货源、组织配载等业务时收取的费用。

④其他收费　货签标志费、货物逾期保管费、车辆停放费等。

3. 费用结算

预收运费的,在结算时多退少补;现金结算的,按实际发生的运杂费总额向托运人收取现金;财务托收的,由承运方先垫付,定期凭运单回执汇总所有费用,由银行向托运方托收运费;其他结算办法,如预交转账支票,按协议收取包干费用等等。

6.3 公路货物运输保险

1. 公路货运事故索赔提赔

收货人、托运人知道发生货运事故后,应在约定的时间内,与承运人签注货运事故记录。货物赔偿时效从收货人、托运人得知货运事故信息或签注货运事故记录的次日起计算。在约定运达时间的 30 日后未收到货物,视为灭失,自第 31 日起计算货物赔偿时效。

当事人要求另一方当事人赔偿时,须提出赔偿要求书,并附运单、货运事故记录和货物价格证明等文件。要求退还运费的,还应附运杂费收据。另一方当事人应在收到赔偿要求书的次日起,60 日内做出答复。

货物运输途中,发生交通肇事造成货物损坏或灭失,承运人应先行向托运人赔偿,再由其向肇事的责任方追偿;托运人直接委托站场经营人装卸货物造成货物损坏的,由站场经营人负责赔偿;由承运人委托站场经营人组织装卸的,承运人应先向托运人赔偿,再向站场经营人追偿。

2. 公路货运事故赔偿款额

(1) 货物损失赔偿费包括货物价格、运费和其他杂费。货物价格中未包括运杂费、包装费以及已付的税费时,应按承运货物的全部或短少部分的比例加算各项费用。

(2) 货运事故赔偿分限额赔偿和实际损失赔偿两种。对赔偿责任限额有规定的,依照其规定赔偿;未规定赔偿责任限额的,按货物的实际损失赔偿。

(3) 在保价运输中,货物全部灭失,按货物保价声明价格赔偿;货物部分毁损或灭失,按实际损失赔偿;货物实际损失高于声明价格的,按声明价格赔偿;货物能修复的,按修理费加维修取送费赔偿。保险运输按投保人与保险公司商定的协议办理。

(4) 未按约定的或规定的运输期限内运达交付的货物,为迟延交付。对承运人非故意行为造成货物迟延交付的赔偿金额，不得超过所迟延交付的货物全程运费数额。

(5)由于承运人责任造成货物灭失或损失，以实物赔偿的，运费和杂费照收；按价赔偿的，退还已收的运费和杂费；被损货物尚能使用的，运费照收。

拓展资讯

中国对俄公路跨境物流平台升级

能力培养

一、名词解释

公共运输业　契约运输业　汽车货运代理　公路过境运输　CMR　TIR

二、简答题

1. 简述公路货运单证的种类及各自的功能。
2. 简述我国口岸集装箱与散货吨车公路运输的流程。
3. 简述公路货运事故索赔的程序。

三、案例分析

1. 某货代作为货主的代理人安排货物出口工作。在货物从内地往港口运输的过程中，由于定期货运汽车季节性短缺，一小部分货是由汽车运输市场雇佣的一辆货运车运输，结果承运该货物的汽车连同货物一起下落不明。问：货运代理人是否应该承责任？

2. A是广州市的一家货代，B是深圳的一家进口公司，C是湖南一家工业公司。

C于2017年6月25日持B给A的介绍信办理一批化工原料进口的代理手续，并随函附有按CIF价条件进口合同副本一份，在合同副本上有B公司业务员手书，注明了收货人的名称、地址、电话、联系人及用卡车运至湖南某市之字样。事隔3个月后，货从国外运抵广州，于是A向C发出"进口到货通知书"，在通知书的注意事项第5条内注明："货运内地加批加保由货代统一办理。"A在办好进口报关、纳税等事项后，以自己的名义委托广州一家具有合法营运的汽运公司(以下称承运人)将货物运往湖南某市。不料货物在运输途中驾驶员违章操作，与另一卡车相撞，造成车货俱毁。事后C向A索赔。试分析A有无责任。

情境 7
国际集装箱货物运输

学习目标

【知识目标】

了解集装箱运输的特点、集装箱的国际标准、集装箱运输系统、集装箱运输单证 EDI 化、集装箱综合保险的特点;掌握集装箱的交接、集装箱运输单证、整箱货和拼箱货业务流程。

【能力目标】

能够以货代身份完成海运集装箱整箱货和拼箱货进出口的全程操作;能够对集装箱运输中涉及的各种案例进行分析;能够合理规避集装箱运输业务中的风险。

【技能目标】

会进行集装箱海上运输、陆上运输、多式联运的运费核算。

情境引导

国际集装箱货物运输

集装箱运输	集装箱运输基础知识	集装箱的种类及标准:种类;标准
		集装箱运输的特点:基本特点;发展趋势
		集装箱运输系统:7个子系统;8方经营参与者;6个相关地点
		集装箱的发送与交接:发送与交接的内容;交接的形式
	集装箱运输操作实务	集装箱运输业务流程:一般业务流程;出口各方业务流程;进口各方业务流程
		整箱货进出口货运代理实务:货代出口与退关;货代进口与转关、交货
		拼箱货运流程:集拼业务特征;业务流程;集拼运输方式
		集装箱货物运输中船公司的业务:出口中的业务;进口中的业务
	集装箱运输单证	集装箱运输单证的内容:进出口委托单证;场站收据联单;集装箱预配清单;设备交接单;装箱单;提单;提货单;交货记录
		集装箱运输单证与EDI:信息内容;信息需求;运输单证与EDI报文

续表

集装箱运输运费核算	集装箱运价	贸易条件与计费标准:集装箱运输与国际贸易价格条件;按箱计费标准
		运费的基本结构:海运费;港区服务费;不同交接方式下的运费构成
	集装箱海运运价	确定原则;运输服务成本;运输服务价值;运输承受能力
		基本形式:均一费率;包箱费率(FAK、FCS、FCB);运量折扣费率
		运费计算:拼箱货;整箱货;特殊货物;附加费
	集装箱内陆运价	内陆运费计收方式:港口均等制;总分区制
		公路集装箱运费计算:运价价目(基本运价、箱次费、其他费);运费计算
		铁路集装箱运费计算:常规计算(运费、装卸费、杂费等);一口价
	集装箱多式联运运价	多式联运运费计收方式;单一运费制;分段运费制
		单一费率构成:内涵;构成(运输总成本、经营管理费、利润)
集装箱综合保险		集装箱综合保险的特征
		集装箱综合保险的内容:集装箱自身保险;第三者赔偿责任保险;货物损害赔偿责任保险

7.1 集装箱运输业务

7.1.1 集装箱运输基础知识

集装箱运输(Container Transportation)是指将货物装在集装箱内,以集装箱作为一个货物集合或成组单元,进行运输、装卸、搬运的运输工艺和运输组织形式。

1. 集装箱的种类及标准

(1)集装箱的种类

按所装货物种类分,有杂货集装箱、散货集装箱、液体货集装箱、冷藏箱集装箱等;按制造材料分,有木集装箱、钢集装箱、铝合金集装箱、玻璃钢集装箱、不锈钢集装箱等;按结构分,有折叠式集装箱、固定式集装箱等,固定式集装箱还可分为密闭集装箱、开顶集装箱、板架集装箱等;按总重分,有30 t集装箱、20 t集装箱、10 t集装箱、5 t集装箱、2.5 t集装箱等。

国际上根据集装箱大小分A、B、C、D四类,其中A、B、C三类为小型。A类的长为40 ft,宽为8 ft,它依照高度不同又可以分为四类,分别为1AAA,高为9 ft 6 in;1AA,高为8 ft 6 in;1A,高为8 ft;1AX,高度小于8 ft。B类的长为30 ft,宽为8 ft,也可以分为四种,高的分法和A类的一样,分为1BBB、1BB、1B、1BX。C类的长为20 ft,宽为8 ft,有三种分法:1CC,高为8 ft 6 in;1C,高为8 ft;1CX,高度小于8 ft。D类的是最小的,长为10 ft,宽为8 ft,可以分为两类:1D,高为8 ft;1DX,高度小于8 ft。

(2)集装箱的标准

①外尺寸 包括集装箱永久性附件在内的集装箱外部最大的长、宽、高尺寸。它是确定集

装箱能否在船舶、底盘车、货车、铁路车辆之间进行换装的主要参数。

②内尺寸　集装箱内部的最大长、宽、高尺寸。它决定箱内货物的最大尺寸。

③内容积　按集装箱内尺寸计算的装货容积。同一规格的集装箱,结构和制造材料不同,其内容积略有差异。

④计算单位　目前各国大部分集装箱运输都采用 20 ft 和 40 ft 两种集装箱。为使集装箱箱数计算统一化,把 20 ft 集装箱作为一个计算单位,称为 1 TEU,40 ft 集装箱作为两个计算单位,以便于统一计算集装箱的营运量。

国际标准集装箱的规格

2. 集装箱运输的特点

(1) 基本特点

①高效率的运输形式　集装箱装卸速度快,集装箱船在港停留时间短,营运效率高;提高了港口和场站的设施、设备利用率;货物的运达速度较快,货方资金周转较快。

②高质量的运输形式　集装箱强度高、水密性好,对货物进行保护,大大节省了包装费用;门到门的多式联运方式使在途丢失可能性大大降低,货物完好率大大提高。

③资本高度密集的行业　集装箱运输是专业化强、技术要求高,需要大量投资的行业。

④复杂的系统工程　涉及面广、环节多、影响大,是一项复杂的系统工程,其整体功能的发挥依赖于各方面的协调发展与密切配合。

⑤适于组织多式联运　在不同运输方式间换装时无须搬运箱内货物,海关和其他监管部门只需加封或验封即可转关放行,提高了运输效率。

(2) 发展趋势

①集装箱运输量继续增长　发展中国家出口产品结构发生变化,发达国家出口结构趋于高级化,适箱货源增多,促使集装箱运量不断提高。

②集装箱船舶向大型化发展　20 世纪 60 年代中期建造的集装箱船不到 1 000 TEU;在 21 世纪的头 10 年时间里,从 8 000 TEU 到 1.2 万 TEU,再到今天的 1.8 万 TEU,集装箱船载箱量正以惊人的速度增加。

③集装箱码头不断现代化,港口中转作用日益加大　为提高集装箱运输的经济效益,在远洋干线上应尽可能减少航线两端之间的挂靠港数量。

④集装箱箱型向大型化、专业化发展　发达国家提出修改集装箱有关标准的要求和建议,主要是增大集装箱尺寸和总重量标准,以进一步提高集装箱运输系统的效率。

⑤集装箱运输信息管理现代化　计算机网络通信及 EDI 在运输业中日益发挥重要作用,电子单证将取代现行的纸面单证,各种业务手续也会大大简化。

⑥集装箱多式联运将进一步发展和完善　一些发达国家已经配套形成了较为完善的综合运输系统,同时也加强了多式联运的正规化和国际化的工作,制定和通过了与集装箱运输有关的国际公约和国内法规,建立了全球性的货运代理和多式联运经营网络。

⑦市场竞争激烈,各大班轮公司经营战略明显改变　经营体制和现代化管理上逐步向联营和合作经营方向发展,争取成为全球承运人。为争取充足、稳定、运价高的货源,船公司正致力于提供更全面的与运输有关的服务,向"综合物流服务"方向发展。

3. 集装箱运输系统

(1) 系统构成

①适箱货物　包括本身价值高,运价也比较高的最适于集装箱化的货物;本身价值和运价

略低的适于集装箱化的货物;虽可用集装箱装载,但本身价值和运价都比较低的临界集装箱化货物等。此外就是不适于集装箱化的货物,如废旧钢铁等。

②集装箱　指符合国际标准的集装箱,它既是货物的一部分,又是运输工具的组成部分。除少数为货主自有箱外,绝大多数是由船公司或其他集装箱经营人提供的。

③集装箱海上运输干线与工具　在干、支线分工明确以后,对海上主要运输线路的理解一般指海上干线运输航线。航运干线上的运输工具基本以大型全集装箱船为主。

④集装箱运输的港口和码头子系统　从事集装箱运输的港口一般可分为两类:一类称为大中心港或干线港,也称为枢纽港,其吞吐量中半数以上为干线与支线之间的中转箱;另一类称地方港(或支线港),主要接受大中心港或干线港集疏货物的船舶,吞吐货物一般为腹地货物。枢纽港和地方港的集装箱码头,一般为高效率的、专业化的码头,承担集装箱货物的海陆或海海换装作业任务。

⑤内陆集疏运(包括沿海支线)系统　由众多的运输线路、运输工具和若干集装箱货物集散点组成的覆盖枢纽港及周边地区的网络系统,一般具有多级结构,主要功能是完成集装箱货物的起运地(或目的地)与枢纽港码头堆场之间的集运或疏运任务,包括:枢纽港的集装箱码头堆场(CY)及附近的集装箱货运站(CFS)、集装箱内陆货站(ID或称内陆港)、铁路集装箱办理站、公路集装箱中转站和货主的工厂仓库。在干、支线分工条件下和有内河集疏运线路条件下还包括支线港码头和内河港码头。

⑥集装箱运输管理系统　包括国家和地区对集装箱运输行业进行管理的机构,如我国交通部及下属厅局以及三大水系的航务管理部门、各口岸管理部门;集装箱运输的国际法规及标准体系;集装箱运输经营人和货运代理人;集装箱运输技术与工艺;集装箱运输管理信息系统等。

⑦集装箱运输支持子系统　如集装箱、设备、工具和固定设施的制造、建设和修理业;金融业承担资金流动、结算等业务,特别是在涉及信用证贸易的运输中,银行要承担集装箱运输单证的传递工作;运输市场与劳动力市场,如船员公司属于典型的海运劳动力市场;保险业为集装箱、运输工具和系统中的其他设备及货物提供运输所需的保险,以减少经营人和货主的风险;海关、商检、卫检、理货等国家机构及一些公证机构;通信业与计算机通信网络,承担集装箱运输中信息交换、单证传递等工作。

(2)集装箱运输的参与各方。 集装箱运输是各种运输方式中运量最大,组织程序最复杂,参与各方最多的一种。集装箱运输的参与各方,除托运人与收货人外,还有:

①集装箱运输的实际承运人　包括经营集装箱运输的船公司、联营公司、公路集装箱运输公司、航空集装箱运输公司等。

②集装箱码头(堆场)经营人　具体办理集装箱在码头的装卸、交接、保管,还办理整箱货的集运、疏运交接和拼箱货的集货与装箱、拆箱及送达任务。

③无船承运人　在集装箱运输中,经营集装箱货运,但不经营船舶的承运人,是随着集装箱多式联运的发展而出现的联运经营人。

④集装箱租箱公司　集装箱价格昂贵,周转数量大,箱务管理很复杂,需要非常专业的管理。集装箱租箱公司专门从事租箱业务,同时进行箱务管理,一般还经营堆箱场,满足货主与船公司对集装箱空箱租赁的需求。

⑤集装箱船舶租赁公司　由于集装箱运输市场供求关系变化,航线货流不平衡,经常会产生短时间的支线集装箱运输需求,这时就需要通过集装箱船舶租赁公司提供较小型的集装箱船加以满足。

⑥国际货运代理人　国际货运代理人在整个集装箱国际多式联运中充当着双重角色:一

方面,它充当承运人,与托运人签订运输合同;另一方面,它又充当托运人,与运输企业签订合同。

⑦集装箱货运站　在内陆交通比较便利的大中城市设立的提供集装箱交接、中转或其他运输服务的专门场所。

⑧联运保赔协会　一种由船公司互保的保险组织,对集装箱运输中可能遭受的一切损害进行全面、统一的保险。这是集装箱运输发展后所产生的新的保险组织。

(3)集装箱运输的相关地点

①集装箱装卸区　一般由专用码头、前沿、堆场、货运站、指挥塔、修理部门、大门和办公室组成。有时堆场或货运站等可延伸到市区内 5~15 km 的中转站。

②集装箱前方堆场　在集装箱码头前方,为加速船舶装卸作业,暂时堆放集装箱的场地。在集装箱船到港前,有计划、有次序地按积载要求将出口集装箱整齐地集中堆放,卸船时将进口集装箱暂时堆放在码头前方,以加速船舶装卸作业。

③集装箱后方堆场　集装箱重箱或空箱进行交接、保管和堆存的场所。有些国家对集装箱堆场并不分前方堆场或后方堆场,统称为堆场。集装箱后方堆场是集装箱装卸区的组成部分,是集装箱运输"场到场"交接方式的整箱货办理交接的场所。

④空箱堆场　专门办理空箱收集、保管、堆存或交接的场地。

⑤中转站或内陆站　海港以外的集装箱运输中转站或集散地,与装卸区业务相同。

⑥集装箱货运站　为拼箱货装箱和拆箱的船、货双方办理交接的场所。

4.集装箱的发送与交接

(1)集装箱发送与交接的内容

①集装箱发送和交接的依据　从事集装箱业务的单位必须凭集装箱代理人签发的"集装箱设备交接单"办理集装箱的提箱(发箱)、交箱(还箱)、进场(港)、出场(港)等手续。

②交接责任的划分　船方与港方交接以船边为界;港方与货方、内陆承运人交接以港方检查桥为界;堆场、中转站与货方、内陆承运人交接以堆场、中转站道口为界;港方、堆场中转站与内陆承运人交接以车皮、船边为界。

③进口重箱提箱出场的交接　进口重箱提离港区、堆场、中转站时,货方、内陆承运人应持海关放行的"进口提货单"到集装箱代理人指定的现场办理处办理集装箱发放手续。集装箱代理人依据"进口提货单"、集装箱交付条款和集装箱运输经营人有关集装箱及其设备使用和租用的规定,向货方、内陆承运人签发"出场集装箱设备交接单"和"进场集装箱设备交接单"。货方、内陆承运人凭"出场集装箱设备交接单"到指定地点提取重箱,并办理出场集装箱设备交接;凭"进场集装箱设备交接单"将拆空后的集装箱及时交到集装箱代理人指定的地点,并办理进场集装箱设备交接。

④出口重箱交箱(收箱)、进场的交接　出口货箱进入港区,货方、内陆承运人凭"集装箱出口装箱单"或"场站收据""进场集装箱设备交接单"到指定的港区交付重箱,并办理进场集装箱设备交接。指定的港区依据"出口集装箱预配清单""进场集装箱设备交接单""场站收据"收取重箱,并办理进场集装箱设备交接。

⑤空箱的发放和交接　提空箱时,提箱人(货方或其代理、内陆承运人)应向集装箱代理人提出书面申请。集装箱代理人依据"出口订舱单""场站收据"或"出口集装箱预配清单"向提箱人签发"出场集装箱设备交接单"或"进场集装箱设备交接单"。提箱人凭"出场集装箱交接单"到指定地点提取空箱,办理出场集装箱设备交接,凭"进场集装箱设备交接单"到指定地点交付集装箱,并办理进场集装箱设备交接。

⑥收、发箱地点应履行的手续　凭集装箱代理人签发的"集装箱设备交接单"受理集装箱的收、发手续；凭"出场集装箱设备交接单"发放集装箱，并办理出场集装箱设备交接手续；凭"进场集装箱设备交接单"收取集装箱，并办理设备交接。

⑦出场集装箱设备交接的主要内容　提箱(用箱人和运箱人)、发往地点、用途(出口载货、修理、进口重箱等)、集装箱号、封号(铅封号、关封号)、集装箱尺寸、类型、集装箱所有人、提离日期、提箱运载工具牌号、集装箱出场检查记录(完好或损坏)。

⑧进场集装箱设备交接单的主要内容　送箱人、送箱日期、集装箱号、封号、集装箱尺寸、类型、集装箱所有人、用途；返还重箱；出口集装箱，此时需登记该集装箱发往的时间、地点(航次、时间)、送箱运载工具牌号、集装箱进场检查记录。

(2) 集装箱交接的形式

① 按货物交接形态　分为四种：整箱交/整箱接(FCL/FCL)；拼箱交/拆箱接(LCL/LCL)；整箱交/拆箱接(FCL/LCL)；拼箱交/整箱接(LCL/FCL)。上述各种交接方式中，以整箱交/整箱接效果最好，也最能发挥集装箱的优越性。

② 按交接地点　分为三种：码头堆场(CY)交接；集装箱货运站(CFS)交接；发货人或收货人工厂或仓库(Door)交接。

③ 按交接方式　分为九种：门到门；门到场；门到站；场到门；场到场；场到站；站到门；站到场；站到站。

7.1.2　集装箱运输操作实务

1. 集装箱运输业务流程

(1) 集装箱运输的一般业务流程

① 订舱　又称"暂定订舱"，是指发货人或托运人根据贸易合同或信用证的有关规定，向船公司或其代理人申请订舱，填制订舱单。如发货人已与货运代理签订运输合同，则由货运代理代替发货人向船公司或其代理人申请订舱。订舱单的内容主要有：起运港和目的港；每箱的总重量；集装箱种类、箱型和数量；备注特种箱的特性和运输要求。

② 接受托运申请　又称"确定订舱"。接受托运申请前，船公司或其代理人应考虑航线、港口、运输条件等能否满足托运人的具体要求；接受后，应着手编制"订舱清单"，分送码头堆场和货运站，据以安排空箱调动和办理货运交接手续。

③ 发放空箱　整箱货空箱，应由发货人或其货运代理人到码头堆场领取；拼箱货空箱，应由集装箱货运站负责领取。

④ 拼箱货装箱　由发货人将货物送到集装箱货运站，集装箱货运站根据"订舱清单"，核对"场站收据"后装箱。

⑤ 整箱货交接　由发货人自行负责装箱，并加海关封志，然后将整箱货送至码头堆场。码头堆场根据"订舱清单"，核对"场站收据"及"装箱单"后，验收货物。

⑥ 集装箱交接签证　码头堆场在验收货物和集装箱后，应在"场站收据"上签字，并将已签署的"场站收据"交还给收货人或其货运代理人，据以换取提单。

⑦ 换取提单　发货人或其货运代理人凭已签署的"场站收据"，向船公司或其代理人换取提单，凭此向银行结汇。

⑧ 装船　码头堆场根据提单制订装船计划，待船舶靠泊后，即安排装船。

⑨海上运输　装好船后,按指定航线在海上运输。

⑩卸船　船舶抵达卸货港前,卸货港码头堆场根据装货港代理人寄送的有关货运单证,制订卸船计划,待船舶靠泊后,即安排卸船。

⑪整箱货交付　如果内陆运输由收货人或其货运代理人自行安排,则由码头堆场根据收货人或其货运代理人出具的提货单,将整箱货交付;否则,将由承运人或其代理人安排内陆运输,将整箱货运至指定地点交付。

⑫拼箱货交付　拼箱货一般先在指定的集装箱货运站掏箱,然后由集装箱货运站根据提货单将拼箱货交付给收货人或其代理。

⑬空箱回运　收货人或集装箱货运站在掏箱完毕后,将空箱运回到指定的码头堆场。

(2)集装箱海运出口各方业务流程

①发货人(货运代理人)　订立贸易合同→备货→租船订舱→报关→货物装箱与托运→投保→支付运费和签发提单→向收货人(买方)发出装船通知。

②船公司　掌握货源→配备集装箱→接受托运→接受货物→装船→制送装船单证。

③集装箱码头堆场　集装箱的交接→制订堆场作业计划→集装箱的装船→对特殊集装箱的处理→与船公司的业务关系。

④集装箱货运站　货物交接→积载装箱→制作装箱单→将货箱运至码头堆场。

(3)集装箱海运进口各方业务流程

①船公司　卸船准备工作→制作并寄送有关单证→卸船与交货→签发提货单。

②集装箱码头堆场　卸船准备工作→卸船与堆放→交付→有关费用收取→制作交货报告和未交货报告。

③集装箱货运站　做好交货准备→发出交货通知→从码头堆场领取载货的集装箱→拆箱交货→有关费用收取→制作交货报告和未交货报告。

④收货人(货运代理人)　订立贸易合同→租船订舱→申请开信用证→投保→取得有关装船单据→投保→提取货物→索赔。

2.整箱货进出口货运代理实务

(1)整箱货出口货代业务流程

①货主与货代建立货运代理关系。

②货代填写托运单证,及时订舱。

③订舱后,货代将有关订舱信息通知货主或将"配舱回单"转交货主。

④货代申请用箱,取得设备交接单(Equipment Interchange Receipt,EIR)后就可以凭以到空箱堆场提取所需的集装箱。

⑤货主"自拉自送"时,先从货代处取得EIR,然后提空箱,装箱后制作装箱单(Container Load Plan,CLP,也有缩写为P/L的,即Packing List),并按要求及时将重箱送码头堆场,即集中到港区等待装船。

⑥货代提空箱至货主指定地点装箱,并在CFS装箱,制作CLP,然后将重箱"集港"。

⑦货主将货物送到货代CFS,货代提空箱,并在CFS装箱,制作CLP,然后"集港"。

注意:⑤、⑥、⑦在实务中只选其中一种操作方式。

⑧货主委托货代代理报关、报检,办妥有关手续后将单证交货代现场。

⑨货主也可自行报关,并将单证交货代现场。

⑩货代现场将办妥手续后的单证交码头堆场配载。

⑪配载部门制订装船计划,经船公司确认后实施装船作业。
⑫实务中,在货物装船后可以取得场站收据(Dock Receipt,D/R)正本。
⑬货代可凭 D/R 正本到船方签单部门换取 B/L 或其他单据。
⑭货代将提单(Bill of Lading,B/L)等单据交货主。

需要说明的是,由于集装箱运输方式下,理论上在装船前就应签发提单,这种提单是收货待运提单,而收货待运提单在使用传统价格术语的贸易合同下是不符合要求的。所以实务中的做法是在装船后再签发提单,即已装船提单才符合使用传统术语的贸易合同的需要。

⑮退关(Shut out)　货运代理人代委托单位订妥舱位并可能已办妥通关手续或者货已集港,但在装运过程中因特殊原因中止装运称为退关。属于委托单位主动提出退关的,货运代理人在接到委托方通知后须尽快通知船公司或其代理人,以便对方在有关单证上注销此批货物,并通知港区现场理货人员注销场站收据或装货单;另一方面货运代理人须向海关办理退关手续,将注销的报关单及相关单证(外汇核销单、出口许可证、商检证件、来料或进料登记手册等)尽早取回退还委托方。如不属于委托单位主动提出退关而是由于船方、港方或海关手续不完备等各种原因造成退关的,货运代理人在办理以上单证手续前须通知委托方说明情况并听取处理意见。通关后如货物尚未进入港区,货运代理人须分别通知发货人、集卡车队、装箱点停止发货、派车及装箱;货物已经进入港区,如退关后不再出运,须向港区申请,结清货物在港区的堆存费用,把货物拉出港区拆箱后送还发货人;退关后如准备该船下一航次或原船公司的其他航班随后出运,则暂留港区,待下一航次或其他航班的船(限同一港区作业);如换装另一船公司的船只,则因各船公司一般只接受本公司的集装箱,故须将货物拉出港区换装集装箱后再送作业港区。

(2)整箱货进口货代业务流程
①货主(收货人)与货代建立货运代理关系。
②买方安排运输下,货代卸货地订舱(Home Booking)业务,落实货单齐备即可。
③货代缮制货物清单后,向船公司办理订舱手续。
④货代通知买卖合同中的卖方(实际发货人)及装港代理人船名、装船期。
⑤船公司安排载货船舶抵装货港。
⑥实际发货人将货物交给船公司,货物装船后发货人取得有关运输单证。
⑦买卖双方之间办理交易手续及单证。

注意:在卖方安排运输的贸易合同下,②~⑦项不需要。

⑧货代掌握船舶动态,收集、保管好有关单证。
⑨货代及时办理进口货物的单证及相关手续。
⑩船抵卸货港卸货,货物入库、进场。
⑪办完货物报关等手续后,凭提货单到现场提货,特殊情况下可在船边提货。
⑫货代安排将货物交收货人,并办理空箱回运到空箱堆场等事宜。
⑬转关　进口货物入境后,一般在港口报关放行后再内运,但经收货人要求,经海关核准也可运往另一设关地点办理海关手续,称为转关运输货物,属于海关监管货物。办理转关运输的进境地申报人必须持有海关颁发的"转送登记手册",监管货物在到达地申报时,必须递交进境地海关转关关封、"转关登记手册"和"转关运输准载证",申报必须及时,并由海关签发回执,交进境地海关。
⑭交货　货运代理人向货主交货有两种情况:一是象征性交货,即以单证交接、货物到港经海关验放,并在提货单上加盖海关放行章,将该提货单交给货主,即为交货完毕;二是实际性

交货,即除完成报关放行外,货运代理人负责向港口装卸区办理提货,并负责将货物运至货主指定地点,交给货主,集装箱运输中的整箱货通常还需要负责空箱的还箱工作。以上两种交货,都应做好交货工作的记录。

3. 拼箱货运流程

(1) 集拼业务概述。接受客户尺码或重量达不到整箱要求的小批量货物,把不同收货人、同一卸货港的货物集中起来,拼成一个 20 ft 或 40 ft 整箱,这种做法称为集拼(Consolidation)。承办集拼业务的货代企业必须具备如下条件:

①具有集装箱货运站(CFS)装箱设施和装箱能力。

②与国外卸货港货运站有拆箱分运能力的航运或货运企业建有代理关系。

③政府部门批准有权从事集拼业务并有权签发自己的提单(House B/L)。

从事集拼业务的国际货运代理企业由于其签发自己的提单(又称货代提单),故通常被视为承运人。作为无船承运人,其不是国际贸易合同的当事人;本人不拥有、不经营海上运输工具;在法律上有权订立运输合同,有权签发提单,并受该提单条款约束;因与货主订立运输合同而对货物运输负有责任;具有双重身份,对货主而言,是承运人,但对集装箱班轮公司而言,又是托运人。

(2) 拼箱业务流程

①不同货主(发货人)分别将不足一个集装箱的货物交集拼经营人。

②集拼经营人将拼箱货拼装成整箱后,向班轮公司办理整箱货物运输。

③整箱货装船后,班轮公司签发 B/L 或其他单据(如海运单)给集拼经营人。

④集拼经营人在货物装船后也签发自己的提单(House B/L)给每一个货主(发货人)。

⑤集拼经营人将货装船及船舶预计抵达卸货港等信息告知其卸货港的机构,同时,还将班轮公司 B/L 及 House B/L 的复印件等单据交卸货港代理人,以便向班轮公司提货和向收货人交付货物。

⑥与各货主之间办理包括 House B/L 在内的有关单证的交接。

⑦集拼经营人在卸货港的代理人凭班轮公司的提单等提取整箱货。

⑧不同货主(收货人)凭 House B/L 等在 CFS 提取拼箱货。

(3) 拼箱运输的方式。通常,拼箱货拼箱运输的方式可分为两种:直拼运输和混拼运输。直拼运输是指在同一起运港装箱、在同一卸货港拆箱交货的拼箱运输,运输途中不拆箱。混拼运输则是指拼箱货在中转港拆箱后,重新拼箱到卸货港交货的拼箱货运输。直拼运输方式比混拼运输方式在运输路线、相关手续、收费项目和费用等方面更为简单、更为节省。

4. 集装箱货物运输中船公司的业务

(1) 集装箱出口中船公司的业务

①掌握待运货源　公司通常采用下述两种方法掌握待运的货源情况,并据以部署空集装箱的计划:

● 暂定订舱　通常在船舶到港前 30 日左右提出,由于时间较早,所以这些货物能否装载到预定的船上,以及这些货物最终托运的数量是否准确,都难以确定。

● 确定订舱　通常在船舶到港前 7～10 日提出,一般能确定具体的船名、装船日期。

②配备集装箱　经营集装箱专用船舶的船公司需要配备适于专用船装载、运输的集装箱。在实际业务中并非所有的集装箱都由船公司负责配备,有的货主自己也配有集装箱。此外,还

有专门出租集装箱的租赁公司。

③接受托运　发货人或货物托运人以口头或书面形式提出订舱。船公司根据其运输要求和配备集装箱的情况,决定是否接受托运申请。船公司或其代理在订舱单上签署后,则表示已同意接受该货物的运输,船公司接受托运时,一般应了解下述情况:货物详细情况;运输要求;装卸港、交接货地点;由谁负责安排内陆运输;集装箱的种类、规格等。

④接受货物　集装箱运输下,船公司接受货物的地点有:集装箱码头堆场,整箱货由发货人或集装箱货运站负责装箱并运至码头堆场;集装箱货运站,作为船公司的代理时接受非整箱货运输;由船公司负责安排内陆运输时,则在发货人工厂或仓库接受整箱货运输。

船公司要了解:是否需要借用空集装箱;所需集装箱的数量及种类;领取空箱的时间、地点;由谁负责安排内陆运输;货物具体的装箱地点;有关特殊事项。

⑤装船　通过各种方式接受的货物,按堆场计划在场内堆存,待船舶靠泊后即可装船。装船的一切工作均由码头堆场负责进行。

⑥制送主要的装船单证　为了能及时向收货人发出装船通知,以及能使目的港集装箱码头堆场编制卸船计划和内陆运输等工作的需要,在集装箱货物装船离港后,船公司或其代理即行缮制有关装船单证,从速送至卸船港。

(2)集装箱进口中船公司的业务

①做好卸船准备工作　船公司主管进口货运的人,应在船舶从最后装船港开出后,即着手制订船舶预计到港计划,并从装船港代理那里得到有关货运单证。同时,与港方、收货人、海关和其他有关部门尽早取得联系,待船舶靠泊稳妥,尽快将集装箱卸下,并办理海关手续,做好交货准备工作。从装船港代理取得的主要单证有:

● 提单副本或码头收据副本　作为制订船舶预计到港通知书、交货通知书、交货凭证、货物舱单、动植物清单以及答复收货人有关货物方面的各种询问的依据。

● 积载图　作为编制集装箱卸船计划、堆场计划、交货计划以及有关集装箱、机械设备的保管、管理资料的依据。

● 集装箱装箱单　作为办理保税内陆运输和货物从码头堆场运出手续,以及为集装箱货运站办理掏箱、分类、交货的依据。

● 集装箱号码单　作为向海关办理集装箱暂时进口手续、设备管理的依据,以及作为与其他单据核对所用。

● 装船货物残损报告　凭此向责任方提出索赔,是货损事故处理中主要单证之一。

● 特殊货物表　作为向海关和有关方面办理危险品申报,以及冷藏货物、活牲畜等特殊货物的交货的依据。

②制作并寄送有关单据　船公司或其代理在收到装船港寄来的单据后,应从速制作下述有关单据寄送有关方:

● 船舶预计到港通知书　是向提单副本所记载的收货人或通知方寄送的单据,其内容和提单大致相同,除货物情况外,还记载该船预计抵港日期。普通船运输下,船公司一般不向收货人寄送船舶预计到港通知书。但在集装箱运输下,为了能使码头堆场顺利地进行工作,防止货物积压,使集装箱有效地利用而不发生闲置,需加速周转时,则有必要将货物预计到达的日期通知收货人,让收货人在船舶抵港前做好收货准备工作,等集装箱货物一从船上卸下即可提走。

● 交货通知　货物具体交付日期的通知。是在确定了船舶抵港日期和时间,并且确定了集装箱的卸船计划和时间后,船公司或其代理人把货物的交付时间通知收货人的单据。货物交付通知习惯上先用电话通知,然后寄送书面通知,以防止不必要的纠纷。

● 货物舱单　作为向海关申请批准卸货之用。

③卸船与交货　集装箱的卸船与交货计划主要由码头堆场负责办理，但收货人在接到船公司寄送的船舶预计到港通知后，有时会要求船边交货，船公司应转告集装箱码头堆场，尽可能满足收货人的要求。

④提货单的签发　除特殊情况外，船公司或其代理人只要收到正本提单，就有义务对提单持有人签发提货单。提货单仅作为交货的凭证，不具有提单的流通性。

7.1.3 集装箱运输单证

1. 集装箱运输单证的内容

国际集装箱运输单证系统由出口运输单证、进口运输单证及向口岸监管部门申报所用的相关单证构成。

进出口运输单证主要有：集装箱货物托运单、装箱单、设备交接单、场站收据、提单、集装箱预配清单、集装箱装载清单、集装箱预配船图、集装箱实装船图、理货报告、货物舱单、运费舱单、到货通知、提货单、交货记录等。

向海关、商检、动植物检疫、港监等口岸监管部门申报所用的相关单证主要有：报关单、合同副本、信用证副本、商业发票、进出口许可证、免税证明书、产地证明书、商品检验证书、药物/动植物报验单、危险品清单、危险品性能说明书、危险品包装证书、危险品装箱说明书等。

(1) **货主委托单证**

①出口基本单证　出口货运代理委托书、出口货物报关单、外汇核销单、商业发票、装箱单、重量单（磅码单）、规格单等包装单证。

②出口特殊单证　在基本单证以外，根据国家规定，按不同商品、不同业务性质、不同出口地区需向有关主管机关及海关交验的单证，例如：出口许可证、配额许可证、商检证、动植物检疫证、卫生证明、进料/来料加工手册、危险货物申请书、包装证、品质证、原产地证书等。

③危险品单证　在办理危险品托运时，通常需要提供下列有关危险品的单证：

● 按各类不同危险特性分别缮制托运单办理订舱。缮制危险品托运单时应注意：

a. 货物名称必须用正确的化学学名或技术名称。

b. 必须注明危险货物 DANGEROUS CARGO 字样，以引起船方的重视。

c. 必须注明危险货物的性质和类别。

d. 必须注明联合国危险品编号，例如：磷酸为 UN No. 1805。

e. 必须注明《国际海运危险货物规则》页码，例如：硝酸钾为 IMDG CODE PAGE 5171。

f. 易燃液体必须注明闪点，例如：FLASH POINT 20 ℃。

g. 需在积载时有特殊要求的，也必须在托运单上注明，供船舶配载时参考。

● 托运时必须同时提供中英文对照的"危险货物说明书"或"危险货技术证明书"一式数份，供港口、船舶装卸、运输危险货物时参考。

● 托运时必须同时提交经海事局审批的"包装危险货物安全适运申报单"（简称货申报），船代在配船以后凭货申报再向海事局办理"船舶载运危险货物申报单"（简称船申报），港务部门必须收到海事局审核批准的船申报后才允许船舶装载危险货物。

● 托运时应提交"检验检疫局"出具的按《国际海运危险货物规则》要求进行过各项试验结

果合格的"危险货物包装容器使用证书"。该证书需经港务管理局审核盖章后方才有效,港口装卸作业区凭港务局审核盖章后的证书同意危险货物进港并核对货物后方验放装船。海事局也凭该包装证书办理货物申报。

- 集装箱装载危险货物后,还需填制中英文"集装箱装运危险货物装箱证明书"一式数份,分送港区、船方、船代和海事局。
- 危险货物外包装表面必须张贴《国际海运危险货物规则》规定的危险品标志。
- 对美国出口或在美国转运的危险货物,托运时应提供英文"危险货物安全资料卡"(简称MSDS)一式两份,由船代转交承运人提供美国港口备案。
- 罐式集装箱装运散装危险货时,还须提供罐式集装箱的检验合格证书。
- 对美国出运危险货物或在香港转运危险货物,还需要增加一份《国际海运危险货物规则》推荐使用的"危险货物申报单"。

注意:托运危险货物时,应当依照有关海上危险货物运输的规定,妥善包装,做出危险品标志和标签,并将其正式名称和性质以及应当采取的预防危害措施书面通知承运人;托运人未通知或者通知有误的,承运人可以在任何时间、任何地点根据情况需要将货物卸下、销毁或使之不能为害,而不负赔偿责任。承运人知道危险货物的性质并已同意装运的,仍然可以在该项货物对于船舶、人员或者其他货物构成实际危险时,将货物卸下、销毁或者使之不能为害,而不负赔偿责任,但是,不影响共同海损分摊。

④进口单证　主要包括:进口货运代理委托书、进口订舱联系单、提单、发票、装箱单、保险单、进口许可证、机电产品进口登记表以及包括木箱熏蒸证明等在内的其他单证。

(2)"场站收据"联单。场站收据是由承运人签发的,证明已经收到托运货物并对货物开始负有责任的凭证。场站收据一般都由发货人或其代理人根据船公司已制定的格式进行填制,并跟随货物一起运至集装箱码头堆场,由承运人或其代理人在收据上签字后交还给发货人,证明托运的货物已经收到。发货人据此向承运人或其代理人换取收货待运提单或已装船提单,并根据买卖双方在信用证中的规定向银行结汇。

承运人或其代理人(如场站业务员)在签署场站收据时,应仔细审核收据上所记载的内容与运来的货物实际情况是否相一致,如货物的实际情况与收据记载的内容不一致,则必须修改。如发现货物或集装箱有损伤情况,则一定要在场站收据的备注栏内加批注,说明货物或集装箱的实际状况。

我国集装箱多式联运工业性试验(简称工试)中所设计的"场站收据"联单一式十联,俗称"排载单"或"十联单"。

①排载单(十联单)各联的用途

第一联:集装箱货物托运单(货主留底)(B/N)。

第二联:集装箱货物托运单(船代留底)。

第三联:运费通知(1),向出口单位收取运费。

第四联:运费通知(2),货代留底。

第五联:场站收据(装货单)(S/O),又称为关单或下货纸,经船代盖章有效,海关完成验关手续后,在装货单上加盖海关放行章,船方收货装船,并在收货后留底。

第五联副本:缴纳出口货物港务费申请书。

第六联:大副联(场站收据副本),收货单,又称为大副收据,与装货单一起流转,装货完毕后大副据理货公司的清单在此单上签字确认,货主凭其换取正本提单。

第七联:场站收据(Dock Receipt,D/R),货运代理公司留底。

第八联:配舱回单(1),货代订好舱,将船名、关单号填入后,自留。
第九联:配舱回单(2),货代订好舱,将船名、关单号填入后,返给出口公司。
第十联:缴纳出口货物港务费申请书。货上船后凭以收取港务费用。
有时还有第十一、十二联,由码头制作桩脚标志以备各仓库存查之用。
②排载单(十联单)的流转程序(图7-1)

图7-1 十联单的流转程序

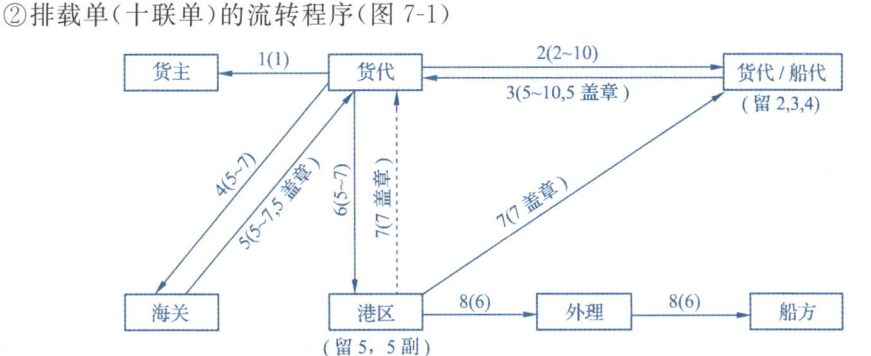

注:括号外的数字表示单证流转顺序,括号内的数字表示应用的十联单的第几联。

- 托运人填制集装箱货物托运单一式十联,委托货运代理人代办托运手续。
- 货代接单后审核托运单,若能接受委托,将货主留底联(第一联)退还托运人备查。
- 货运代理人持剩余的九联单到船公司或船公司的代理人处办理托运订舱手续。
- 船公司或其代理人接单后审核托运单,同意接收托运,在第五联即装货单上盖章,确认订舱承运货物,并加填船名、航次和提单号,留下第二至第四联共三联后,将余下的第五至第十共六联退还给货运代理人。
- 货运代理人留存第八联货代留底,缮制货物流向单以备今后查询;将第九、十联退托运人作为配舱回执。
- 货运代理人根据船公司或其代理人退回的各联缮制提单和其他货运单证。
- 货运代理人持第五至第七三联:装货单、大副联和场站收据正本,随同出口货物报关单和其他有关货物出口单证至海关办理货物出口报关手续。
- 海关审核有关报关单证后,同意出口,在场站收据副本即装货单上加盖放行章,并将各联退还货运代理人。
- 货运代理人将第五至第七共三联送交集装箱堆场或集装箱货运站,据此验收集装箱或货物。
- 若集装箱在港口堆场装箱,则集装箱装箱后,集装箱堆场留下装货单;若集装箱在货运站装箱,则集装箱入港后,港口集装箱堆场留下装货单和大副收据联,并签发场站收据给托运人或货运代理人。
- 集装箱装船后,港口场站留下装货单用于结算费用及以后查询,大副联交理货部门送大副留存。
- 发货人或其货运代理人持场站签收的正本场站收据到船公司或其代理人处,办理换取提单手续,船公司或其代理人收回场站收据,签发提单。在集装箱装船前可换取船舶代理签发的收货待运提单,或在装船后换取船公司或船舶代理签发的已装船提单。

目前各港口使用的排载单大同小异,大连港使用的排载单一式四联:第一联,集装箱货物托运单,船île留底;第二联,装货单,场站收据副本;第三联(粉),场站收据副本大副联;第四联(黄),场站收据。

(3) **集装箱预配清单**。集装箱预配清单是船公司为集装箱管理需要而设计的一种单据。

货主或货运代理人在订舱时缮制后随同订舱单据送船公司或其代理人,船公司配载后将该清单发给空箱堆存点,据以核发设备交接单及空箱之用。

(4) **集装箱发放/设备交接单**。当集装箱或机械设备在集装箱码头堆场或货运站借出或回收时,由码头堆场或货运站制作设备交接单,经双方签字后,作为设备交接的凭证。设备交接单不仅是集装箱进出港区、场站时,用箱人、运箱人与管箱人或其代理人之间交接集装箱及设备的凭证,还兼有发放集装箱的凭证功能,因此它既是一种交接凭证,又是一种发放证,对集装箱运输特别是对箱务管理起着巨大的作用。

设备交接单有"进场 IN"和"出场 OUT"各三联,分别是:箱管单位联、码头堆场联和用箱人及运箱人联。货主或委托货代或委托集卡公司与码头堆场进行集装箱(包括空箱和重箱)交接时,双方对集装箱进行目测检查、签字,用以分清责任。之后,各联各归其主,分别留底。

(5) **集装箱装箱单**。集装箱装箱单(CLP)是详细记载每一个集装箱内所装货物的名称、数量及箱内货物积载情况的单证。每个载货集装箱都要制作这样的单证,它是根据已装进箱内的货物情况制作的,是集装箱运输的辅助货物舱单。由于集装箱装箱单是详细记载箱内所载货物情况的唯一单证,所以在国际集装箱运输中,集装箱装箱单是一张极为重要的单证。装箱单记载事项必须与场站收据和报关单上的相应事项保持一致,否则会引发装错、退关、不能结汇等不良后果。装箱单的功能主要体现在以下几个方面:

①在装货地点作为向海关申报货物出口的代用单证。

②作为发货人、集装箱货运站与集装箱码头堆场之间货物的交接单。

③作为向承运人通知集装箱内所装货物的明细清单。

④在进口国及途经国作为办理保税运输手续的单证之一。

⑤单证上所记载的货物和集装箱的重量是计算船舶吃水差和稳性的基本数据。

⑥当发生货损时,作为处理事故索赔的原始依据之一。

目前各港口使用的装箱单大同小异,上海港使用的集装箱装箱单一式五联,由装箱人(仓库、供货工厂)或装箱站(CFS)于装箱时缮制,其中一联由装箱人留存,四联随箱磅装运港区,供港区编制集装箱装船舱位配置计划和船公司或其代理缮制提单等参考。

(6) **集装箱联运提单**。与海运提单一样,集装箱联运提单的主要功能是承运人或其代理人签发的货物运输收据,是货物的物权凭证,是承运人与托运人之间运输契约成立的证明。不同的业务模式根据签发人不同,可分为船东提单和货代提单。整箱货多由承运人或其代理签发船东提单,拼箱货一般由组织集拼业务的货代企业签发货代提单。

因为集装箱联运提单可以是一张收货待运提单,所以现行的集装箱联运提单在其正面都有表面条款,以说明货物在使用集装箱运输情况下所签发的提单的性质和作用。该条款由"确认条款""承诺条款""签署条款"组成,主要内容有:

①确认条款 表明负责集装箱运输的人是在集装箱货物"外表状况良好,封志完整"下接受货物的,并以同样状况交货,并说明签发给货物托运人的是收货待运提单。

②承诺条款 该条款表示货物托运人同意并接受提单中的所有条件,并受其约束。当然,这并不是集装箱运输提单中特有的条款,普通海运提单也有类似规定。

③签署条款 该条款表明由谁签发提单,以及正本提单签发的份数。普通海运提单都列有船长签署的规定,尽管实际上提单可能并非由船长签发。现行的集装箱联运提单一般都列有船公司的名称,而且不管由谁签发提单,都仅是"代表承运人"签字,或者"仅以代理人身份"签字。

(7) **提货单**。提货单是收货人凭正本提单向承运人或其代理人换取的可向港区、场站提取集装箱或货物的凭证,也是承运人或其代理人对港区、场站放箱交货的通知。

(8) 交货记录。它是承运人把集装箱货物交付收货人时,双方共同签署的证明货物已交付,承运人对货物责任已告终止的单证。交货记录通常在船舶抵港前由船舶代理依据舱单、提单副本等卸船资料预先制作。交货记录中货物的具体出库情况由场站、港区的发货员填制,并由发货人、提货人签名。

在集装箱班轮运输中普遍采用"交货记录"联单以代替件杂货运输中使用的"提货单"。"交货记录"的性质实质上与"提货单"一样,仅仅是在其组成和流转过程方面有所不同。"交货记录"标准格式一套共五联:到货通知书、提货单、费用账单(蓝色)、费用账单(红色)、交货记录。其流转程序为:

① 船舶代理人在收到进口货物单证资料后,缮制"交货记录"联单,并向收货人或其代理人发出"到货通知书"。

② 收货人或其代理人在收到"到货通知书"后,凭海运正本提单向船舶代理人换取后四联。船代收回提单并在"提货单"上盖章。

③ 收货人或其代理人持"提货单"及其他货物报关资料向海关申报。海关验放后在"提货单"上盖放行章。

④ 收货人及其代理人持后四联到场站提货。场站核对无误后,将"提货单""费用账单"联留下作为放货、结算费用及收费依据。在"交货记录"联上盖章。提货完毕后,提货人应在规定的栏目内签名,完成货物的交接,承运人对货物的责任终止。

2. 集装箱运输单证与 EDI

集装箱船的航速及其他运输工具的运行速度的提高有一定的限度,因此缩短集装箱货物在港站的停留时间就显得十分重要。在集装箱运输港站以及与货代、船代、运输公司、银行、保险、监管等部门的业务活动中,围绕着集装箱的验收、提取、装卸、堆存、装箱、拆箱、费收、一关三检等,存在着错综复杂的作业环节,伴随着众多的信息、单证的处理要求。因此,实现集装箱运输信息、单证的电子化处理,对提高集装箱运输的效率有着十分重要的意义。

(1) 集装箱运输信息内容。在集装箱运输过程中,集装箱码头是一切有关信息的处理中心。其所处理的信息中,出口信息源于运输合同,从收货、配箱、装箱、订舱到内陆运输公司向码头集箱。在这个过程中所形成的出口装载清单信息,经船公司的授权代理加工后送至码头,它是码头出口箱作业的依据。码头生成的船图信息,经理货公司由船代送至船公司,这也是下一挂靠港要求船公司必须提供的信息。在进口信息中,进口船图、进口舱单、船期等由船代送至码头,再根据需要提供给场站,以保证及时疏运。在进出口货箱位移及业务受理过程中的其他信息,如海关申报与答复、海关货物与运输报告等均有大部分与上述信息相同的流转。由此可以看出,集装箱运输的信息交换可以分为以下三部分:

第一部分,船公司、代理与货主:主要包括外贸运输合同及说明、订舱及确认、到货通知、报关、费用核收、中转及提单等信息。

第二部分,港口及腹地集疏运(公路、铁路、内河运输等):主要包括拆装箱、空箱调运、场地申请、运输订单、计划及实际的集装箱交接信息等。

第三部分,本港、开来港及下一挂靠港:主要包括船期及直接影响装卸效率的船图、舱单、装载指示等信息。

(2) 集装箱运输信息需求

① 船舶信息 船舶代理一般在所代理的船舶抵港前 72 h、48 h、24 h 向港务局报告船舶抵港预报和确报时间,并及时汇报变更时间。船舶预报、确报的内容有:船名、国籍、性质、抵港时间、艏艉吃水、进出口货名、数量、船舶规范、装卸设备状况及特殊货物装载情况和要求等。港

方据此及时进行科学合理的安排，这对缩短船舶在港时间、降低运输成本具有十分重要的意义。另一方面，船公司也需要及时掌握船舶在港作业动态、待泊停时及离港信息。

目前，上述信息大多通过传真、电报、电话索取，但事实上它们均可以通过 EDI 系统生成。如果能实现船期及船舶抵港等动态信息的电子传送，则港航间可相互补充双方所需的信息，提高港口调度工作效率。

②装卸船信息　按照港口作业规定，船舶必须具备下列条件才能安排作业：

● 进口　船图、舱单及卸货有关资料必须齐备；具有港口主管部门批准的危险货物作业通知书；货物流向及接卸方案已做出详细安排；超高、超宽、重大件设备具体资料预先摸清，特种车做好具体安排。

● 出口　信用证、商品检验、海关等手续办理完毕；备齐货物；做出配载及货物积载图；能连续作业。

在装港，集装箱预配清单（俗称出口舱单）是制订收箱计划、检查、收箱、积载、安排装船顺序的依据，它所产生的出口船图是下一挂靠港的必备资料。在集装箱码头装卸作业中，进口船图和进口舱单是制订卸船计划、安排卸船顺序的依据。

传统方式下上述资料均靠纸面单证提供，再由人工输入计算机，产生装、卸船计划。对近洋航线，船图、舱单随船带，这样只有在船舶停靠锚地后才能取下，并输入计算机。对远洋航线则采用传真方式，传真船图往往由于模糊不清而延长校对时间。这样做费工费时、效率低下、延长船舶在港时间。因此，提高装卸船信息处理效率，对缩短船舶在港停时具有重要意义。在这方面需要交换的信息有：船名、航次、箱号、箱型、箱类、箱重、始发港、目的港、下一挂靠港、提单号、箱位、发货人、收货人、货类、货名等，它们主要反映在船图、舱单、装卸指示、危险品通知等纸面单证中。

此外，溢卸、短卸、实际卸船箱数、装船箱数等信息都是船方需要从码头得到的信息。对于国际航线的船舶应实行强制理货，理货员代表船方对货物进行清点、验收和交付，对货物的溢短、残损实事求是地记录，办理货物交接手续。因此，上述信息大多在船舶代理、理货方和集装箱码头之间交换。

③内陆集疏运信息　内陆集疏运是国际集装箱多式联运中的一个极为重要、不可缺少的中间环节。集装箱码头通过向其内陆辐射的运输线，将各个内陆场站与港口组成一张覆盖港口内陆腹地的运输网。通过这张网，托运人将货物或集装箱交给附近场站，然后再集中起来通过运输网送到集装箱码头。

在整个内陆集疏运进出口业务过程中，需要交接的单证主要有：货物托运单，包括货物名称、件数、包装、体积、重量、起运港、到达港、发货人和收货人等有关货物运输事项；装箱指示，货代对承运货物的装箱提出明细要求；装箱单，箱内货物明细表；箱体动态，集装箱进出站、拆装箱信息。

④货源组织与管理信息

● 出口　船公司通过发货人的暂时订舱与确定订舱了解和掌握货源情况。暂时订舱虽有一定的不确定性，但能使船公司大致了解今后一段时间内货运情况，为船公司的货运组织与管理奠定基础。确定订舱是集装箱货源的确切信息，包括订舱船名、接货地点、装货港、卸货港、交货地点、揽货代理名称、货名、数量、包装、重量、接货方式、交货方式、所需空箱数、装箱地点等。应寄往卸货港的单证主要有提单与场站收据副本、集装箱号码单、集装箱积载图、货物舱单、特种货物一览表。

● 进口　为保证集装箱船舶抵达卸货港后尽快把箱货送到收货人手中，船公司主管进口运输业务的工作人员或其代理要根据装船港寄来的运输单证做好以下工作：向海关、商检以及其他有关部门办理验放手续;办理卸货与接收手续;向收货人发出通知;根据提单签发箱单。

⑤集装箱管理信息　对进口箱的盘存管理在集装箱船舶的营运中占有十分重要的地位。如果集装箱在港口或腹地停留时间过长,不仅会引起集装箱需要量的增加,而且还会造成集装箱搬运费用和堆场费用的增加。因此,掌握集装箱在腹地的信息对加快集装箱周转速度,提高集装箱运输的营运效果,有着直接的影响。

⑥监管放行信息　集装箱运输部门向海关报送的信息主要有:海关申报单或货物报告(货物舱单)以及货主提供的许可证、产地证、发票及商检证等信息。为减少箱货在港停留时间,提高运输效率,集装箱运输部门希望海关能尽快反馈有关放行信息。

⑦银行、保险信息　必要时,理货公司要向保险公司提供溢卸、短卸及船期信息以核查保险金额。运输部门与银行之间存在着到款、付款、结汇等信息传递。

(3) 集装箱运输单证与 EDI 报文。EDI 报文是 EDI 的数据交换标准。根据我国交通部于 1997 年 5 月 1 日发布的《海上集装箱运输电子数据交换管理办法》的要求,用以替代纸面单证的我国 EDI 报文的格式代码数据应采用联合国欧洲经济委员会颁布的《行政、商业和运输用电子数据交换规则》(UN/EDIFACT)国际标准或国家技术监督局颁布的国家标准。无国际标准和国家标准时,可采用行业标准或协议标准。

每条电子报文是组成一笔完整业务的信息载体,适用于某一业务功能,并且与某一业务单证或其中一部分相对应。与《海上集装箱运输电子数据交换管理办法》同时发布的《海上集装箱运输电子数据交换电子报文替代纸面单证管理规则》,结合我国国际集装箱运输的实际业务需求和 UN/EDIFACT 报文的功能,确定以 23 种电子报文替代相应的纸面单证。并规定,电子报文替代纸面单证时,电子报文与纸面单证具有同等效力;电子报文的保存期与纸面单证相同。这些电子报文涉及船舶动态、装卸船信息、内陆集疏运、货源组织与管理、监管部门及银行保险等方面,其中主要有:

①船期表报文(IFTSAI)　替代进出口船期预报、船期公告。该报文应包含五日、半个月或一个月内的进口船信息、挂靠港信息、联系人信息。

②舱单报文(IFCSUM)　替代进口舱单、出口舱单。该报文包含一个航次的船舶信息、提单信息、货主信息和收货人信息、通知人信息以及货物信息。其中货物信息包括货物描述和含有运费信息在内的箱信息等。

③船图报文(BAPLIE)　替代进口船图、出口船图。该报文包含一个船名、航次的信息以及含有地点信息、危险品信息和必要注释在内的箱信息。

④集装箱装/卸报文(COARRI)　替代装船清单、装/卸箱清单、理货清单、集装箱清单。该报文应包含船舶信息和含有装/卸交货地信息和残损信息在内的箱信息。

⑤危险品通知报文(IFTDGN)　替代危险品性能说明书、危险品货物申报单、危险品货物准运单、危险品船运申报单。该报文包含船舶信息、装卸港信息、货物信息和箱信息。

⑥装箱单报文(COSTCO)　替代装箱单。该报文应包含船舶信息、装卸港信息、货物信息、货物描述、唛头、危险品信息和箱信息。

⑦集装箱进/出门报文(CODECO)　具有设备交接单部分功能。该报文应包含船舶信息、箱信息、残损信息和多式联运信息。

⑧正式订舱报文(IFTMBF)　替代集装箱货物托运单、订舱申请单。该报文应包含订舱号和港口、收货地和装货港、可选卸货港、发货人、收货人、通知人、订舱预配箱、订舱货物、集装箱细目、货物信息、运费条款以及其他信息。

⑨装箱指示报文(COSTOR)　替代装箱单、预配清单。该报文应包含船舶有关的信息、卸货港和交货地点、提单号和集装箱细目、货物信息、货物描述、危险品信息。

⑩一关三检申报单报文(CUSDEC)　替代海关申报单、商品检验申报单、卫生检疫申报单、动植物检疫申报单。该报文包含船信息、货信息、箱信息、提单信息以及一关三检当局对在进口、出口、中转过程中所申报的信息作出货物放行、查验、拒绝放行的信息。

上述规则中确定的23个电子报文覆盖了将近90%的集装箱运输单证,尚缺提单及提单副本、运费发票、运费舱单、银行汇票、税单等。这当中主要是与银行部门的信息传递,由于诸如体制、采用标准等原因,目前实现电子交换尚有困难,需要进一步分析、研究,以确定可以实现的交换内容和交换方式。

7.2　集装箱运输运费核算

7.2.1　集装箱运价

集装箱运输费用的单位价格称为集装箱运价。集装箱运价不是一个简单的价格金额,而是包括费率标准、计收办法、承托双方责任、费用、风险划分等的综合价格体系。由于集装箱运输打破了"港到港"交接的传统,可以实现"门到门"运输,使得承运人的运输路线增长,运输环节增多,运输过程中的成本构成也与传统运输有很大的区别,而且由于以集装箱为运输单元,所以其计费方式也有了很大变化。

1. 贸易条件与计费标准

(1)集装箱运输与国际贸易价格条件。现代国际贸易中,集装箱运输和国际多式联运的使用越来越广泛,货物交接向内陆延伸,实现了"门到门"交接。在这种情况下,上述三种常用价格条件难以完全适应新形势发展的需要。鉴于此,国际商会(ICC)在《INCOTERMS 1990》中推出了以下三种贸易价格条件:货物交指定地点承运人价格(FCA价)、运费付至目的地价格(CPT价)、运费保险费付至目的地价格(CIP价)。这三种贸易价格条件不仅适用于公路、铁路、海运、内河、航空等单一运输方式,而且适用于两种或两种以上运输方式相结合的国际集装箱多式联运。

在目前常用的三种价格体系(FOB、CFR、CIF价)中,买卖双方的责任和风险划分以装货港或卸货港的船边为界线,而新的价格条件中,买卖双方的责任和风险划分以货物交给承运人或收货人为界线。尽管目前国际集装箱运输中货物的交接地点已延伸到内陆,但习惯上仍然沿用上述三种常用的价格条件。

(2)按箱计费标准。目前,尽管有些国家在公路和铁路集装箱运输中仍沿用吨千米计价,但大多数国家对整箱货都采用按箱计费的箱千米运价;在拼箱货运输中,各国和地区采用的运价有区别,有的采用传统件杂货运价加附加费形式,有的采用以货物重量或体积为计费标准(W/M费率)的运价。拼箱货运价一般都包含货物的装、拆箱及集装箱货运站费用。

大多数班轮公司的整箱货海运运价一般都采用包箱费率(Box Rates),包括集装箱的海上运费与装、卸港码头的装卸费用。

集装箱港口装卸费一般也是以箱为单位计收的,大多采用包干费形式(装卸包干费与中转包干费)。此外,在运输全过程中,集装箱在起运地、中转地、终点堆场存放超过规定的免费堆存期时收取的滞期费一般也是按箱天数计收的。

2. 集装箱运费的基本结构

传统的件杂货运价是分方式、分段计算的。作为承担绝大部分国际运输的海运段运价，其结构是建立在"港到港"交接基础上的，仅包括货物的海上运费和船边装船、卸船费用，一般把这三项费用称为海运费。

在国际多式联运下，集装箱货物交接从港口向内陆延伸，使运输经营人的责任和风险扩大到内陆港口、货运站、货主工厂或仓库等内陆地点，相应的集装箱运费构成不仅包括海运费，还包括内陆集疏运费、堆场服务费、货运站服务费、集装箱及设备使用费和港口中转费等。

(1) 海运费。包括基本运费和各种附加费，是集装箱运费收入的最主要部分。

(2) 港区服务费

① 堆场服务费　又称码头服务费 (THC)，装船港堆场接收出口的整箱货以及堆存和搬运至装卸桥下的费用；卸货港装卸桥下接收进口箱及搬运至堆场和堆存的费用；包括装卸港单证等费用。堆场服务费可以在装卸港分别向收货人和发货人收取，也可在 CY/CY 条款下并入海运费，在某些国家以附加费形式计收。

② 货运站服务费　指拼箱货经由货运站作业时的各种操作费用，包括提还空箱、装箱、拆箱、封箱、做标记，在货运站内货物的正常搬运与堆存，签发场站收据、装箱单，必要的分票、理货与积载等费用。就拼箱货的总费用，船公司可分海运费及拼箱服务费两部分分别收取，也可合并计收。

③ 集疏运费　也称转运费，指由发货地运往集装箱码头堆场或由集装箱码头堆场运往交货地的费用。经由水路和陆路的转运费分别为：

- 集散运输费　指将集装箱货物由收货地经水路运往集装箱码头堆场间的运费。
- 内陆运输费　指集装箱货物经陆路 (公路或铁路) 从港口到交货地之间的运费。

采用陆路运输时，通常可由承运人和货主自行负责运输。如果由承运人运输，费用包括区域运费 (空、重箱运费)、无效拖运费、变更装箱地点费、装箱时间延迟费及清扫费；由货主自行运输时，承运人通常根据协议将空箱出借给货主或将重箱交由货方自行负责拖运，费用仅包括集装箱装卸车费、超期使用费等。

(3) 集装箱不同交接方式下的运费构成 (表7-1)

表 7-1　　　　集装箱不同交接方式下的运费构成

交接方式	交接地——装港				海运	卸港——收货地				费用结构 T
	A_1	B_1	C_1	D_1	E	D_2	C_2	B_2	A_2	
D—D	A_1	B_1			E			B_2	A_2	$A_1+B_1+E+B_2+A_2$
D—CY	A_1	B_1			E		C_2	B_2		$A_1+B_1+E+C_2+B_2$
D—CFS	A_1	B_1			E	D_2		B_2		$A_1+B_1+E+D_2+B_2$
CY—D		B_1	C_1		E			B_2	A_2	$B_1+C_1+E+B_2+A_2$
CY—CY		B_1	C_1		E		C_2	B_2		$B_1+C_1+E+C_2+B_2$
CY—CFS		B_1	C_1		E	D_2		B_2		$B_1+C_1+E+D_2+B_2$
CFS—D		B_1		D_1	E			B_2	A_2	$B_1+D_1+E+B_2+A_2$
CFS—CY		B_1		D_1	E		C_2	B_2		$B_1+D_1+E+C_2+B_2$
CFS—CFS		B_1		D_1	E	D_2		B_2		$B_1+D_1+E+D_2+B_2$

注：A_1、A_2 分别为装港与卸港的转运费；B_1、B_2 分别为装港与卸港的堆场服务费；C_1、C_2 分别为装港与卸港的装卸车辆费；D_1、D_2 分别为装港与卸港的货运站服务费；E 为海运费。

7.2.2 集装箱海运运价

由于海上集装箱运输大多采用班轮方式经营,所以集装箱海运运价实质上也属于班轮运价的范畴。其运费计算方法与普通班轮运输的运费计算一样,也是根据费率本规定的费率和计费办法计算运费的,并有基本运费和附加运费之分。

1. 国际集装箱海运运价确定原则

(1) *运输服务成本原则*。所谓运输服务成本(The Cost of Service)原则,是指班轮经营人为保证班轮运输服务连续、有规则地进行,以运输服务所消耗的所有费用及一定的合理利润为基准确定班轮运价。根据这一原则确定的班轮运价可以确保班轮运费收入不致低于实际的运输服务成本。该原则被广泛应用于国际航运运价的制定。

(2) *运输服务价值原则*。运输服务价值(The Value of Service)原则从需求者的角度出发,依据运输服务所创造的价值进行定价。它是指货主根据运输服务能为其创造的价值水平而愿意支付的价格。运输服务的价值水平反映了货主对运价的承受能力。如果说按照运输服务成本原则制定的运价是班轮运价的下限的话,那么,按照运输服务价值原则制定的运价则是其上限。

(3) *运输承受能力原则*。这是一个很古老,也是在过去采用较为普遍的运价确定原则。考虑到航运市场供求对班轮运输的巨大影响,运输承受能力原则采用的定价方法是以高价商品的高费率补偿低价商品的低费率,从而达到稳定货源的目的。按照这一定价原则,承运人运输低价货物可能会亏本,但是,这种损失可以通过对高价货物收取高费率所获得的赢利加以补偿。这种定价方法消除或减少了不同价值商品在商品价格与运价之间的较大差异,从而使得低价商品不致因运价过高失去竞争力而放弃运输,实现了稳定货源的目的。因而对于班轮公司来说,这一定价原则具有十分重要的意义。

2. 国际集装箱海运运价的基本形式

(1) *均一包箱费率*。均一包箱费率(Freight for All Kinds Rates,FAK)简称均一费率,是指对所有货物均收取统一的运价。所有相同航程的货物征收相同的费率,而不管其价值如何。它实际上是承运人将预计的总成本分摊到每个所要运送的集装箱上所得出的基本的平均费率。

这种运价形式从理论上讲是合乎逻辑的,因为船舶装运的以及在港口装卸的都是占用相同舱容和面积的集装箱而非货物。但是,采用这种运价形式对低价值商品的运输会产生负面影响。因此,在目前大多数情况下,船公司被迫对这两种货物分别收取不同的运价,均一费率实际上还是将货物分为5~7个费率等级。

(2) *包箱费率*。包箱费率(Commodity Box Rates,CBR)又称货物包箱费率,是各公司根据自身情况,按集装箱的类型制定的不同航线的包干运价,既包括集装箱海上运输费用,也包括在装、卸港码头的费用。包箱费率主要有三种形式:

① FAK 包箱费率(Freight for All Kinds) 这种包箱费率是对每一集装箱不细分箱内货物的货类级别,不计货量(在重量限额以内),只按箱型统一规定的费率计费,也称为均一包箱费率。采用这种费率时货物仅分为普通货物、半危险货物、危险货物和冷藏货物四类。不同类的

货物、不同尺度(20 ft/40 ft)的集装箱费率不同。这种费率受运输市场供求关系变化影响较大,变动也较为频繁,一般适用于短程特定航线的运输和以 CY－CY,CFS－CFS 方式交接的货物运输。

②FCS 包箱费率(Freight for Class)　这种费率是按不同货物种类和等级制定的包箱费率。在这种费率下,一般(如中远运价本)将货物分为普通货物、非危险化学品、半危险货物、危险货物和冷藏货物等大类,其中普通货物与件杂货分为 1～20 级。各公司运价本中按货物种类、级别和箱型规定包箱费率,但集装箱货的费率级差要大大小于件杂货费率级差。一般来讲,等级低的低价货费率高于传统件杂货费率,等级高的高价货费率低于传统费率,同等级的货物按重量吨计费的运价高于按体积吨计费的运价,反映了船公司鼓励货主托运高价货和体积货。

使用这种费率计算运费时,先要根据货名查到等级,然后按货物大类等级、交接方式和集装箱尺度查表,即可得到每只集装箱相应的运费。这种费率属于货物(或商品)包箱费率。中远运价本中,在中国－澳大利亚和中国－新西兰航线上采用这种费率形式。

③FCB 包箱费率(Freight for Class and Basis)　FCB 包箱费率是指按不同货物的类别、等级(Class)及计算标准(Basis)制定的包箱费率。在这种费率下,即使是装有同种货物的整箱货,当用重量吨或体积吨为计算单位时,其包箱费率也是不同的。这是它与 FCS 包箱费率的主要区别。

使用这种费率计算运费时,首先不仅要查清货物的类别等级,还要查明货物应将体积还是重量作为计算单位,然后按等级、计算标准及交接方式、集装箱类别查到每只集装箱的运费。这种费率也属于货物(或商品)的包箱费率。中远运价本中在中国－卡拉奇等航线上采用这种费率形式。

(3)运量折扣费率。运量折扣费率(Time-volume Rates,又称 Time-volume Contracts,TVC)是为适应集装箱运输发展需要而出现的又一费率形式。它实际上就是根据托运货物的数量给予托运人一定的费率折扣,即托运货物的数量越大,支付的运费率就越低。当然,这种费率可以是一种均一费率,也可以是某一特定商品等级费率。

3. 国际集装箱海运运费的计算

(1)拼箱货海运运费的计算。目前,各船公司对集装箱运输的拼箱货运费的计算,基本上是依据件杂货运费的计算标准,按所托运货物的实际运费吨计费,即尺码大的按尺码吨计费,重量大的按重量吨计费。此外,在拼箱货海运运费中还要加收与集装箱货运站作业有关的费用,如拼箱服务费、困难作业费、超重或超大件作业费等。拼箱货海运运费计收应注意以下要点:

①承运人在运费中加收拼箱服务费等常规附加费后,不再加收件杂货码头收货费用。承运人运价本中规定 W/M 费率后,基本运费与拼箱服务费均按货物的重量和尺码计算,并按其中高者收费。

②拼箱货运费计算与船公司或其他类型的承运人承担的责任和成本费用是一致的。拼箱货由货运站负责装、拆箱,承运人的责任从装箱的货运站开始到拆箱的货运站为止,接收货物前和交付货物后的责任不应包括在运费之内。装拆箱的货运站应为承运人所拥有或接受承运人委托来办理有关业务。

③由于拼箱货涉及不同的收货人,因而拼箱货不能接受货主提出的有关选港或变更目的港的要求。因此,在拼箱货海运运费中没有选港附加费和变更目的港附加费。

④拼箱货起码运费按每份提单收取,或计费时不足 1 t 或 1 m^3 时按 1 W/M 收费。在拼

箱运输下,一个集装箱中一般装有多票货物。为保证承运人的利益,各船公司每票货物规定最低运费吨。

⑤对符合运价本中有关成组货物的规定和要求按拼箱货托运的成组货物,一般给予运价优惠,计费时应扣除托盘本身的重量或尺码。

(2) 整箱货海运运费的计算。对于整箱托运的集装箱货物运费的计收:一种方法是同拼箱货一样,按实际运费吨计费;另一种,也是目前采用较普遍的方法,是根据集装箱的类型按箱计收运费。

在整箱托运集装箱货物且所使用的集装箱为船公司所有的情况下,承运人有按集装箱最低利用率(Container Minimum Utilization)和集装箱最高利用率(Container Maximum Utilization)支付海运运费的规定。

①按集装箱最低利用率计费 一般说来,班轮公会在收取集装箱海运运费时通常只计算箱内所装货物的吨数,而不对集装箱自身的重量或体积进行收费,但是对集装箱的装载利用率有一个最低要求,即"最低利用率"。不过,对有些承运人或班轮公会来说,只有当采用专用集装箱船运输集装箱时,才不收取集装箱自身的运费,而当采用常规船运输集装箱时则按集装箱的总重(含箱内货物重量)或总体积收取海运运费。

规定集装箱最低利用率的主要目的是,如果所装货物的吨数(重量或体积)没有达到规定的要求,则仍按该最低利用率相应的计费吨来计算运费,以确保承运人的利益。目前,按集装箱最低利用率计收运费的形式主要有三种:最低装载吨、最低运费额以及上述两种形式的混合形式。

最低装载吨可以是重量吨或体积吨,也可以是占集装箱装载能力(载重或容积)的百分比。以重量吨或体积吨表示的最低装载吨数通常是依集装箱的类型和尺寸的不同而不同;而当按集装箱装载能力的一定比例确定最低装载吨时,该比例对于集装箱的载重能力和容积能力通常是一样的。

最低运费额是按每吨或每个集装箱规定一个最低运费数额,其中后者又被称为"最低包箱运费"。

上述两种形式的混合形式根据下列方法确定集装箱最低利用率:集装箱载重能力或容积能力的一定百分比加上按集装箱单位容积或每集装箱规定的最低运费额;最低重量吨或体积吨加上集装箱容积能力的一定百分比。

②亏箱运费(Short Fall Freight)的计算 当集装箱内所装载的货物总重或体积没能达到规定的最低重量吨或体积吨,而导致集装箱装载能力未被充分利用时,货主将支付亏箱运费。亏箱运费即所规定的最低计费吨与实际装载货物数量之间的差额。在计算亏箱运费时,通常以箱内所载货物中费率最高者为计算标准。此外,当集装箱最低利用率以"最低包箱运费"形式表示时,如果根据箱内所载货物吨数与基本费率相乘所得运费数额,再加上有关附加费之后仍低于最低包箱运费,则按后者计收运费。

③按集装箱最高利用率计收运费 集装箱最高利用率的含义是,当集装箱内所载货物的体积吨超过集装箱规定的容积装载能力(集装箱内容积)时,运费按规定的集装箱内容积计收,也就是说超出部分免收运费。至于计收的费率标准,如果箱内货物的费率等级只有一种,则按该费率计收;如果箱内装有不同等级的货物,计收运费时通常采用下列两种做法:一种做法是箱内所有货物均按箱内最高费率等级货物所适用的费率计算运费;另一种做法是按费率高低,从高费率起往低费率计算,直至货物的总体积吨与规定的集装箱内容积相等为止。

如果货主没有按照承运人的要求详细申报箱内所装货物的情况,运费则按集装箱内容积计收,而且,费率按箱内货物所适用的最高费率计。如果箱内货物只有部分没有申报数量,那么未申报部分运费按箱子内容积与已申报货物运费吨之差计收。

规定集装箱最高利用率的目的主要是鼓励货主使用集装箱装运货物,并能最大限度地利用集装箱的内容积。为此,在集装箱海运运费的计算中,船公司通常都为各种规格和类型的集装箱规定了一个按集装箱内容积折算的最高利用率,例如,20 ft 集装箱的最高利用率为 31 m^3,而 40 ft 集装箱的最高利用率为 67 m^3。最高利用率之所以用体积吨而不用重量吨为计算单位,是因为每一集装箱都有其最大载重量,不允许超重。

④整箱货余箱运费　许多船公司为争取更多货源,对较大数量的货物给予优惠。如对整箱货余箱运费计收,船公司有规定,当货主托运箱量达到一定数量时,最后一箱按实际装箱体积收费。

(3) 特殊货物海运运费的计算

①特种箱　特种箱通常指高箱、开顶箱、平板箱、框架箱等有别于普通干货箱的箱型。这类集装箱由于其装卸及处理上的特殊原因,一般在普通 CY/CY 条款基础上加收一定百分比的运费,如 40 ft 高箱比普通箱高 1 ft,所以费率通常为普通箱的 110%;开顶箱、平板箱、框架箱 CY/CY 运价为普通箱运价的 130%(船公司可根据实际情况确定适当的比例)。

②成组货物　班轮公司通常对符合运价本中有关规定与要求,并按拼箱货托运的成组货物在运费上给予一定的优惠,在计算运费时,扣除货板本身的重量或体积,但这种扣除不能超过成组货物(货物加货板)重量或体积的 10%,超出部分仍按货板上货物所适用的费率计收运费。但是,对于整箱托运的成组货物,则不能享受优惠运价,并且,整箱货的货板在计算运费时一般不扣除其重量或体积。

③家具和行李　对装载在集装箱内的家具或行李,除组装成箱子再装入集装箱外,应按集装箱内容积的 100% 计收运费及其他有关费用。该规定一般适用于搬家的物件。

④服装　当服装以挂载方式装载在集装箱内运输时,承运人通常仅接受整箱货"堆场/堆场"(CY/CY)运输交接方式,并由货主提供必要的服装装箱物料如衣架等。运费按集装箱内容积的 85% 计算。当箱内除挂载的服装外还装有其他货物时,服装仍按箱容的 85% 计收运费,其他货物则按实际体积计收运费。但当两者的总计费体积超过箱容的 100% 时,其超出部分免收运费。在这种情况下,货主应提供经承运人同意的公证机构出具的货物计量证书。

⑤回运货物　回运货物是指在卸货港或交货地卸货后的一定时间以后,由原承运人运回原装货港或发货地的货物。对于这种回运货物,承运人一般给予一定的运费优惠,例如,当货物在卸货港或交货地卸货后 6 个月由原承运人运回原装货港或发货地,对整箱货(原箱)的回程运费按原运费的 85% 计收,拼箱货则按原运费的 90% 计收回程运费。但货物在卸货港或交货地滞留期间发生的一切费用均由申请方负担。

⑥货物滞期费　在集装箱运输中,货物运抵目的地后,承运人通常给予箱内货物一定的免费堆存期(Free Time),但如果货主未在规定的免费期内前往承运人的堆场提取货箱或去货运站提取货物,承运人则对超出的时间向货主收取滞期费(Demurrage)。根据班轮公司的规定,在货物超过免费堆存期后,承运人有权将箱货另行处理。对于使用承运人的集装箱装运的货物,承运人有权将货物从箱内卸出,存放于仓储公司仓库,由此产生的转运费、仓储费以及搬运过程中造成的事故损失费与责任均由货主承担。

⑦集装箱超期使用费　如货主所使用的集装箱和有关设备为承运人所有,而货主未能在免费使用期届满后将集装箱或有关设备归还给承运人,或送交承运人指定地点,承运人则按规定对超出时间向货主收取集装箱超期使用费。

(4) 附加费的计算。与普通班轮一样,国际集装箱海运运费除计收基本运费外,也要加收各种附加费。附加费的标准与项目根据航线和货种的不同而有不同的规定。集装箱海运附加

费通常包括以下几种形式:

①货物附加费(Cargo Additional) 某些货物,如钢管之类的超长货物、超重货物、需洗舱(箱)的液体货物等,由于它们的运输难度较大或运输费用增高,因而对此类货物要增收货物附加费。对于集装箱运输来讲,计收对象、方法和标准有所不同。例如对超长、超重货物加收的超长、超重、超大件附加费(Heavy-lift and Over-length Additional)只对由集装箱货运站装箱的拼箱货收取,其费率标准与计收办法与普通班轮相同。如果采用CFS/CY条款,则对超长、超重、超大件附加费减半计收。

②变更目的港附加费 变更目的港仅适用于整箱货,并按箱计收变更目的港附加费。提出变更目的港的全套正本提单持有人,必须在船舶抵达提单上所指定的卸货港48 h前以书面形式提出申请,经船方同意变更。当变更目的港的运费超出原目的港的运费时,申请人应补交运费差额,反之,承运人不予退还。由于变更目的港所引起的翻舱及其他费用也应由申请人负担。

③选卸港附加费(Optional Additional) 选择卸货港或交货地点仅适用于整箱托运整箱交付的货物,而且一张提单的货物只能选定在一个交货地点交货,并按箱收取选卸港附加费。

④服务附加费(Service Additional) 当承运人为货主提供了诸如货物仓储或转船运输以及内陆运输等附加服务时,承运人将加收服务附加费。对于集装箱货物的转船运输,包括支线运输转干线运输,都应收取转船附加费(Trans-shipment Additional)。

除上述各项附加费外,其他有关的附加费计收规定与普通班轮运输的附加费计收规定相同。需要指出的是,随着世界集装箱船队运力供给大于运量需求的矛盾越来越突出,集装箱航运市场上削价竞争的趋势日益蔓延,因此,目前各船公司大多减少了附加费的增收种类,将许多附加费并入运价当中,给货主提供一个较低的包干运价(All in Rate),相应的运费称为包干运费(All in Freight)。这一方面起到了吸引货源的目的,同时也简化了运费结算手续。

例 7-1

中国某出口商委托国际货运代理人出运一票货物,共装10个20 ft集装箱。假设从国内某港到国外某港的基本费率是USD1 600/TEU,PSS是150/TEU,CAF是USD100/TEU。试计算:托运人应支付多少运费?如果该出口商要求货运代理人报"All in Rate",那么"All in Rate"是多少?如果该出口商要求货运代理人报"All in Freight",那么托运人应支付多少运费?

解:(1)应付18 500美元,(1 600+150+100)×10=1 850×10=USD18 500;

(2)All in Rate 是 USD1 850;

(3)托运人应支付 All in Freight 的运费是 USD18 500。

7.2.3 集装箱内陆运价

在国际多式联运过程中,海上运输是最重要的运输区段,但从工厂或仓库到港口的内陆运输也具有同样的重要性。因此,有必要分析一下内陆运输价格问题。在国际多式联运中,内陆运输主要有两种形式:一是由货主自己负责集装箱货物的内陆运输并承担相应的运输费用;另一种是货主承担费用,由承运人负责集装箱内陆运输。

1. 集装箱内陆运费计收方式

为充分发挥集装箱运输的优越性,经营大型集装箱专用船的船公司都被迫限制船舶的挂靠港数量。这样一来,非挂靠港腹地的货物就只能通过汽车或火车运往少数几个挂靠港(基本港)进行装船。为减轻货主的内陆运输负担,目前世界上许多船公司在内陆运费的计收上采用较为灵活的方式,其中包括:

(1)港口均等制(Port Equalisation Systems)。出于竞争战略考虑,班轮公会或非会员船公司为避免因大型集装箱船减少挂靠港数量使得某些货主的内陆运输费用增加而导致有可能失去这些货主,大多采用港口均等制来向货主收取内陆运输费用。这种方式的具体计费形式根据班轮公会或船公司以及营运条件、时间的不同而有所不同。其中有的规定对非基本港腹地货物从该腹地运往基本港的内陆运费按其原来从该腹地运往该非基本港的内陆运费计收。也就是说,在内陆运输费用的计收上,基本港与非基本港是均等的,还有的规定以低于现行国家铁路运价的一定比例,例如20%,计收将集装箱货物从非基本港运到基本港的内陆铁路运费。

(2)总分区制(Total Grid Systems)。由于港口均等制形式多样,变化也较频繁,货主不易掌握,而且常常出现对货主不公平的情况,因此在英国、意大利等国家至美国的航线上,班轮公会采用了总分区制来计收内陆运费。这种计费形式的具体做法是,班轮公会将一个国家划分成许多小块(区),分别计算出每一小块到各自最近的一个基本港的实际内陆运输费用,并以此作为班轮公会的内陆运费计收标准。这样船公司就可以在任何港口装运来自任何一个区的集装箱货物,并仅按该区到离其最近的一个基本港的内陆运费率计收内陆运费。这种计费形式完全消除了港口均等制的不足,更易为货主所掌握和接受。

2. 公路集装箱运费计算

(1)公路运输运价价目。集装箱公路运输以每箱千米为计价单位。运费由基本运价、箱次费和其他收费构成。

①基本运价 集装箱基本运价是指各类标准集装箱重箱在等级公路上运输的每箱千米运价。标准集装箱重箱运价按照不同规格的箱型的基本运价执行,标准集装箱空箱运价在标准集装箱重箱运价的基础上减成计算。非标准集装箱重箱运价按照不同规格的箱型,在标准集装箱基本运价基础上加成计算,非标准集装箱空箱运价在非标准集装箱重箱运价基础上减成计算。特种集装箱运价在标准集装箱基本运价的基础上按所装载货物以不同的幅度加成计算。非等级公路货物运价在货物基本运价基础上加成10%~20%。出入境汽车货物运价,按双边或多边出入境汽车运输协定,由两国或多国政府主管机关协商确定。

②箱次费 对汽车集装箱运输,在计算运费的同时,加收箱次费,按不同箱型分别确定。

③其他收费

● 调车费 应托运人要求,车辆往外省、自治区、直辖市参加营运往返空驶者,可按全程往返空驶里程、车辆标记吨位和出省基本运价的50%计收调车费。

● 装箱落空损失费 应托运人要求,车辆开至约定地点装箱落空造成的往返空驶里程,按其运价的50%计收装箱落空损失费。

● 道路阻塞停车费 汽车货物运输过程中,当发生自然灾害等不可抗力造成道路阻滞,无法完成全程运输,需要就近卸存、接运时,卸存、接运费用由托运人负担。已完成运程收取运费,未完运程不收运费。托运人要求回运,回程运费减半。应托运人要求绕道行驶或改变到达地点时,运费按实际行驶里程核收。

● 车辆处置费　应托运人要求,运输非标准集装箱等需要对车辆改装、装卸和清理所发生的工料费用,均由托运人负担。

● 车辆通行费　车辆通过收费公路、渡口、桥梁、隧道等发生的收费,均由托运人负担。其费用由承运人按当地有关部门规定的标准代收代付。

● 运输变更手续费　托运人要求取消或变更货物托运手续的,收取变更手续费。因变更运输,承运人已发生的有关费用,应由托运人负担。

(2) 公路运输运费计算

重箱运费＝重箱运价×计费箱数×计费里程＋箱次费×计费箱数＋货物运输其他费用
空箱运费＝空箱运价×计费箱数×计费里程＋箱次费×计费箱数＋货物运输其他费用

3. 铁路集装箱运费计算

铁路货物运价是国家计划价格的组成部分,由国家主管部门定价、集中管理。根据我国《铁路法》规定,国家铁路的货物运价率由国务院铁路主管部门会同物价主管部门拟定,报国务院批准;货物运输杂费的收费项目和收费标准由国务院铁路主管部门规定。铁路集装箱货物运输费用的计算有两种方法:一种是常规计算法,由运费、杂费、装卸作业费和铁道部规定的其他费用组成;另一种是为适应集装箱需要而制定的集装箱运输一口价。

(1) 常规计算法

① 集装箱运费　集装箱运费计算以箱为单位,由发到基价和运行基价两部分组成。

集装箱运费＝发到基价＋运行基价×运价里程

② 铁路集装箱货物装卸作业费用　根据铁道部规定,铁路集装箱货物装卸作业实行综合作业费率计算办法。综合作业区分装、掏箱作业场所不同,业务范围有所区别。

● 集装箱整箱装卸综合作业　是指货物不由车站进行装、掏箱作业的情形,包括发送和到达综合作业。

a. 发送综合作业　包括将集装箱由车站规定的空箱堆放地点装上货主的汽车,重箱由货主的汽车卸至车站指定的装车货位,以及重箱装上火车的作业。

b. 到达综合作业　包括将重箱由火车上卸至车站指定的重箱货位,重箱装上货主的汽车,空箱由货主的汽车卸至车站指定的空箱堆存地点的作业。

● 集装箱拼箱装卸综合作业　是指由车站进行货物的装、掏箱作业,也包括发送和到达综合作业。

a. 发送综合作业　包括空箱由车站指定的空箱堆存地点搬运至货场的装、掏箱作业地点;将货物由货主的汽车卸下并装入箱内;重箱由车站的装、掏箱作业地点搬运至装车货位,重箱装上火车的作业。

b. 到达综合作业　包括将重箱由火车上卸至车站指定重箱货位;重箱搬运至货场的掏箱作业地点,将货物掏出并装上货主的汽车;空箱由掏箱作业地点搬运至车站指定的空箱堆存地点的作业。

③ 集装箱杂费

● 过秤费　是指集装箱由承运人过秤并确定货物的重量,或由托运人确定重量的货物经承运人复查重量不符时,铁路核收的杂费。

- 取送车费　当铁路机车往专用线、货物支线或专用铁路站外交接地点调送车辆时,铁路向托运人核收的取送车费。
- 铁路集装箱使用费和延期使用费　托运人使用铁路集装箱装运货物,应向铁路支付集装箱使用费;使用铁路危险货物专用集装箱装运的,加20%;托运人或收货人使用铁路集装箱超过规定的期限,核收延期使用费。
- 自备集装箱管理费　托运人使用自备集装箱运输,向承运人缴纳管理费。
- 地方铁路集装箱使用费　铁路集装箱进入地方铁路向托运人核收的费用。
- 铁路集装箱清扫费　到站由收货人自行掏箱而收货人未清扫干净的,铁路向收货人收取该项费用。
- 货物暂存费　铁路集装箱在车站超过规定的免费留置期限,自超过之日起向收货人核收货物暂存费。
- 铁路集装箱拼箱费　货物按零担承运、由铁路组织拼箱的,铁路除按零担收取运费和相关杂费外,还另收取铁路集装箱拼箱使用费和拼箱装卸费。
- 变更手续费　托运人或收货人要求变更到站、变更收货人或发送前取消托运时,应向铁路支付运输合同变更手续费。
- 运杂费迟交金　托运人或收货人未及时支付全部或部分运输费用时,铁路所收取的款项。该费用从应收该项运杂费次日起至付款日止,每延1日,铁路按运杂费迟交总额的1%收取。

④其他费用　根据铁路运输的具体规定,还可能向托运人或收货人征收下列费用:

- 铁路电气化附加费　集装箱货物经由电气化路段运输,托运人或收货人应按电气化路段的里程支付电气化附加费。
- 新路新价均摊运费
- 铁路建设基金

(2)集装箱运输一口价。集装箱运输一口价是铁道部为增加铁路运输价格透明度,规范收费行为,满足货主需要,开拓铁路集装箱运输市场而制定的一种新的运输费用征收办法,并出台了《集装箱运输一口价实施办法》。

①集装箱运输一口价包含的费收　集装箱运输一口价是指铁路对集装箱货物自进发站货场至抵到站货场,按铁路运输全过程各项费用的总和,一次计收集装箱运输费用的方式,除了包括前面介绍的铁路基本运价、装卸作业费、杂费和建设基金、新路新价均摊运费、电气化附加费等符合国家规定的运价和收费外,还包括了"门到门"运输取空箱、还空箱的站内装卸作业、专用线取送车作业、港站作业的费用和经铁道部确认的转场货场费用等。但集装箱运输一口价不包括下列费用:要求保价运输的保价费用;快运费;委托铁路掏箱的装掏箱综合作业费;专用线装卸作业的费用;集装箱到站超过免费暂存期产生的费用;由于托运人或收货人的责任而发生的费用。集装箱运输一口价由以下部分组成:

- 铁路运输收入　包括国铁运费、国铁临管运费、铁路建设基金、特殊加价、电气化附加费以及铁道部规定核收的代收款,如合资铁路和地方铁路的通过运费、铁路集装箱使用费或自备集装箱管理费等。
- 发站费用　发站费用包括组织服务费、集装箱装卸综合作业费,护路联防费,运单表格费、签表格费、施封材料费等。

- 到站费用　包括到站集装箱装卸综合作业费、铁路集装箱清扫费、护路联防费。

②不适用集装箱运输一口价的铁路集装箱货物
- 集装箱国际铁路联运
- 集装箱危险品运输（可按普通货物运输的除外）
- 冷藏、罐式、板架等专用集装箱运输

7.2.4　集装箱多式联运运价

1. 多式联运运费的计收方式

国际集装箱多式联运全程运费由多式联运经营人向货主一次计收。目前，多式联运运费的计收方式主要有单一运费制和分段运费制两种。

(1) 按单一运费制计算运费。单一运费制是指集装箱从托运到交付，所有运输区段均按照相同的运费率计算全程运费。在西伯利亚大陆桥(SLB)运输中采用的就是这种计费方式。

(2) 按分段运费制计算运费。分段运费制是按照组成多式联运的各运输区段，分别计算海运、陆运（铁路、汽车）、空运及港站等各项费用，然后合计为多式联运的全程运费，由多式联运经营人向货主一次计收。各运输区段的费用再由多式联运经营人与各区段的实际承运人分别结算。目前大部分多式联运的全程运费均采用这种计费方式，例如欧洲到澳大利亚的国际集装箱多式联运、日本到欧洲内陆或北美内陆的国际集装箱多式联运等。

2. 集装箱多式联运单一费率

(1) 单一费率的内涵。采用单一费率，就是单位运量的全程费率，是国际多式联运的主要特点之一。与各种单一方式下运输相比较，国际多式联运环节多，经营人在责任期间内要承担更多的义务，既要实现各区段与全程运输，又要完成各区段间的运输衔接以及其他相关服务。因此，这种方式下的成本计算比单一方式复杂得多。其定价基本原则主要有两个：

①成本定价原则　按运输过程中完成单位运量实际发生的成本加合理利润确定的运价，用于较稳定的情况，运价一般公开。

②竞争定价原则　按竞争的实际需要确定运价。一般用于货源紧张、竞争激烈或新进入某一地区和航线营运等情况下。

(2) 单一费率的构成。以陆海陆集装箱门到门为例，按成本定价原则，多式联运单一费率由运输总成本、经营管理费和利润构成。

①运输总成本
- 从内陆接货地至枢纽港费用

a. 内陆接管货物地点发生的费用　包括从发货人"门"接管货物后至内陆集装箱中转站（货运站、内陆货站、铁路车站、公路中转站）等集散点的运输费用及在中转站发生的集装箱存放费（按免费堆存期后若干日包干计算）、站内装卸车费用、站内操作费用等。

b. 中转站至码头堆场运费及其他费用　是指集装箱货物从最初的集散点至集装箱枢纽港之间集运过程中发生的全部费用。主要包括两点之间运输使用的铁路、公路、内河水运或海上支线的运费，在多级集运中产生的中转费用、相关的服务费用、代理费等。

c. 干线港（枢纽港）码头服务费　货物长距离海上运输的起运港堆场发生的费用，包括卸车费、移动费、港务费和其他附加费等。

- 海上干线运费　是指多式联运经营人为实现货物海上干线运输，根据与海上承运人订立的分运合同需要支付的费用（运价表提供）。如果多式联运经营人在该干线上具有较稳定的货源，一般可根据该线路上营运的不同船公司的航班情况、运价及与自己承揽货物衔接的可能性选择一个或一个以上的干线班轮公司作为长期合作伙伴，通过订立协议获得一定数量舱位的订舱优先权与优惠价格，每次托运的批量越大，这种优惠越多。

- 从海运目的港到最终交货地费用　是指从干线运输的卸船港至交货地点之间完成货物运输的全部费用，包括码头费用、码头至内陆中转站费用、中转站费用及交货地费用。

- 集装箱租用费和保险费

a. 集装箱租用费　由多式联运经营人提供的集装箱的租（使）用费。此项费用一般按从提箱至还箱的全程预计天数包干计算。

b. 保险费　主要包括集装箱保险费和货物运输保险费。货物运输保险（全程或分段）一般由货方自己投保。如货方委托多式联运经营人代为办理，应由货方承担保险费及服务费。货物运输保险费一般不包含在单一费率之内。

② 经营管理费　主要包括多式联运经营人与货主、代理人、实际承运人之间信息及单证传递费、通信费用、单证成本和制单手续费以及各派出机构的管理费用。这部分费用也可分别加到不同区段的运输成本中一并计算。

对于全程运输中发生的报关手续费，申请监管运输（保税运输）手续费，全程运输中的理货、检查及由发货人或收货人委托的其他服务引起的费用，一般单独列出，并根据贸易条件规定向应承担的一方或委托方收取，而不包含在单一费率内。

③ 利润　指多式联运经营人预期从该线路货物联运经营中获得的毛利。一般可通过运输成本和管理费用之和乘以一个适当的百分比确定。确定利润的多少要进行充分的调研，必须根据运输市场运价水平与自己具备的竞争能力以及线路中存在的竞争实际情况等确定。

7.3　集装箱综合保险

7.3.1　集装箱综合保险的特征

集装箱综合保险包括三种类型：集装箱自身保险；集装箱所有人（包括租借人）对第三者的赔偿责任保险；集装箱承运人（包括多式联运经营人）的货物损害赔偿责任保险，所以称之为集装箱综合保险。这三种保险可以并在一张保单（Blanket Policy）上加以承保，但一般应签订特约书（Open Contract）形式的综合预定保险合同。除这三种保险外，还可根据投保人的要求签订清除残骸、消毒、检疫费用等的特约保险合同。

由于集装箱自身保险占集装箱综合保险的绝大部分，且其与责任保险的关系是密不可分的，所以后两类保险原则上不能单独投保，必须与集装箱自身保险相配套加以投保。

集装箱综合保险主要具有以下特征：

(1) 保险期间。集装箱综合保险是以一年为单位签订期间合同（亦称流动合同）的。不过，对于船公司、货主等的短期或特定的航行,在其投保集装箱综合保险的时候,也可以签订航次保险合同;此外,还可以对不满一年的短期保险合同减免一定比例的保险费。

(2) 责任范围。集装箱综合保险的责任范围包括集装箱在保险期间中在世界各地与各港口间的运输过程、保管过程,甚至也包括修理检查过程以及因此所进行的搬运过程。

(3) 保险对象。作为保险合同对象的集装箱,是指符合国际标准化组织(ISO)标准的、用于国际运输的大型集装箱。各国国内运输的集装箱保险,另外规定有关的受理办法。

(4) 损害赔偿限额。在国际集装箱运输中,经营人保险标的的累加额是极为巨大的。因此,在签订保险合同时,保险人在与投保人协商的基础上,将赔偿限额分别按不同的保险类别加以设定:集装箱自身、对第三者的赔偿、对货物的赔偿等。包括一次事故的赔偿限额和对一个被保险人总的责任赔偿限额。

(5) 小额损害免责特约。为避免因逐一查验、索赔小额损害而给保险公司和被保险人带来手续上的烦琐,集装箱综合保险在适当降低保险费率的基础上,通常签订关于集装箱小额损害免责的特约。通常,一次事故中的单个集装箱都有一定的扣除免责额。

(6) 保单流通受限制。在集装箱综合保险中,对于投保人乃至被保险人所拥有(或租赁)的众多集装箱而言,不可能将它们都记入一张保险单中予以综合承保,通常也不可能将它们一次性买卖。因此,集装箱的保单不具备转让性。

7.3.2 集装箱综合保险的内容

1. 集装箱自身保险

集装箱自身保险是赔偿因集装箱箱体灭失、损坏而产生的经济损失的保险,占集装箱综合保险的主要部分,一般是由集装箱所有人作为投保人。而在租赁集装箱的情况下,则由租借人作为准所有人签订合同。另外,租借人也可以把其对所有人的赔偿责任加以投保,此时,租借人须签订赔偿责任保险的特约。

一般而言,集装箱自身保险是以一切险或全损险承保条件受理的。这里的一切险承保条件是以伦敦保险人协会制定的一切险条款为基础的。而全损险承保条件则是以伦敦保险人协会制定的全损承保条款为蓝本的。

2. 集装箱所有人对第三者的赔偿责任保险

集装箱所有人或租借人,当因集装箱的有关事故而使他人的身体遭受伤害或财物受到损坏时,在法律上便有赔偿的义务。通过这种保险可以使集装箱所有人或租借人因之而蒙受的损失得到赔偿。此外,施救费用、为保全权利的费用以及得到保险人同意的有关诉讼、仲裁等费用也可以得到赔偿。

这种保险对于某些赔偿责任是免责的。这些免责事项包括:因合同而加重的赔偿责任;从事被保险人方面业务的工作人员所遭受的身体伤害;被保险人所有、使用、管理的财物或由被保险人所运输的货物的损害等。此外,由被保险人的故意或重大过失,由战争、暴动、叛乱、罢工等危险所造成的损害,由地震、火山爆发、风暴、洪水、涨潮等天灾所造成的损害,以及由于核动力相关的放射性污染等所造成的损害也是免责的。

3. 集装箱承运人的货物损害赔偿责任保险

通常,船舶所有人在船舶航行过程中,对第三者的赔偿责任以及货物赔偿责任,一直是由船东保赔协会(P&I Club)受理的。但是,随着集装箱运输的发展,集装箱运输过程中的各种责任保险只由保赔协会负责是不够的。因此,在集装箱保险中,对于货物损失投保赔偿责任险具有极为重要的作用,尤其是没有自己的保赔协会的货运代理人,其作为集装箱的所有人或租借人应负的责任,更可以通过集装箱综合保险加以全面地保护。

集装箱承运人的货物损害赔偿责任保险通常涉及以下几个方面的问题:

(1)货物损害赔偿责任保险的标准条款。根据法律及运输合同的规定,集装箱承运人负有对货主赔偿货物灭失或损坏的责任。集装箱承运人的货物损害赔偿责任保险就是承保这种损失以及与之相关的各种费用、责任、损失的保险。

这种保险通常是通过货物损害赔偿责任保险标准条款进行受理的。该条款包括赔偿责任的范围,承保的责任、损害、费用,对高价品的处理,免责事项,被保险人的义务,仲裁,保险代位求偿以及准据法等主要内容。

(2)保险费率。以集装箱运输为前提的国际多式联运的货物赔偿责任保险核定费率的因素是极为复杂的,大致有如下因素:主要运输区域、运输区间和经由路线以及货物的种类,这些因素是判明货物运输过程中危险的依据;被保险人(承运人)签发的联运单证背面中规定的具体的责任内容(责任原则、责任限额、免责事项等);被保险人在其经营年度内的集装箱数量以及集装箱的类型。

确定保险费时,一般将每一集装箱、每一次的保险费按集装箱的种类和运输区域分别计算决定,之后再乘以每月实际运输的集装箱的个数,即得出应支付的保险费。同时,由于保险是期间性的,所以可以分期支付保险费。

(3)保险的受理方式。通常,集装箱综合保险的受理以一年为期限。但是,集装箱自身保险合同也有很多是以航次为期限的,对此,以之为准的货物赔偿责任保险也应以航次为单位签订合同。

(4)经营人与实际承运人之间的内部求偿关系。货物赔偿责任保险所保的是联运单证背面所规定的承运人的责任。但是,如果作为货运代理人的联运经营人与为其提供服务的实际承运人之间有内部求偿关系,实际承运人也应投保其对经营人的货物赔偿责任保险。在联运单证中,从联运经营人与实际承运人之间的内部求偿关系出发,对货主作了如下关于求偿方面的规定:实际承运人与经营人享受同一免责事项;货主就联运合同中规定的承运人的责任提起诉讼时,只能以多式联运经营人为对象。

(5)特殊责任。受理集装箱综合保险的专业保险公司通常也对一些特殊责任予以承保,包括:货物的错送与误投的赔偿责任;业务上的过失赔偿责任;延迟责任等。

拓展资讯

从集装箱运输看中国港口30年

能力培养

一、名词解释

集装箱运输　　TEU　　　暂定订舱　　确定订舱　　EIR　　CLP
P/L　　　　　　D/R　　　B/L　　　　退关　　　　集拼　　场站收据

二、简答题

1. 集装箱运输有什么特点？其发展趋势如何？
2. 集装箱运输系统包括哪些子系统？有哪些参与方？涉及哪些地点？
3. 简述集装箱运输的一般业务流程。
4. 简述集装箱进出口业务中货运代理的操作流程。
5. 简述在集装箱拼箱业务中货运代理的操作流程。
6. 集装箱运输过程中涉及哪些单证？
7. 简述集装箱出口运输中十联单的流转程序。
8. 集装箱运输过程中涉及哪些信息？
9. 简述集装箱运费的基本结构。
10. 集装箱海运运价有哪些基本形式？
11. 简述集装箱公路运输的运费构成。
12. 简述集装箱铁路运输的运费构成。
13. 简述集装箱多式联运单一费率的构成。
14. 简述集装箱综合保险的特征及内容。

三、计算题

1. 广东某出口公司以 CIF FELIXSTOWE 出口一批货物到欧洲，经香港转船。$2\times40'$FCL，已知香港至费力克斯托（FELIXSTOWE）的费率是 USD3 500.00/40'，广州经香港转船，其费率在香港直达费力克斯托的费率基础上加 USD150/40'，另有港口拥挤附加费 10%，燃油附加费 5%。问：该出口公司应支付多少运费？

2. 我国某出口商委托国际货运代理人出运一票货物，共装 10 个 20 ft 集装箱。假设从国内某港到国外某港的基本费率是 USD1 600/20'，附加费 BAF 是 USD200/TEU，EBS 是 USD80/TEU，PSS 是 150/TEU，CAF 是 USD100/TEU。请问：托运人应支付多少运费？如果该出口商要求货运代理人报"All in Rate"，那么"All in Rate"是多少？如果该出口商要求货运代理人报"All in Freight"，托运人应支付多少运费？

3. 用集装箱装运一批木箱包装的货物从青岛运往国外某港口。木箱尺寸为：$1\text{ m}\times1\text{ m}\times1\text{ m}$，共有 40 m³；总重为 35 t；整箱运输。可以选用的箱型为 ISO 标箱中的 1AA 或者 1CC。查运价本得：1AA USD1 800/FEU，1CC USD1 000/TEU。问：国际货运代理人为节省成本，应如何选用集装箱？支付多少运费？

4. 某货主托运一批货物，其积载因数是 1.6 m³/t。如将该批货物装于某拼箱公司的国际标箱 1CC 箱中，已知该集装箱自重 2.5 t，最大总重量 24 t，计算亏箱后最大总容积为 29 m³。问：1 个 1CC 箱中最多可装多少该批货物？如果货主仅托运 3 t 该批货物（计费标准按 LCL 条款，即 USD200 W/M），该发货人应付的运费是多少？

四、案例分析

1. 某货代公司接受货主委托,安排一批茶叶海运出口。货代公司在提取了船公司提供的集装箱并装箱后,将整箱货交给船公司。同时,货主自行办理了货物运输保险。收货人在目的港拆箱提货时发现集装箱内异味浓重,经查明该集装箱前一航次所载货物为精萘,致使茶叶受精萘污染。收货人可以向谁索赔?为什么?最终应由谁对茶叶受污染事故承担赔偿责任?

2. 某货主委托承运人的货运站装载1 000箱小五金,货运站在收到1 000箱货物后出具仓库收据给货主。在装箱时,装箱单上记载980箱,货运抵进口国货运站,拆箱单上记载980箱,由于提单上记载1 000箱,同时提单上又加注"由货主装箱、计数",收货人便向承运人提出索赔,但承运人拒赔。提单上类似"由货主装载、计数"的批注是否适用于拼箱货?为什么?承运人是否应赔偿收货人的损失?为什么?

3. 某国际货运代理企业经营国际集装箱拼箱业务,在KOBE港自己的CFS将分别属于六个不同发货人的拼箱货装入一个20 ft的集装箱,然后向某班轮公司托运。装船后,班轮公司签发给无船承运人CY/CY交接的FCL条款下的MASTER B/L一套;然后无船承运人向不同的发货人分别签发了CFS/CFS交接的LCL条款下的HOUSE B/L共六套,所有的提单都是清洁提单。载货船舶抵达提单上记载卸货港的第二天,无船承运人从班轮公司的CY提取了外表状况良好和铅封完整的集装箱(货物),并在卸货港自己的CFS拆箱,拆箱时发现两件货物损坏。收货人凭无船承运人签发的提单前来提货,发现货物损坏。收货人向无船承运人提出货物损坏赔偿的请求,无船承运人是否应承担责任?为什么?如果无船承运人向班轮公司提出集装箱货物损坏的赔偿请求,班轮公司是否应承担责任?为什么?无船承运人如何防范这种风险?

4. 货主A公司向作为无船承运人的B货运代理公司订舱出运20个出口集装箱,B公司接受委托承运后签发了提单,又以自己的名义将其中10个集装箱交由C航运公司运输,将另外10个集装箱交由D航运公司运输。D航运公司的船舶在运输途中遇强风,部分装在甲板上的集装箱因绑扎不牢而落入海中灭失。收货人持B公司签发的B/L提货时发现少了3个集装箱,收货人向B公司索赔,B公司拒赔,从而引发诉讼。请分析:B公司和D航运公司是否应对收货人承担赔偿责任?为什么?D航运公司对集装箱落海灭失是否适用免责条款?为什么?

情境 8
国际多式联运

学习目标

【知识目标】
了解国际多式联运的特征及类型、四种典型的大陆桥运输业务、国际多式联运保险的特点;掌握国际多式联运单证、国际多式联运经营人的性质及责任。

【能力目标】
能够对国际多式联运中涉及的各种案例进行分析;能够合理规避国际多式联运业务中的风险。

【技能目标】
掌握四种典型国际大陆桥运输业务的操作方法。

情境引导

国际多式联运

国际多式联运	国际多式联运概述	国际多式联运的内涵:定义;特征
		国际多式联运的类型:海陆联运;陆桥运输;海空联运
		国际多式联运的组织形式:协作式;衔接式
	国际多式联运实务	国际多式联运主要业务流程
		合同与单证:合同;单证;单据内容;单据的签发与转让;95多式联运提单
	国际多式联运经营人	概述:性质与法律地位;应具备的条件;企业经营的主要形式
		责任:责任期间;责任基础;责任形式;责任限制
国际陆桥运输	国际陆桥运输基础	大陆桥运输的内涵与起源:内涵;起源
		大陆桥运输线路:北美大陆桥;西伯利亚大陆桥;新亚欧大陆桥;其他陆桥
	典型国际大陆桥运输业务	OCP:含义;采用OCP运输条款的条件;注意事项
		MLB:含义;注意事项
		IPI:含义;注意事项
		SLB:铁铁路线;铁海路线;铁卡路线
国际多式联运保险		多式联运保险概述:产生背景;保险利益的变化;特征
		多式联运与海上货物运输险:关系;责任限制与保险;责任保险与货运险的关系

8.1 国际多式联运基础

8.1.1 国际多式联运概述

1. 国际多式联运的内涵

由两种及其以上的交通工具相互衔接、转运而共同完成的运输过程统称为复合运输,我国习惯上称之为多式联运(Multimodal Transport)。《联合国国际货物多式联运公约》对国际多式联运所下的定义是:按照多式联运合同,以至少两种不同的运输方式,由多式联运经营人把货物从一国境内接运货物的地点运至另一国境内指定交付货物的地点。《海商法》对于国内多式联运的规定是:必须有一种方式是海运。

国际多式联运是一种利用集装箱进行联运的新型运输组织方式。它通过采用海、陆、空等两种以上的运输手段,完成国际连贯货物运输,从而打破了过去海、铁、公、空等单一运输方式互不连贯的传统做法。如今,提供优质的国际多式联运服务已成为集装箱运输经营人增强竞争力的重要手段。

国际多式联运具有以下特征:

(1)具有一份包含全程的多式联运合同。该运输合同是多式联运经营人与托运人之间权利、义务、责任与豁免的合同关系和运输性质的确定。

(2)使用一份全程多式联运单证。该单证应满足不同运输方式的需要,并按单一运费率计收全程运费。

(3)至少使用两种不同运输方式的连续运输。

(4)必须是国际货物运输。主要涉及国际运输法规的适用问题。

(5)无论涉及几种运输方式,分为多少个运输区段,其全程运输都是由多式联运经营人完成或组织完成的,多式联运经营人要对运输全程负责。在多式联运经营人履行多式联运合同所规定的运输责任的同时,可将全部或部分运输委托他人(分承运人)完成,并订立分运合同,各区段的实际承运人对自己承担的区段货物运输负责,但分运合同的承运人与托运人之间不存在任何合同关系。

①汉堡规则下的联运　两种运输方式之一为海上运输;所订立的运输合同属于两国间的货物运输。

②公路货运公约下的联运　运输合同中规定的接管和交付货物的地点位于两个不同的国家,货物由货载车辆运输。

③华沙公约下的联运　根据有关方订立的运输合同,不论在运输全程有无中断或转运,其出发地和目的地在两个缔约国的主权、宗主权、委托统治权或权利管辖下的领土内有一个经停地点的任何运输。

2. 国际多式联运的类型

目前,有代表性的国际多式联运组织形式包括:

(1) 海陆联运。海陆联运是国际多式联运的主要组织形式,也是远东/欧洲多式联运的主要组织形式之一。这种组织形式以航运公司为主体,签发联运提单,与航线两端的内陆运输部门开展联运业务,与大陆桥运输展开竞争。

(2) 陆桥运输。在国际多式联运中,陆桥运输(Land Bridge Service)起着非常重要的作用。它是远东/欧洲国际多式联运的主要形式。严格地讲,陆桥运输也是一种海陆联运形式。只因其在国际多式联运中的地位独特,故将其单独作为一种运输组织形式。

(3) 海空联运。又被称为空桥运输(Air-bridge Service)。在运输组织方式上,空桥运输与陆桥运输有所不同:陆桥运输在整个货运过程中使用的是同一个集装箱,不用换装,而空桥运输的货物通常要在航空港换入航空集装箱。这种联运组织形式以海运为主,只是最终交货运输区段由空运承担。采用这种运输方式,运输时间比全程海运少,运输费用比全程空运低。目前,国际海空联运线主要有:

- 远东—欧洲 目前,远东与欧洲间的航线有以温哥华、西雅图、洛杉矶为中转地,也有以香港、曼谷、海参崴为中转地,此外还有以旧金山、新加坡为中转地。
- 远东—中南美 近年来,因为此处港口和内陆运输不稳定,所以对海空运输的需求很大。该联运线以迈阿密、洛杉矶、温哥华为中转地。
- 远东—中近东、非洲、澳洲 这是以香港、曼谷为中转地至中近东、非洲的运输服务。还有经马赛至非洲、经曼谷至印度、经香港至澳洲等联运线,但货运量较小。

总的来讲,运输距离越远,采用海空联运的优越性就越大,因为同完全采用海运相比,其运输时间更短。同直接采用空运相比,其费率更低。因此,从远东出发将欧洲、中南美以及非洲作为海空联运的主要市场是合适的。

3. 国际多式联运的组织形式

(1) 协作式多式联运。在这种组织体制下,全程组织是建立在统一计划、统一技术作业标准、统一运行和统一考核标准基础上的,而且在接收货物运输、中转换装、货物交付等业务中使用的技术、衔接条件等也需要在统一协调下同步建设或协议解决。其组织过程如图 8-1 所示。

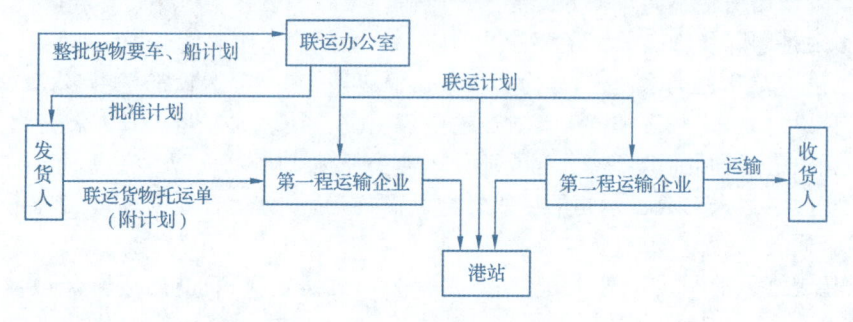

图 8-1 协作式多式联运

(2) 衔接式多式联运。全程运输组织业务是由多式联运经营人(MTO)完成的,承担各区段货物运输的运输企业的业务与传统分段运输形式下完全相同。其货物运输过程如图 8-2 所示。

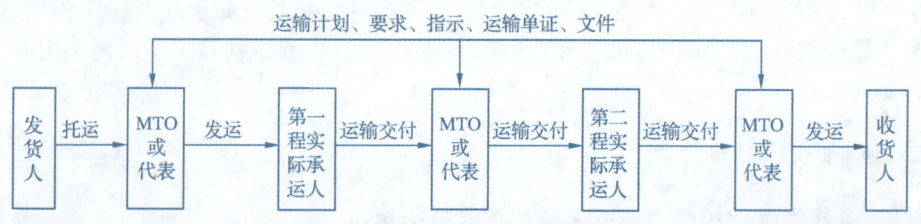

图 8-2 衔接式多式联运

8.1.2 国际多式联运实务

1. 国际多式联运主要业务流程

(1)接受托运申请,订立多式联运合同。多式联运经营人根据货主提出的托运申请和自己的运输路线等情况,判断是否接受托运申请。如能接受,双方协议有关事项,在场站收据副本签章,合同订立开始执行。发货人或其代理人根据双方就货物交接方式、时间、地点、付费方式等达成的协议填写场站收据,并把其送到联运经营人处编号,经营人留下托运联,将其他联交还给发货人或代理人。

(2)空箱的发放、提取及运送。多式联运中使用的集装箱一般由多式联运经营人提供。

(3)出口报关。若多式联运从港口开始,则在港口报关;若从内陆地区开始,则应在附近的内陆地海关办理报关。

(4)货物装箱及接收货物。若发货人自行装箱,则发货人或其代理人提取空箱后在自己的工厂和仓库组织装箱,装箱工作一般要在报关后进行,并请海关派员到装箱地点监装和办理加封事宜。

(5)订舱及安排货物运送。多式联运经营人在合同订立后,应立即制订该合同涉及的集装箱货物的运输计划。

(6)办理保险。发货人方面应投保货物运输保险。该保险由发货人自行办理,或由发货人承担费用由多式联运经营人代为办理。

(7)签发多式联运提单,组织完成货物的全程运输。多式联运经营人有完成和组织完成全程运输的责任和义务。

(8)运输过程中的海关业务。

(9)货物交付。当货物运往目的地后,由目的地代理通知收货人提货。

(10)货运事故处理。如果全程运输中发生了货物灭失、损害和运输延误,无论是否能确定损害发生的区段,发(收)货人均可向多式联运经营人提出索赔。

2. 国际多式联运合同与单证

(1)国际多式联运合同。《海商法》所称的多式联运合同"是指多式联运经营人以两种以上的不同运输方式,其中一种是海上运输方式,负责将货物从接收地运至目的地交付收货人,并收取全程运费的合同"。多式联运经营人公布经营范围、运价本、提单条款,发货人提出运输申请,双方协商运费率,货物交接的方式、形态、时间,集装箱提取地点、时间等情况,多式联运经营人在交给发货人(或代理人)的场站收据副本上签章,证明接受委托。这时合同即告成立。

(2)国际多式联运单据。国际多式联运单据是指证明多式联运合同及证明多式联运经营人接管货物并负责按合同条款交付货物的单据,同时也是经营人与发货人之间达成的协议(合同)的条款和具体内容的证明,是双方基本义务、责任和权利的说明。在实践中一般称为国际多式联运提单(Multimodel Transport B/L or Combined Transport B/L)。

根据我国于1997年10月1日施行的《国际集装箱多式联运管理规则》,国际集装箱多式联运单据(简称"多式联运单据")是指证明多式联运合同以及多式联运经营人接管集装箱货物并负责按合同条款交付货物的单据,该单据包括双方确认的取代纸张单据的电子数据交换信息。国际多式联运单据的性质与作用如下：

①是多式联运经营人与发货人之间订立的国际多式联运合同的证明，是双方在合同确定的货物运输关系中权利、义务和责任的准则。

②是多式联运经营人接管货物的证明和收据。与海运提单一样，当提单在发货人手中时，它是承运人已按其上所载情况收到货物的初步证据。

③是收货人提取货物和多式联运经营人交付货物的凭证。

④是货物所有权的证明，可以用来结汇、流通、抵押等。

(3) 国际多式联运单据的主要内容。《联合国国际货物多式联运公约》和我国的《国际集装箱多式联运管理规则》对于国际集装箱多式联运单据的记载内容都做了具体规定。根据国际多式联运公约，多式联运提单应载明下列事项：

①货物名称、种类、件数、重量、尺寸、外表状况、包装形式。

②集装箱箱号、箱型、数量、封志号。

③危险货物、冷藏货物等特种货物应载明其特性、注意事项。

④多式联运经营人名称和主要营业场所。

⑤发货人、收货人（必要时可有通知人）名称。

⑥多式联运经营人接管货物的地点和日期。

⑦交付货物的地点和约定的日期。

⑧多式联运提单签发的地点和日期。

⑨多式联运经营人或其授权人的签字及提单的签发日期。

⑩表示该提单为可转让或不可转让的声明。

⑪经双方明确协议的有关运费支付的说明，包括应由发货人支付的运费及货币，或由收货人支付的其他说明。

⑫有关运输方式、运输线路、转运地点的说明。

⑬在不违背签发多式联运提单所在国法律前提下，双方同意列入提单的其他事项。

⑭有关声明与保留。

(4) 国际多式联运单据的签发与转让。 多式联运经营人在收到货物后，凭发货人提交的收货收据（集装箱运输一般是场站收据正本）签发多式联运提单，根据发货人的要求，可签发可转让或不可转让提单中的任何一种。签发提单前应向发货人收取合同规定的应由其承担的全部费用。

①签发提单时应注意的事项

● 如签发可转让提单，应在收货人栏列明按指示交付或向持票人交付。如签发不可转让提单，应列明收货人的名称。

● 提单上的通知人一般是在目的港或最终交货地点由收货人指定的代理人。

● 对签发正本提单的数量一般没有规定，但当应收货人要求签发一份以上的正本时，在每份提单上均应注明正本份数。

● 当签发任何副本（应要求），每份副本均应注明"不可转让副本"字样，副本提单不具备提单的法律效力。

● 当签发一套一份以上正本可转让提单时，各正本提单具有同样的法律效力，多式联运经营人或其代表如已按其中一份正本交货，便已履行交货责任，其他提单自动失效。

● 多式联运提单应由多式联运经营人或经他授权的人签字。可以是手签，手签笔迹的印、盖章、符号或用任何其他机械或电子仪器打出。

● 如果多式联运经营人或其代表在接受货物时，对货物的实际情况和提单中所注明的货物的种类、标志、数量或重量、包装件数等有怀疑,但又无适当方法进行核对、检查,可以在提单中保留,注明不符之处、怀疑的根据。

● 经发货人同意,可以用任何机械或其他方式保存公约规定的多式联运提单应列明的事项,签发不可转让提单。在这种情况下,多式联运经营人在接管货物后,应交给发货人一份可以阅读的单据,该单据应载明此种方式记录的所有事项。根据公约规定这份单据应视为多式联运单据。多式联运公约的这种规定,主要是为了适应电子单证的适用。

②多式联运提单签发的时间与地点

● 在发货人工厂或仓库收到货物后签发的提单 在发货人的"门"(Door)接受货物,场站收据中应注明。提单一般在集装箱装到运输工具(可能是汽车,如有专用线时也可能是火车)后签发。在该处签发提单意味着发货人应自行负责货物报关、装箱、制作装箱单、联系海关监装及加封,交给多式联运经营人或其代表的是外表状况良好、铅封完整的整箱货物。而经营人应负责从发货工厂或仓库至码头堆场(或内陆港堆场)的运输和至最终交付货物地点的全程运输。

● 在集装箱货运站收货后签发提单 多式联运经营人在其自己的或由其委托的集装箱货运站接受货物。接受货物一般是拼箱运输的货物。提单签发时间一般是在货物交接入库后。在该处签发提单意味着发货人应负责货物报关,并把货物(以原来形态)运至指定的集装箱货运站,而多式联运经营人(或委托 CFS)负责装箱,填制装箱单,联系海关加封等业务,并负责将拼装好的集装箱运至码头(或内陆港站)堆场。

● 在码头(或内陆港)堆场收货后签发的提单 码头(或内陆港)堆场接受货物,一般由发货人将装好的整箱货运至多式联运经营人指定的码头(或内陆港)堆场,由经营人委托的堆场业务人员代表其接受货物,签发正本场站收据给发货人,再由发货人用该正本至多式联运经营人或其代表处换取提单。多式联运经营人收到该正本,并收取应收费用即签发提单。该处签发提单一般意味着发货人应自行负责货物装箱、报关、加封等工作,并负责这些整箱货物从装箱地点至码头(或内陆港)堆场的内陆运输,而多式联运经营人应负责完成或组织完成货物由该堆场至目的地的运输。

以上签发的提单均是"待装船提单"。为了适应集装箱货物多式联运的需要,《跟单信用证统一惯例》最近三次修订本均规定卖方可使用联运提单结汇。

③多式联运单据的转让 多式联运单据分为可转让的和不可转让的。根据《联合国国际货物多式联运公约》的要求,多式联运单据的转让性在其记载事项中应有规定。

作为可转让的多式联运单据具有流通性,可以像提单那样在国际货物买卖中扮演重要角色。多式联运公约规定,多式联运单据以可转让方式签发时,应列明按指示或向持票人交付:如列明按指示交付,须经背书后转让;如列明向持票人交付,无须背书即可转让。此外,如签发一套一份以上的正本,应注明正本份数;如签发多份副本,每份副本均应注明"不可转让副本"字样。对于签发一套一份以上的可转让多式联运单据正本的情况,如多式联运经营人或其代表已正当按照其中一份正本交货,该多式联运经营人便已履行其交货责任。

作为不可转让的多式联运单据则没有流通性。多式联运经营人凭单据上记载的收货人向其交货。按照多式联运公约的规定,多式联运单据以不可转让的方式签发时,应指明记名的收货人。同时规定,多式联运经营人将货物交给此种不可转让的多式联运单据所指明的记名收货人或经收货人通常以书面正式指定的其他人后,该多式联运经营人即已履行其交货责任。

对于多式联运单据的可转让性,我国《国际多式联运管理规则》也有规定:记名单据不得转让;指示单据经记名背书或空白背书可转让;不记名单据无须背书即可转让。

(5)95 多式联运提单。95 多式联运提单(Multimodal Transport B/L 95)是由波罗的海航

运公会(BIMCO)的单证委员会于 1995 年 5 月正式命名的单证名称。95 多式联运提单强调了货物全程运输应使用的运输工具,统一并明确了集装箱多式联运下所允许使用的提单的概念。

从提单正面内容看,95 多式联运提单与现行的一般联运提单并无多大区别,主要区别在于该多式联运提单通常注明为可转让(Negotiable)或不可转让(Non-negotiable)。但从内涵分析,两者在有些方面却截然不同,主要表现在:

①95 多式联运提单采用网状责任制　这与多式联运公约所采用的修正统一责任制形式不同。目前国际集装箱多式联运下使用较多的是网状责任制,这是因为单一责任制明显保护承运人的利益,而统一责任制对承运人责任过重。因此,95 多式联运提单采用网状责任制能为运输各方所接受。

②95 多式联运提单签发人　UCP600 第 26 条规定,多式联运单据正面应明显注明承运人或多式联运经营人,或其他所授权的人才有资格签发多式联运单据。因此,95 多式联运提单对其签发人的规定为:承运人或多式联运经营人或其所指定的代理人;船长或其指定的代理人。

8.1.3　国际多式联运经营人

1. 国际多式联运经营人概述

(1) 国际多式联运经营人的性质与法律地位。国际多式联运公约中对国际多式联运经营人的定义是:其本人或通过其代表订立多式联运合同的任何人。国际多式联运经营人是当事人,而不是发货人的代理或参加多式联运的承运人的代理,并且负有履行合同的责任。其性质和法律地位如下:

①以本人身份与发货人订立多式联运合同,是多式联运中的契约承运人。根据合同,国际多式联运经营人要对全程运输负责,负责完成或组织完成全程运输。

②以本人身份参加多式联运全程中的某一个或一个以上区段的实际运输,作为该区段的实际承运人,对自己承担的区段的货物运输负责。

③以本人身份与自己不承担区段的其他承运人订立分运(分包、区段)运输合同,以完成其他区段的运输。在这类合同中,国际多式联运经营人既是发货人,也是收货人。

④以本人名义与各衔接点(所在地)的货运代理人订立委托合同以完成在该点的衔接及其他服务性工作。在该类合同中,国际多式联运经营人是委托人。

⑤以本人名义与多式联运所需要涉及的各方面订立委托合同与协议,在这些合同、协议中,国际多式联运经营人是作为货方出现的。

(2) 国际多式联运经营人应具备的条件。①具有经营管理的组织机构、业务章程和具有企业法人资格,能够与发货人或代表订立多式联运合同。

②为确保该单证作为有价证券的流通性,国际多式联运经营人必须在国际运输中具有一定的资信或令人信服的担保。

③必须具有与经营能力相适应的自有资金。

④必须能承担多式联运合同中规定的与运输和其他服务有关的责任,并保证把货物交给多式联运单证的持有人或单证中指定的收货人。因此,国际多式联运经营人必须具备与合同要求相适应的、能承担上述责任的技术能力。例如:必须建立自己的多式联运路线;具有一支具有国际运输知识、经验和能力的专业队伍;在各条联运线路上有完整的分支机构、代表或代

理人组成的网络机构；能够制定各线路的多式联运单一费率；具有必要的设备和设施等。

(3)**国际多式联运企业经营的主要形式**。①企业独立经营方式　企业在各线路两端及中间各转接点均设(或派)有自己的子公司或办事处等形式的派出机构，作为全权代表处理揽货、交接货、订立运输合同协议、处理有关服务业务等运输和衔接中所需的一系列事务。

②两企业联营方式　双方互为合作人，分别在各自国家开展业务，各自是对方在国外的代理。联系的紧密程度由双方协议确定，可由互为代理、互付佣金到分享利润、分摊亏损等不同形式。

③代理方式　委托国外同业代理，办理交换信息，代收、支费用和处理货运事故或纠纷等。

2. 国际多式联运经营人的责任

(1)**国际多式联运经营人的责任期限**。国际多式联运经营人对货物的责任期限自接管货物之时起至交付货物时止。

接管货物有两种形式：从发货人或其代表手中接收货物。根据接管货物地点适用的法律和规章，货物必须由运输管理当局或其他第三方手中接收。

交付货物规定的形式：将货物交给收货人；或者如收货人不向多式联运经营人(或其代表)提取货物，则按多式联运合同规定或按交货地点适用的法律规定或特定的行业惯例，将货物置于收货人的支配之下；或者将货物交给根据交货地点适用的法律、规章规定的必须向其交付的当局或其他第三方。

对延迟交货的规定是：如货物未在议定的时间内交付，或者无此种协议情况下，未在按照具体情况对一个勤奋的多式联运经营人所能合理要求的时间内交付，即视为延误交货。

(2)**国际多式联运经营人赔偿责任基础**。赔偿责任规定了承运人在责任期限内承担赔偿责任的范围及标准。

①过失责任制(单一运输方式)　承运人承担责任是以自己在执行这些合同过程中有过失，并因这些过失造成对货方或其他人的损害为基础而承担损害的赔偿责任。

● 完全过失责任制(《汉堡规则》和《海牙议定书》采用)　不论承运人的过失是什么情况，只要有过失并造成了损害就要承担责任。

● 不完全过失责任制(《海牙规则》)　规定对某些性质的过失造成的损害可以免责。

②严格责任制(铁路公路用)　除不可抗力造成的损害可以免责外，承运人要对责任期限内发生的各类损害承担赔偿责任，不论承运人是否有过失或损害是否由于过失造成。

国际多式联运公约中规定(完全过失责任制)，多式联运经营人对发生在其掌管期间内货物的灭失、损坏或延误交货的损失应负赔偿责任。除非国际多式联运经营人能证明其本人、受雇人或其代理人或其他人为避免事故的发生和其后果已采取了一切合理措施。

(3)**国际多式联运经营人的赔偿责任形式**

①责任分担制　国际多式联运经营人和实际承运人仅对自己完成的区段运输负责，各区段适应的责任按该区段使用的法律予以确定，没有全程统一的责任人。

②单一责任制　有统一负责的人，无论损害发生在哪一方、哪一区段，托运人或收货人均可向国际多式联运经营人索赔。

● 网状责任制　国际多式联运经营人对全程运输负责，而各区段实际承运人对自己完成的区段负责。各区段适用的责任原则按适用于该区段的法律予以确定。

● 统一责任制　国际多式联运经营人对全程负责，各区段实际承运人对自己完成的区段负责。不论损害发生在哪个区段，国际多式联运经营人或实际承运人承担的赔偿责任相同。

国际多式联运公约最后确定为"修正统一责任制"，即在统一责任制基础上，"当货物灭失、损害发生于多式联运的某一特定区域,而对这一区段适用的一项国际公约或强制性国家法律规定的赔偿责任限额高于本公约规定的责任限额时,国际多式联运经营人对这种灭失、损害的赔偿应按照适用的国际公约或强制性国家法律予以确定"。由于存在与货方和分包人的双重赔偿关系,实施有困难,所以该责任制实际上并没有生效,目前,仍实行网状责任制。

(4) **国际多式联运经营人赔偿责任限制**。指承运人掌管货物期间对应承担赔偿责任的货物灭失、损害和延误交货等造成货方损失进行赔偿的最高限额规定,该限额是由采用的责任形式和责任基础决定的。限额规定了两种形式:一种是单一赔偿标准,即只规定对单位重量货物赔偿限额;另一种是双重赔偿标准,即不但规定单位重量货物赔偿限额,也规定每一货损单位(每件或每一基本运输单元)的赔偿限额。

多式联运公约是以双重赔偿标准与单一标准结合的方式规定的:如在国际多式联运中包括了海运或内河运输,对每一件或每一货损单位限额为 920 SDR(Special Drawing Rights,特别提款权)或毛重 2.75 SDR/kg,以较高者为准;如在国际多式联运中不包括海运或内河运输,赔偿责任限额按毛重不得超过 8.33 SDR/kg。还规定,对延迟交货造成的损失的赔偿责任限额为延误交付货物应付运费的 2.5 倍,但不得超过多式联运合同规定的应付运费总额。赔偿总额以货物全部灭失为限。

8.2 国际陆桥运输

现代科学技术的迅速发展,包括火车、轮船等在内的交通工具的现代化、高速化,对以铁路运输为主的大陆桥运输产生了巨大的推动作用。集装箱运输的迅速普及既为大陆桥运输提供了稳定的箱源,又展示了大陆桥运输的巨大潜力。

8.2.1 国际陆桥运输基础

1. 大陆桥运输的内涵与起源

(1) **大陆桥运输的内涵**。所谓大陆桥运输(Land Bridge Transport),是指采用集装箱专用列车或卡车,把横贯大陆的铁路或公路作为中间"桥梁",使大陆两端的集装箱海运航线与专用列车或卡车连接起来的一种连贯运输方式。从形式上看,是海陆海的连贯运输,但实际上已在世界集装箱运输和多式联运的实践中发展成多种形式。

采用大陆桥运输,中途要经过多次装卸,如果采用传统的海陆联运,不仅延长了运输时间,而且大大增加了装卸费用和货损货差。以集装箱为运输单位,则可大大简化理货、搬运、储存、保管和装卸等操作环节;同时,集装箱是经海关铅封,中途不用开箱检验,而且可以迅速直接转换运输工具,因此采用集装箱是开展大陆桥运输的最佳方式。

(2) **大陆桥运输的起源**。大陆桥运输是集装箱运输的产物,出现于 1967 年。当时苏伊士运河封闭,航运中断,而巴拿马运河又堵塞,远东与欧洲之间的海上货运船舶,不得不改道绕航非洲好望角或南美,致使航程距离和运输时间倍增,加上油价上涨使得航运成本猛增,而当时正值集装箱运输兴起。在这种背景下,大陆桥运输应运而生。从远东港口至欧洲的货运,于 1967 年底首次开辟了使用美国大陆桥运输路线,把原来全程海运,改为海陆海运输方式,缩短了运输里程,降低了运输成本,取得了较好的经济效益。

2. 国际大陆桥运输线路

（1）**北美大陆桥**。北美大陆桥（North American Land Bridge）是指利用北美的大铁路从远东到欧洲的海陆海联运，包括美国大陆桥和加拿大大陆桥。美国大陆桥有两条运输线路：一条是从西部太平洋沿岸至东部大西洋沿岸的铁路和公路运输线；另一条是从西部太平洋沿岸至东南部墨西哥湾沿岸的铁路和公路运输线。

北美大陆桥是世界上历史最悠久、影响最大、服务范围最广的陆桥运输线。据统计，从远东到北美东海岸的货物有50%以上是采用双层列车进行运输的，因为采用这种陆桥运输方式比采用全程水运方式通常要快1~2星期。例如，集装箱货从日本东京到荷兰鹿特丹，采用全程水运（经巴拿马运河或苏伊士运河）通常需要5~6星期，而采用北美陆桥运输仅需3星期左右。

（2）**西伯利亚大陆桥**。西伯利亚大陆桥（Siberian Land Bridge，SLB）是指使用国际标准集装箱，将货物由远东海运到俄罗斯东部港口，再经跨越欧亚大陆的西伯利亚铁路运至波罗的海沿岸如爱沙尼亚的塔林或拉脱维亚的里加等港口，然后再采用铁路、公路或海运运到欧洲各地的国际多式联运的运输线路。西伯利亚大陆桥把太平洋远东地区与俄罗斯波罗的海、黑海沿岸及西欧大西洋岸连接起来，为世界最长的大陆桥，被称为第一条欧亚大陆桥。

这条大陆桥运输线路的西端已从英国延伸到了包括西欧、中欧、东欧、南欧、北欧的，整个欧洲大陆和中东各国，其东端也不只是到日本，而发展到了韩国、菲律宾、中国内地和中国香港等地。从西欧到远东，经大陆桥为13 000 km，比海上经好望角航线缩短约1/2的路程，比经苏伊士运河航线缩短约1/3的路程，同时，运费要低20%~25%，时间也可节省35日左右。

（3）**新亚欧大陆桥**。新亚欧大陆桥也称亚欧第二大陆桥。该大陆桥东起中国连云港，西至荷兰鹿特丹，全长1.08万 km，在中国境内经过陇海、兰新两大铁路干线，境内全长4 134 km，在徐州、郑州、洛阳、宝鸡、兰州分别与我国京沪、京广、焦柳、宝成、包兰等重要铁路干线相连，具有广阔的腹地。途径中国、哈萨克斯坦、俄罗斯、白俄罗斯、波兰、德国和荷兰7个国家，可辐射到30多个国家和地区。这条运输线与第一条运输线相比，总运距缩短2 000~2 500 km，可缩短运输时间约5日，减少运费10%以上。

与西伯利亚大陆桥相比，新亚欧大陆桥具有明显的优势：第一，地理位置和气候条件优越，避开了高寒地区，港口无封冻期，自然条件好，吞吐能力大，可以常年作业；第二，运输距离短；第三，辐射面广，新亚欧大陆桥辐射亚欧大陆30多个国家和地区，总面积达5 071万 km^2，居住人口占世界总人口的75%左右；第四，对亚太地区吸引力大。除我国（大陆、台湾、港澳特别行政区）外，日本、韩国、东南亚各国、一些大洋洲国家，均可利用此线路开展集装箱运输。

（4）**其他陆桥**。北美地区的陆桥运输不仅包括上述大陆桥运输，还包括小陆桥（Mini Land Bridge）与微型陆桥（Micro Land Bridge）等运输组织形式。

所谓小陆桥运输，也就是比大陆桥的海陆海形式缩短一段海上运输，成为海陆或陆海形式。例如，远东至美国东部大西洋口岸或美国南部墨西哥湾口岸的货运，由原来全程海运，改为由远东装船运至美国西部太平洋口岸，转装铁路（公路）专用车运至东部大西洋口岸或南部墨西哥湾口岸，以陆上铁路（公路）作为桥梁，把美国西海岸同东海岸和墨西哥湾连接起来。

所谓微型陆桥运输，也就是比小陆桥更短一段。由于没有通过整条陆桥，而只利用了部分陆桥，故又称半陆桥运输，是指海运加一段从海港到内陆城乡的陆上运输或相反方向的运输形式。微型陆桥运输近年来发展非常迅速。

8.2.2 典型国际大陆桥运输业务

目前,从我国出口集装箱货物至美国时,相当部分美国进口商开出的信用证中经常出现 OCP、MLB、IPI 等条款;此外,西伯利亚大陆桥运输业务简称 SLB(Siberian Land Bridge),包括海铁铁、海铁海、海铁公和海公空四种运输方式。

1. OCP 运输方式

OCP(Overland Common Points)是一种成熟的国际航运惯例,意即"内陆公共点地区",简称"内陆地区"。其含义是指使用两种运输方式,将卸至美国西海岸港口的货物通过铁路运抵美国内陆公共点。根据美国费率规定,以美国西部九个州为界,也就是以落基山脉为界,其以东地区均为内陆地区范围,约占美国全国三分之二的地区。

按 OCP 运输条款规定,如果按照该条款运输,可以享受内陆地区运输的优惠运费率即陆路公共点运费率(OCP Rate),比当地运费率(Local Rate)低 3%~5%,同时可享有比直达美国东海岸港口约低 3.5 美元/尺码吨的海运费,内陆转运费、码头费、装卸费等已包含其中。因此,采用 OCP 运输对进、出口双方都有利。相反方向,凡从美国内陆地区起运经西海岸港口装船出口的货物同样可按 OCP 运输条款办理。

(1) 采用 OCP 运输条款时必须满足的条件

① 货物最终目的地必须属于 OCP 地区范围内,这是签订 OCP 运输条款的前提。

② 货物必须经由美国西海岸港口中转。因此,在签订贸易合同时,有关货物的目的港应规定为美国西海岸港口,即 CFR 价或 CIF 价美国西海岸港口条件。

③ 在提单备注栏内及货物唛头上应注明最终目的地 OCP××城市。

例 8-1

我国出口至美国一批货物,卸货港为美国西雅图,最终目的地是芝加哥。西雅图是美国西海岸港口之一,芝加哥属于美国内陆地区城市,此笔交易就符合 OCP 规定。经双方同意,可采用 OCP 运输条款。在贸易合同和信用证内的目的港可填写"西雅图内陆地区",即"CIF Seattle(OCP)"。除在提单上填写目的港西雅图外,还必须在备注栏内注明"内陆地区芝加哥"字样,即"OCP Chicago"。

(2) 使用 OCP 运输方式时的注意事项

① OCP 运输下的集装箱货物,发货人承担的责任、费用终止于美国西海岸港口,货物卸船后,由收货人委托中转商持正本提单向船公司提货,并负责运抵收货人指定地点。

② 收货人在收到货物单证 10 日内,必须申请进口保税运输,以保证将货物最终运抵交货地。如不按时提出申请,货物即转至保税仓库,从而产生各项费用。避免这些费用支出的做法是收货人或其代理人委托铁路代办运输至内陆公共点的保税申请手续。

③ OCP 运输的集装箱货物,在买卖合同和信用证栏内应加注"OCP 运输"字样,签发提单时,其签发要求与买卖合同、信用证要求相符。如以 CFR/CIF 价美国西海岸港口作为价格条款,为方便制单结汇,信用证也要做出如下相应规定:"自_____(装运港)至_____(美国西部港口)OCP(内陆地点)",对应英文名称如下:"Shipment from _____ to _____ OCP _____"。在实际业务中,有的信用证明确规定 OCP 条款,要求提单注明 OCP××,但有的信用

证中并没有明确规定,而提单中却常常标注OCP××,议付银行也不会以单证不一致为由拒付。

④采用OCP运输的集装箱货物,在单据中必须注明OCP字样。如使用某些船公司美国航线专用提单时,因该提单栏内只有卸货港、最终交货地两栏内容,故在国内港口装船运往美国使用OCP运输方式,而签发某些船公司专用提单时,目的港一栏内应注明"OCP××港"。以卸货港是美国西雅图(Seattle)、最终目的地是底特律(Detroit)为例,提单中卸货港栏填制"Seattle OCP",目的地栏填制"OCP Detroit",货物品名、唛头及货物包装上也应注明"Seattle OCP Detroit",在提单中间空白处也要加打"OCP Detroit",以便在装卸、转运时识别。

⑤凡运往内陆公共点的集装箱货物,应在卸船45日内由收货人向铁路提供证明,如陆上运输单证、转运单、海关转口申请单等。如未在规定时间内提供上述单证或证明,货主将失去铁路优惠运价。

⑥OCP是一种特殊的国际运输方式,它虽然由海运、陆运两种运输形式来完成,但它并不是也不属于国际多式联运。OCP运输中海运、陆运段分别由两个承运人签发单据,运费各自计收,运输与责任风险也是分段负责。因此,它并不符合国际多式联运的含义。

如采用OCP方式,即使货物的最终目的地分散在美国内陆区域的多个地方,只要把所有货物品名并列在一份提单上,且在最终目的地处注明OCP陆路公共点,承运人将合并计算含装卸、仓储、码头及内陆转运在内的海运部门安排货物的内陆转运工作,收货人可在指定目的地提货,大大方便了收货人。因而,全面而正确地理解OCP,无论是对进出口商拓展贸易还是对承运人合理安排运输都不无裨益。

2. MLB运输方式

MLB(Mini Land Bridge)即小陆桥运输,是指通过海陆运输方式将集装箱货物先运至日本港口,再转运至美国西海岸港口,卸船后交由铁路运抵美国东部港口或加勒比海港口区域以及相反方向的运输。MLB运输从运输组织方式上看与大陆桥运输并无大的区别,只是其运送货物的目的地为沿海港口,本质上是海陆联运。

MLB运输能避免绕道运输、节省运输费用,缩短运输时间,还可享受铁路集装箱直达列车的优惠运价,但也存在铁路运费偏高、运输时间得不到保证(特别是冬季)、往返集装箱货源不平衡,造成大量集装箱在东海岸积压等问题。

目前,北美小陆桥运输的主要是日本经北美太平洋沿岸到大西洋沿岸和墨西哥湾地区港口的集装箱货物,也承运从欧洲到美国西海岸及海湾地区各港的大西洋航线的转运货物。北美小陆桥在缩短运输距离、节省运输时间上效果显著。以日本—美国东海岸航线为例,从大阪至纽约全程水运(经巴拿马运河)航线距离9 700海里,运输时间21～24日;而采用MBL运输,运输距离仅7 400海里,运输时间16日,可节省1星期左右的时间。

我国出运到美国的集装箱货物,在使用MLB运输时可先将货物运至日本港口,再转运美国西海岸卸船后,交铁路运抵美国东部海岸或加勒比海区域。

对我国出口商、运输经营人来说,使用MLB运输条款应注意以下问题:

(1)MLB运输是完整的多式联运,由国际多式联运经营人签发全程联运提单,并收取全程运费,对全程运输承担责任。

(2)MLB运输下的集装箱货物,其提单应分别注明卸船港:××港;交货地:××交货地。

(3)MLB运输下成交的货物,卖方(发货人)承担的责任、费用终止于最终交货地。

(4)MLB运输下的集装箱货物应根据国际多式联运经营人在美注册的运价本收取运费,原则上无任何形式的运费回扣,除非国际多式联运经营人与货主之间订有服务合同,即在一定时间内提供一定货运量后,货主可享有较低运价。

(5)在按服务合同收取运费而货物托运人是无船承运人时,MLB 运输的集装箱货物应出具两套提单,一套是无船承运人签发给货主的 HOUSE B/L,另一套则是船公司签发给无船承运人的 MEMO B/L。前者供货主用于结汇,后者供无船承运人在美国的代理凭其向船公司提货。

> **例 8-2**
>
> 中方以 CIF 价条件出口至美国一批货物,卸货港为美国西雅图,最终目的地为芝加哥。西雅图在美国西海岸,芝加哥属于美国内陆地区城市。为了享受运费优惠,可采用 MLB 运输条款和 OCP 运输条款,但货物必须用集装箱装载,必须注明卸货点为美国西海岸港口,目的地必须是美国落基山脉以东地区某个公共点(Common Points)。对于 OCP 而言,沿铁路线各站都有公共点。

3. IPI 运输方式

IPI(Inter Point Intermodal)即内陆公共点多式联运。MLB 运输下的集装箱货物,其抵达区域是美国东海岸和加勒比海区域,而 IPI 运输方式则将集装箱货物运抵内陆主要城市。两者的运输方式、运输途径、运输经营人责任和风险完全相同。但与 OCP 运输相比,IPI 是完整的多式联运,而 OCP 运输则不是完整的多式联运。

使用 IPI 运输方式时应注意如下问题:

(1)在 IPI 运输方式下其提单应写明卸船港:××港;交货地:××交货地。

(2)国际多式联运经营人对货物承担的责任从接受货物时起至交付货物时止,即全程运输负责。

(3)IPI 运输方式下的集装箱货物,在到岸价的情况下,卖方(发货人)承担的责任、费用终止于最终交货地。

(4)IPI 运输尽管使用两种不同的运输方式,但使用同一张货运提单并收取全程运费。

4. SLB 运输方式

目前经过西伯利亚往返于欧亚之间的大陆桥运输路线主要有三条:

(1)**铁铁(Transrail)路线**。由日本、中国香港等地用船把货箱运至俄罗斯的纳霍德卡和东方港,再用火车经西伯利亚铁路运至白俄罗斯西部边境站,然后继续运至欧洲和伊朗或相反方向。

(2)**铁海(Transea)路线**。由日本等地把货箱运至俄罗斯纳霍德卡和东方港,再经西伯利亚铁路运至波罗的海的圣彼得堡、里加、塔林和黑海的日丹诺夫、伊里切夫斯克,再装船运至北欧、西欧、巴尔干地区港口,最终运交收货人。

(3)**铁卡(Tracons)路线**。由日本等地把货箱装船运至俄罗斯纳霍德卡和东方港,经西伯利亚铁路运至白俄罗斯西部边境站布列斯特附近的维索科里多夫斯克,再用卡车把货箱运至德国、瑞士、奥地利等国。

我国从 1980 年开办大陆桥运输业务以来,以上三条路线均已采用,但主要还是铁铁路线,即从中国内地各站把货物运至中俄边境满洲里/后贝加尔,进入俄罗斯;或运至中蒙边境站二连浩特,在扎门乌德进入蒙古,经蒙俄边境站苏赫巴托/纳乌斯基进入俄罗斯,再经西伯利亚铁路运至白俄罗斯西部边境站,后又转欧洲铁路运至欧洲各地或从俄罗斯运至伊朗。俄罗斯的过境运输总公司(SOJUZTRANSIT)担当总经营人,它拥有签发货物过境许可证的权利,并签发统一的全程联运提单,承担全程运输责任。至于参加联运的各运输区段,则采用"互为托、承运"的接力方式完成全程联运任务。可以说,西伯利亚大陆桥是较为典型的一条过境多式联运线路。

SLB、OCP、MLB、IPI 四种运输组织方式的区别见表 8-1。

表 8-1　　　　　SLB、OCP、MLB、IPI 四种运输组织方式的区别

比较项目	SLB	OCP	MLB	IPI
货物成交价	采用 FCA 价或 CIP 价应视为合同中约定	卖方承担的责任、费用终止于美国西海岸港口	卖方承担的责任、费用终止于最终交货地	与 MLB 相同
提单的适用	全程	海上区段	全程	全程
运费计收	全程	海、陆分段计收	全程	全程
保险区段	全程投保	海、陆段分别投保	全程投保	全程投保
货物运抵区域	不受限制	OCP 内陆公共点	美国东部和美国湾港口	IPI 内陆公共点
多式联运	是	不是	是	是

8.3　国际多式联运保险

国际贸易货物如果采用多式联运方式运输,贸易术语一般应采用 CIP 价。卖方须负责办理运输全程的各种运输方式的保险并支付运输全程的保险费,因而保险人的责任期间可在指定的内陆目的地终止。

8.3.1　国际多式联运保险概述

1. 国际多式联运保险产生的背景

国际集装箱多式联运的发展,在为货主提供门到门服务及减少部分货物运输风险的同时,也增加了一些新的风险,从而给运输保险提出了一些新的问题,如保险人责任期限的延长、承保责任范围的扩大、保险费率的调整以及集装箱运输责任保险等。

与传统的运输方式相比,国际集装箱多式联运使得货物在运输过程中的许多风险得以减少,其中包括:装卸过程中的货损事故;货物偷窃行为;货物水湿、雨淋事故;污染事故;货物数量溢短等。

然而,随着集装箱多式联运的开展,也出现了一些新的风险,例如:由于货物使用集装箱运输,货物包装从简,因而货物在箱内易造成损坏;由于货物在箱内堆装不当、加固不牢造成损坏;发生货物灭失或损坏时,责任人对每一件或每一货损单位的赔偿限额大为增加;装运舱面集装箱货物的风险增大等。由于上述原因,尤其是舱面装载集装箱使运输风险增大,保险公司会据此提出缩小承保责任范围,或对舱面集装箱采用高保险费率,或征收保险附加费。

2. 多式联运下保险利益的变化

(1) **海运经营人**。从某种意义上讲,由谁投保集装箱,与谁拥有集装箱或对集装箱承担责任有关。如果该集装箱由船公司拥有,则应由船公司进行投保。可采取的投保方式包括延长集装箱船舶保险期、扩大承保范围、单独的集装箱保险等。在实际保险业务中,单独的集装箱保险比延长船舶保险期应用得更为广泛。

(2) **陆上运输经营人**。陆上运输经营人通常是指国际货运代理人、公路承运人、铁路承运人等。当他们向货主或用箱人提供集装箱并提供全面服务时,必须对集装箱进行投保,以保护其巨额资金投入。

(3) **租箱公司**。在租箱业务中,不仅要确定租赁方式,同时,确定由谁对集装箱进行投保也是十分重要的。根据目前的实际情况看,无论是集装箱的长期租赁,还是程租,较为实际的做法是由租箱公司继续其保险,而向承租人收取费用。

(4) **第三者责任**。在集装箱多式联运过程中,除因集装箱损坏而产生经济损失外,还有可能对第三方引起法律责任,如集装箱运输过程中造成财产损失等。由于对第三者的损失责任可能发生在世界任何用箱地,因此其签订的保险单也必须是世界范围内适用的。

3. 国际集装箱多式联运保险的特征

(1) **事故发生的频度高,造成损失的数量大**。国际集装箱多式联运由于其覆盖面广、涉及环节多,因而不可避免地使得货物在运输过程中发生事故的频率增加,造成的损失也大。

(2) **具有国际性**。国际集装箱多式联运保险涉及的地理范围超越了国家的界限,所涉及的保险关系方不仅包括供箱人、运箱人、用箱人和收箱人,而且包括不同国家和地区的贸易承运人和货主等。因此,运输保险的预防与处理必须依赖于国际公认的制度、规则和方法。这是国际集装箱多式联运保险的一个显著特征。

(3) **运输保险人责任确定的复杂性**。国际集装箱多式联运保险涉及多种运输方式。一般以海运为主体,铁路运输、公路运输以及内河运输等为辅助。多式联运下货物损失赔偿的确定是一个非常复杂的问题。它不仅涉及保险合同本身的承保范围,也涉及与运输有关的货物承运人的责任问题。因此,为了明确损失的责任范围,必须深入了解各国以及国际公认的法律和惯例。

8.3.2 国际集装箱多式联运与海上运输货物保险

1. 多式联运保险与海上运输货物保险的关系

无论是从保险的基本概念,还是从保险合同条款的内容来看,海上货物运输保险与国际多式联运的风险保护,在某种意义上说是一致的。

目前,以国际贸易运输货物为承保对象的英文保险单大多以1906年英国海上保险法为准据法。该法规定,货运保险应就运输全程所发生的危险,向被保险人提供连续、不间断的保险。因此,海上货物运输保险与保护因集装箱化而出现的真正意义上的多式联运过程中所发生的货物风险,从体制上讲是相适应的。此外,从构成保险合同的条款和保险期限等方面看,海上货物运输保险"仓到仓"条款也能提供适应于集装箱化和国际多式联运下的"门到门"运输的全程货物保险体制。

2. 国际多式联运经营人的责任限制与保险

在保险实务中,货物的损坏或灭失首先是由货物保险人予以赔偿的。根据国际保险法有关代位追偿权的规定,与支付保险金相对应,保险人可以代位继承(保险代位)被保险人对第三者享有的权利。多式联运经营人责任制的主要作用就是确定保险人对经营人行使代位追偿的权利。

对于多式联运经营人的责任制,如前所述,国际多式联运公约采用了"修正的统一赔偿责任制"。也就是说,在责任原则方面,遵循由债务人(经营人)承担举证责任的严格责任主义,采用统一责任制;而在责任限额方面,则采用网状责任制。

关于责任限额,多式联运公约规定了三种赔偿标准。其中,该公约规定的第一赔偿标准,即包括水运的赔偿标准,比《海牙规则》相应的责任限额提高了4.7倍,分别是《维斯比规则》和《汉堡规则》赔偿限额的1.35倍和1.1倍。同时,该公约的第三赔偿标准规定,如果货物的灭失或损坏已确定发生在多式联运的某一地区段,而该区段适用的国际公约或强制性国家法律规定的赔偿限额高于多式联运公约的标准,则经营人的赔偿应以该国际公约或强制性国家法律予以确定。

在上述情况下,多式联运经营人的赔偿责任将超过其分承运人,而且难以从其分承运人那里得到与其支付给索赔人(货主)数额相同的赔偿金额。因为多式联运经营人对其分承运人的追偿请求不能适用多式联运公约,只能适用多式联运某运输区段所对应的单一运输国际公约,而有些单一运输方式所适用的国际公约规定的赔偿责任却低于多式联运公约的规定,如《海牙规则》或《汉堡规则》。为弥补该差额,多式联运经营人除提高运费外,只得向保险公司进行责任保险,以避免此类损失。

由此可见,随着多式联运经营人责任的严格化和扩大化,以经营人的责任为对象的货物赔偿责任保险的保险费将会大幅度提高,而这种保险费本来就是包括于运费之中的。因此,多式联运经营人的责任制对其运输成本所产生的影响是很大的。

3. 多式联运经营人的责任保险和货运险的关系

运输保险可以分为两种形式:一种是由货主向保险公司投保的货运保险;另一种是由承运人(经营人)向互保协会投保的责任保险。

多式联运经营人对于运输过程中造成的货物损坏或灭失的赔偿责任,通常都是以货物赔偿责任保险(简称责任保险)向保险公司或保赔协会投保。经营人的责任保险所承担的风险,取决于其签发的提单中所规定的责任范围,即货物保险承保的是货主所承担的风险,而责任保险所承保的则是经营人所承担的风险。

货物保险和责任保险之间既存在着互为补充的关系,也有共同承担货物运输风险的关系。此外,责任保险是以由运输合同约束的货主与承运人(经营人)之间的权利、义务为基础的保险。与此相对,货物保险是货主与保险人之间以损害赔偿合同约定的保险。因承运人保留权利而不得不由货主承担的各种风险,属于货物保险的范围。

拓展资讯

铁路集装箱多式联运"十三五"规划发布

能力培养

一、名词解释

国际多式联运　国际多式联运合同　国际多式联提单　多式联运经营人
大陆桥运输　　OCP　　　　　　　MLB　　　　　　　IPI　SLB

二、简答题

1. 简述国际多式联运经营人的法律地位。
2. 简述国际多式联运经营人的赔偿责任制度。
3. 国际大陆桥运输有哪些线路？
4. 多式联运下保险利益有哪些变化？

三、案例分析

1. 我国某公司从欧洲进口一批设备，委托某货代公司负责全程运输。货代公司以托运人身份向海运承运人订舱，装卸港口分别为A和B。货物从欧洲港口起运前，进口公司向保险公司投保海洋货物运输一切险，保险单上起运港和目的港分别为A和B。在设备运至我国B港口后，货代公司又转委托某内陆运输公司将其运至进口公司的工地，并向其支付陆运运费。设备在公路运输途中，从车上侧移跌落地面，严重受损。应向谁索赔，为什么？运输公司是否要承担责任，为什么？保险公司是否承担责任，为什么？

2. 我国某公司与美国某公司签订了进口成套设备的贸易合同，FOB美国西海岸，目的港为山东济南。委托某航运公司负责全程运输。航运公司从美国西雅图港以海运方式运输了装载于三个集装箱的设备到青岛港，后委托一货代公司负责青岛到济南的陆路运输，双方订立陆路运输合同。货代公司并没有亲自运输，而是委托某汽车运输服务公司运输。货到目的地后，收货人发现两个集装箱破损，货物严重损坏。经查发现集装箱货物的损坏发生在青岛至济南的陆路运输区段。航运公司是否对货物的损失承担责任，为什么？本案是否按照中国《海商法》关于承运人赔偿责任和责任限额的规定来确定当事人的赔偿责任，为什么？阐述航运公司和货代公司的法律地位。

情境 9
国际快递

学习目标

【知识目标】

了解快递的特点、快递行业的现状、邮包保险的内容;理解快递与邮政的区别;掌握快递的类型、国际快递包装与禁运要求、海关对国际快件监管的规定。

【能力目标】

能够根据所发运的货物选择合适的快递公司;能够做好快递货物的包装;能够对快递案例进行分析;能够合理规避快递活动中可能存在的风险。

【技能目标】

会计算快递运费。

情境引导

国际快递

快递概述	快递基础知识	快递的定义及特点:快递的定义;快递的特点
		快递的类型:按区域划分;按快件的内容划分;按递送方式划分
		航空快递与邮政:收件范围;经营者;组织形式;单据;服务质量
	快递行业的现状	国际快递公司:UPS;Fedex;DHL;TNT;OCS;EMS
		中国快递行业:特点;问题
国际快递实务	国际快递业务概述	包装与禁运要求:包装一般规定;特殊包装要求;禁运物品
		海关监管规定:一类快件(进境、出境);二类快件(进境);三类快件
		计费规则:重量单位;首重与续重;实重与材积;计费重量;包装费;偏远附加费;计费公式
	国际快递货物保险	责任范围:邮包险;邮包一切险
		除外责任
		责任起讫
		被保险人的义务
		索赔期限

9.1 快递概述

9.1.1 快递基础知识

1. 快递的含义及特点

(1) 快递的定义。快递、速递、快运、快件、航空快递/快件(Air Courier/Air Express),这些只是名称的不同,其含义都是指"物件的快捷运送"。快递是指具有独立法人资格的货物运输代理企业,将客户的文件、物品或货物,通过自身网络或代理网络,从发件人手中送达收件人手中的最快捷、最安全的运输方式。

(2) 快递的特点。

①充分利用了当今最快捷、最适合本地域的各种运输工具,使快件最大限度和最大可能地处于不间断的运送状态,直至送达收件人手中。

②从事国际快件服务的快递企业的班机必须全天候飞行,并与分拨中心形成最完美的结合。

③实现了"先端信息技术与快件运送过程(收件、分拨、录入、预报、查询、报关、派送、统计、结算等作业)"的最完美的结合。

④打破了传统的简慢投递方式,采用了"门到门,桌到桌"的方式,即"从发件人委托到收件人签收"的稳妥的递送方式。

2. 快递的类型

(1) 按区域划分

①国际快递 指快件从一个国家到另一个国家的跨越国界的递送过程,即通过国家之间的边境口岸和海关对快件进行检验放行的运送方式。国际快件到达目的国口岸后,要在目的国内转运送达收件人所在地,此时只是国际快递的延伸,它仍然是国际快件。

②国内快递 指快件在同一个国家内的递送过程,即快件的始发地和目的地都不超出国界的运送方式。从内地发往香港的快件,因需要通过深圳海关,从作业角度上讲,应视为国际快件。国内快递按作业区域划分,可分为全国快递、区域快递、同城快递。

(2) 按快件的内容分

①快件文件 以商务文件、资料等无商业价值的印刷品为主,但也包括银行单证、合同、照片、机票等。

②快件包裹 又称为小包裹服务,是指一些贸易成交的小型样品、零配件返修及采用快件运送方式的进出口货物和物品。

(3) 按递送方式划分

①门到门(Door to Door) 从发件人委托发件开始(签字后运单生效),到收件人在运单上签收,确保快件准确无误地按时送到收件人手中的全过程。该方式又称桌到桌(Desk to

Desk)或手递手(Person to Person),是快递业务中最常见的服务形式。

②门到机场(Door to Airport) 这是应客户(多为发件人)要求或因收件人一时难以找到而产生的特殊服务方式,如空运进口、空运出口等业务。近年来,快递物品有逐年增大与加重的趋势,这些大件物品必须报关查验;到达目的地国家后,还有内陆运输的转运问题,这也是"门到机场"递送方式产生的原因之一。

③专人派送(Courier on Board) 这是一种由快递公司派专人登机,携带并护送快件,直接送到客户手中的特殊服务方式。只有在"情况紧急或物品有特殊要求"的情形下,才会产生这种服务要求和方式,因其运费昂贵,故托运人和承运人双方需要特别议定。

3. 航空快递与邮政

航空快递在很多方面与传统的航空货运业务、邮政运送业务有相似之处,但作为一项专门的业务它又有独到之处,主要表现在:

(1)收件范围不同。航空快递的收件范围主要有文件和包裹两大类,其中文件主要是指商业文件和各种印刷品,对于包裹一般要求毛重不超过 32 kg 或外包装单边不超过 102 cm,三边相加不超过 175 cm;邮政业务则以私人信函为主要业务对象,对包裹要求每件重量不超过 20 kg,长度不超过 1 m。

(2)经营者不同。航空快件的传送大多在经营国际航空快递的跨国公司内部完成;国际邮政业务则通过万国邮政联盟的形式在世界上大多数国家的邮政机构之间取得合作,邮件通过两个以上国家邮政当局的合作完成传送。

(3)经营者内部的组织形式不同。邮政运输的传统操作在理论上采用接力式传送;航空快递公司则大多采用中心分拨理论或称转盘分拨理论组织起全球的网络。

(4)使用的单据不同。邮政使用的是包裹单,航空快递使用的是交付凭证(Proof of Delivery,POD)。交付凭证一式四联;第一联留在始发地并用于出口报关;第二联贴附在货物表面,随货同行,收件人可以在此联签字表示收到货物,第三联作为快递公司内部结算的依据;第四联作为发件凭证留存发件人处,同时该联印有背面条款,一旦产生争议,则可作为判定当事各方权益,解决争议的依据。

(5)航空快递的服务质量更高,速度更快,更加安全、可靠、方便。航空快递公司对一般包裹代为清关,电脑跟踪查询系统也为有特殊需求的客户带来了极大的便利。

当然,航空快递同样有自己的局限性,如覆盖的范围不如邮政运输广泛,运送网络只能包括那些商业发达、对外交流多的地区。

9.1.2 快递行业的现状

快递公司必须拥有自身的运输网络,包括车队、操作中心、通信系统、结算系统。要形成一个标准化的合格的快递公司,从创建到成熟,至少需要 15 年的时间,特别是国际快递公司,它必须在大约 150 个国家和地区拥有国际网络(代理)和班机,一旦走上规模经营之路,就会形成相对的自然垄断,成为领先市场、利润丰厚的行业巨头。

1. 国际快递公司

(1) UPS。又称联合包裹服务公司,成立于美国,致力于支持全球商业的目标。作为世界上最大的快递承运商与包裹递送公司,也是专业的运输、物流、资本与电子商务服务的提供者。根据 UPS 官方网站资料,截至 2011 年年底,在亚太地区共有各种车辆超过 1 400 辆;操作机构超过 344 个;亚太地区每周 259 次航班;国际每周 133 次航班;亚太地区内部服务机场 16 个,国际 377 个。

(2) Fedex。Fedex 即美国联邦快递,截至 2011 年年底,Fedex 在亚太地区 32 个国家和地区有近 8 600 名员工,公司的亚太区总部(运转中心)设在香港,同时在上海、东京、新加坡均设有区域性总部。根据其在美国成功运作的"中心辐射"创新运转理念,亚太运转中心现已连接了亚洲地区 18 个主要经济与金融中心。Fedex 每个工作日运送的包裹超过 320 万个,全球拥有超过 138 000 名员工、50 000 个投递点、671 架飞机和 41 000 辆车辆。Fedex 有中国危险品运输资格。

(3) DHL。隶属于德国,是最早进入中国的跨国快递巨头。根据 DHL 官方网站资料,截至 2011 年年底,DHL 在 220 多个国家为 500 多个机场提供服务,约有 32 300 个服务点,客户超过 2 500 万,约 250 架专用飞机,每日航班约为 1 700 次,汽车约有 32 000 辆,员工超过 2 500 万位。DHL 在快递、空运与海运、国际运输、合同物流解决方案及国际邮递等领域关注客户需求,并提供定制化的解决方案。

(4) TNT。总部位于荷兰的 TNT 在欧洲、中国、南美、亚太和中东地区拥有航空和公路运输网络。根据 TNT 官方网站资料,截至 2011 年年底,TNT 拥有约 83 000 名员工、30 000 辆公路运输车辆和 50 架飞机。TNT 大中国区是其分支机构,在国际快递方面,它拥有 34 家国际快递分公司和 5 个国际快递口岸,分别位于北京、广州、上海、香港和深圳;在国内公路快运方面,TNT 通过其在华全资子公司天地华宇,运营着中国内地覆盖面最广的私营公路递送网络,下辖 57 个运转枢纽及 1 600 个运营网点,服务覆盖中国内地 600 多个城市。

(5) OCS。OCS 即欧西爱司物流(上海)有限公司,合资双方为中国对外贸易运输(集团)公司(SINOTRANS)和日本海外新闻普及株式会社(OCS)。通过整合双方的国际和国内网络资源,服务范围已覆盖了全球 220 多个国家和地区,成为能够提供全球性门到门、桌到桌的文件、包裹和货物快递服务的五家快递公司之一。

(6) EMS。EMS 即中国邮政速递物流股份有限公司,它是中国经营历史最悠久、规模最大、网络覆盖范围最广、业务品种最丰富的快递物流综合服务提供商。中国邮政速递物流在国内 31 个省(自治区、直辖市)设立全资子公司,并拥有邮政货运航空公司、中邮物流有限责任公司等子公司。根据 EMS 官方网站资料,截至 2010 年年底,公司业务范围遍及全国 31 个省(自治区、直辖市)的所有市、县、乡(镇),通达包括港、澳、台地区在内的全球 200 余个国家和地区,营业网点超过 4.5 万个。主要经营国内速递、国际速递、合同物流、快货等业务,国内、国际速递服务涵盖卓越、标准和经济不同时限、水平和代收货款等增值服务,合同物流涵盖仓储、运输等供应链全过程。

上述快递公司在全球各有优势,从中国出发,Fedex 和 UPS 的强项在美洲线路、日本线路,TNT 在西欧和西亚、中东有绝对优势,DHL 则在欧洲、日本、东南亚、澳洲有优势,这些优势主要反映在价格上。此外,其他知名快递公司,在其本土线路,肯定是有优势的,例如佐川急便在日本线路,顺丰在香港线路。除了以上的知名快递公司,也有不少快递公司结合当地的物流供应商,推出专线,例如中美快递、中澳快递、中东快递、中欧专线等。这些专线的最大优势是,有些地区会比国际快递巨头价格略低,但是在时效性及安全方面就要逊色些。

2. 中国快递行业

中国的国际快递业务,除了邮政速递(EMS)外,均为外商投资的合资企业所经营。我国民营快递企业以工商、金融、贸易、海运业为主要服务对象,以商务文件、小包裹为传递内容,采取了"门到门"的服务方式,在短期内获得了快速发展。民营中小型快递公司起步虽晚,前景光明,利润前景广阔,但业内竞争也是非常激烈的。

我国地域辽阔,要实现最快速度的运输,仅仅靠公路、铁路是不够的,如上海,在江、浙、沪可以公路为运输路线,豫、皖等偏近的外围区可以采用铁路运输,但是如广州、北京偏远的地方,为了达到快递快速的效率就必须建立在航空运输的基础上了。

飞机在运送货物时,只能选择大城市降落,要求快递公司必须根据自己的网络结构选择几个物流基地,以集散南来北往的货物,统一分拨、派送,达到提高物流速度、节约成本的目的。因此,快递公司进行航空运输时,必须与地面中转相配合。

我国快递业也存在一些问题,如人才缺乏,服务标准各地不统一,条块分割严重,企业规模偏小,快运快递功能主要停留在储存、运输和城市配送上,相关的包装、加工、配货等增值服务不多,不能形成完整的快运快递供应链。

9.2 国际快递实务

9.2.1 国际快递业务概述

1. 包装与禁运要求

(1)**国际快递对包装的一般规定**。货物包装必须坚固、完好、轻便,运输过程中能防止包装破裂、内物漏出、散失。包装的形状应适合货物的性质、状态和重量,并且便于搬运、装卸和码放。在特定条件下承运的货物、动物,如鲜活易腐货物等,其包装应符合对各货物的特定要求。对特小快件货物(如小件样品),必须外加一定体积的木箱或纸箱包装(用填充料衬垫等),包装后整个快件货物的体积长、宽、高合计不得少于 40 cm,最小一边不得少于 5 cm。包装内的垫付材料(如木屑、纸屑)不能外漏。如果货物的包装不符合要求,应向发货人做出说明,要求发货人改造或重新包装后方可出运。

(2)**国际快递对部分货物的特殊包装要求**。钢琴、陶瓷、工艺品等偏重或贵重的物品应用木箱包装。很多国家对原木包装有严格的规定,必须在原出口国进行熏蒸。日常生活常用类物品如书籍、用具等可用结实的纸箱自行包装,并最好进行防潮处理。易碎类物品最好填充好,避免损坏。条件允许时,在纸箱内铺垫一层防水用品(例如:塑料袋、布等)。在同一包装箱内,轻、重物品要合理搭配放置,以便搬运。箱内最后要塞满填充物,要充实,可用卫生纸、纸巾、小衣物等填充，以防在搬运挪动过程中箱内物品互相翻动、碰撞而受到损坏。对液体货物，容器内部必须留有5%～10%的空隙，封盖必须平密；不得溢漏。对粉状货物，应保证粉末不致漏出。对精密易损、质脆易碎货物，单件货物毛重以不超过25 kg为宜，可以采用多层次包装、悬吊式包装、防倒置包装、玻璃器皿的包装。

(3)国际快递禁运物品。难以估算价值的有价证券及易丢失的贵重物品。易燃易爆、腐蚀性、毒性、强酸碱性和放射性的各种危险品。各类烈性毒药、麻醉药物和精神物品。国家法令禁止流通或寄运的物品。含有反动、淫秽或有伤风化内容的报刊、书籍、图片、宣传品、音像制品、激光视盘、计算机磁盘及光盘等。妨碍公共卫生的，如尸骨、未经硝制的兽皮、未经药制的兽骨等。动物、植物以及它们的标本。难以辨认成分的白色粉末。私人信函等。

2. 海关监管规定

海关对货物类快件进行监管。货物类快件是指除文件类和个人物品类以外的快件，细分为第一类、第二类和第三类。

第一类快件可分为进境、出境两种。进境指关税税额在《中华人民共和国进出口关税条例》规定的关税起征数额以下的货物和海关规定准予免税的货样、广告品；出境指出境的货样、广告品(法律、法规规定实行许可证管理的、应征出口关税的、需出口收汇的、需出口退税的除外)。此类快件进出境时，运营人应提交"中华人民共和国海关进出境快件报关单"、每一快件的分运单、发票和海关需要的其他单证。

第二类快件仅指进境快件，是应予征税的货样、广告品(法律、法规规定实行许可证管理的、需进口付汇的除外)。进境时，运营人应提交"中华人民共和国海关进出境快件KJ3报关单"、每一进境快件的分运单、发票和海关需要的其他单证。

第三类快件是指第一类、第二类以外的货物，此类货物进出境时，按照海关对进出口货物通关的规定办理。

3. 计费规则

(1)计费重量单位。特快专递行业一般以0.5 kg为一个计费重量单位。

(2)首重与续重。特快专递货品的寄递以第一个0.5 kg为首重(或起重)，每增加0.5 kg为一个续重，通常起重的费用相对续重费用较高。国际快递的重量以"kg"为单位，一般21 kg以下以0.5 kg为计费单位，且有首重和续重之分，不足0.5 kg需按0.5 kg计算；21 kg以上以kg为计费单位；不足1 kg需按1 kg计算。

(3)实重与材积。需要运输的一批物品包括包装在内的实际总重量称为实重；当需寄递物品体积较大而实重较轻时，因运输工具承载能力及能装载物品体积所限，需采取量取物品体积折算成重量的办法作为计算运费的重量，称为体积重量或材积。

(4)计费重量。按实重与材积两者的定义与国际航空货运协会规定，货物运输过程中计收运费的重量是按整批货物的实际重量和体积重量两者之中较高的计算。

(5)包装费。一般情况下，快递公司是免费包装，提供纸箱、气泡等包装材料，很多物品如衣物，不用特别细的包装就可以，但一些贵重、易碎物品，快递公司还是要收取一定的包装费用的。包装费用一般不计入折扣。

(6) **偏远附加费**。如果收货地点不在主要城市,可能会产生偏远附加费,故要先查询清楚,选好物流公司。

(7) **通用运费计算公式**

①当需寄递物品实重大于材积时

$$运费 = 首重运费 + [重量(kg) \times 2 - 1] \times 续重运费$$

例如:7 kg 货品首重 20 元,续重 9 元,则运费总额为:$20 + (7 \times 2 - 1) \times 9 = 137$ 元

②当需寄递物品实际重量小而体积较大时,运费需按材积标准收取,然后再按上述公式计算运费总额。

③国际快件有时还会加上燃油附加费,例如:UPS71 kg 以上到西欧国家的公布价是 77 元/kg,燃油附加费是 17.5%(3 月),加上燃油附加费后就是 $77 \times 1.175 = 90.48$ 元/kg。

④总费用

$$总费用 = (运费 \times 燃油附加费) \times 折扣 + 包装费用 + 其他不确定费用$$

> **知识链接**
>
> 国际快递中的国际小包主要是指中国邮政小包、香港邮政小包、新加坡邮政小包等。例如,寄闪存卡时选择了香港邮政小包,邮费只需 1 元。但是,当真正付费的时候还会收取处理费,如 5.95 元,加起来近 7 元。到欧美及东南亚主要国家,一般需 7~15 日,其他地区和国家需 7~30 日。中国邮政小包以 100 g 为首重,续重 100 g 计算;香港小包、新加坡小包以 10 g 为首重,续重 10 g 计算,适用于快递货值低、重量轻的产品。

9.2.2 国际快递货物保险

以邮包方式将货物发送到目的地可以通过海运,也可以通过陆上或航空运输或航空运输,或者经过两种或两种以上的运输工具运送。不论通过何种运送工具,凡以邮包方式将贸易物货运达目的地的保险均属邮包保险。邮包保险按其保险责任分为邮包险(Parcel Post Risks)和邮包一切险(Parcel Post All Risks)两种。前者与海洋运输货物保险水渍险的责任类似,后者与海洋运输货物保险一切险的责任基本相同。

1. 责任范围

被保险货物遭受损失时,按保险单上订明承保险别的条款规定负赔偿责任。

(1) 邮包险

①被保险邮包在运输途中由于恶劣气候、雷电、海啸、地震、洪水等自然灾害或由于运输工具遭受搁浅、触礁、沉没、碰撞、倾覆、出轨、坠落、失踪,或由于失火、爆炸意外事故所造成的全部或部分损失。

②被保险人对遭受保责任内危险的货物采取抢救、防止或减少货损的措施而支付的合理

费用,但以不超过该批救货物的保险金额为限。

(2) 邮包一切险。除包括上述邮包险的各项责任外,还负责被保险邮包在运输途中由于外来原因所致的全部或部分损失。

2. 除外责任

被保险人的故意行为或过失所造成的损失;属于发货人责任所引起的损失;在保险责任开始前,被保险邮包已存在的品质不良或数量短差所造成的损失;被保险邮包的自然损耗、本质缺陷、特性以及市价跌落、运输延迟所引起的损失或费用;邮包战争险条款和货物运输罢工险条款规定的责任范围和除外责任。

3. 责任起讫

自被保险邮包离开保险单所载起运地点寄件人的处所运往邮局时开始生效,直至该项邮包运达本保险单所载目的地邮局,自邮局签发到货通知书当日午夜起算满15日终止。但在此期限内邮包一经递交至收件人的处所,保险责任即行终止。

4. 被保险人的义务

(1) 当被保险邮包运抵保险单所载明的目的地以后,被保险人应及时提取包裹,当发现被保险邮包遭受任何损失时,应立即向保险单上所载明的检验、理赔代理人申请检验。如发现被保险邮包整件短少或有明显残损痕迹,应立即向邮局索取短、残证明,并应以书面方式向其提出索赔,必要时还须取得延长时效的认证。

(2) 对遭受承保责任内危险的邮包,应迅速采取合理的抢救措施,防止或减少邮包的损失,被保险人采取此项措施,不应视为放弃委付的表示,保险公司采取此项措施,也不得视为接受委付的表示。

(3) 在向保险人索赔时,必须提供下列单证:保险单正本、邮包收据、发票、装箱单、磅码单、货损货差证明、检验报告及索赔清单。如涉及第三者责任,还须提供向责任方追偿的有关函电及其他必要单证或文件。

5. 索赔期限

索赔时效从被保险邮包递交收件人时起算,最多不超过2年。

拓展资讯

国际快递和国际空运有什么区别

能力培养

一、名词解释

快递　POD　专人派送　材积

二、简答题

1. 快递有什么特点？有哪些类型？
2. 简述航空快递与邮政的区别。
3. 国际知名快递公司有哪些？
4. 国际快递对货物包装有哪些要求？
5. 海关对哪些类型的货物进行快件类监管？
6. 简述快递货物保险的险别及其具体内容。

三、计算题

1. 要寄送的样品加内外包装总重量为 4 510 g，按"包裹类"资费计算，首重 180 元，续重 40 元，运费是多少？

2. 某四川客户有 280 kg 货物要发往加拿大，共有 15 箱，单箱尺寸是 35 cm×45 cm×67 cm，货品名称为上网本。香港 UPS 的公布价是 RMB78，普货成本折扣是 3.6 折。如果报价在成本基础上每 kg 按 RMB10 利润计算，另公司管理费用按 18.5% 计，应该如何报价？若查收货地为偏远地区，需附加费 RMB3.6/kg，应如何报价？

四、案例分析

合同标书航空快递延误赔偿纠纷

原告上海 ZH 公司为参与 A 国某港务局岸边集装箱起重件投标业务，于 7 月 21 日上午委托被告办理标书快递，要求其于当月 25 日前将标书投递到指定地点，被告表示可以如期送达。但是，因被告经办人的疏忽，致使标书在沪滞留两天，延迟到同月 27 日下午才到达指定地点，超过了 26 日投标截止日期，使原告失去投标机会，蒙受较大的经济损失及可能得到的利润。请求法院判令被告退还所收运费人民币 1 432 元，赔偿直接经济损失 10 360 美元，承担诉讼费用。

被告辩称：为原告快递标书费时六天零五个小时，并未超过国际快件中国到也门四到七天的合理运输时间，无延误送达标书的事实。标书在上海滞留两天，系原告未按规定注明快件的类别、性质，以致被告无法报关，责任在原告。即使被告延误送达，应予赔偿，亦应按《统一国际航空运输某些规则的公约》（简称《华沙公约》）或《修改 1929 年 10 月 12 日在华沙签订的统一国际航空运输某些规则的公约的议定书》（简称《修改议定书》）规定的承运人最高责任限额赔偿。

静安区人民法院经审理查明：原告 ZH 公司于 7 月 20 日上午电话通知被告 UPS 公司揽货员，表明 7 月 21 日需快递一份文件到 A 国参加投标。当日下午，被告交给原告一份 UPS 公司运单，让原告填写。该运单背面印有"华沙公约及其修改议定书完全适用于本运单"和"托运人同意本运单背面条款，并委托 UPS 公司为出口和清关代理"等字样。7 月 21 日上午，被告到原告处提取托运物标书，并在 UPS 公司收件代表签字处签名，表示认可。被告收到原告标书后，未在当天将标书送往上海虹桥机场报关，直至 7 月 23 日晚，被告才办完标书的出境手续，该标书 7 月 27 日到达目的地。原告得知后，致函被告，要求查清此事并予答复。被告回函承认 UPS 公司在该标书处理上犯有未严格按收件时间收件（截止时间为 16 时，而原告标书到被告上海浦东办事处是 16 时 45 分）、未仔细检查运单上的货品性质、未问清客户有否限时送到的额外要求三点错误，并表示遗憾。

(1) 被告是否应当承担责任？为什么？

(2) 原告请求的损失赔偿是否应予以支持？为什么？

参 考 文 献

[1] 杨长春.国际货物运输.北京:对外经济贸易大学出版社,2005
[2] 杨鹏强.航空货运代理实务.北京:中国海关出版社,2010
[3] 王俭廷.航空物流运营实务.北京:中国物资出版社,2009
[4] 沈欣,徐玲玲.国际陆空货物运输.北京:化学工业出版社,2010
[5] 赵一飞.多式联运实务与法规.第 2 版.上海:华东师范大学出版社,2015
[6] 杨志刚,邬丽君,汪媛媛.国际物流运输实务与法规指南.北京:化学工业出版社,2014
[7] 杨茅甄.集装箱运输实务.第 3 版.北京:高等教育出版社,2015
[8] 孙家庆.国际货运代理.第 5 版.大连:东北财经大学出版社,2015
[9] 胡美芬,王义源.远洋运输业务.第 4 版.北京:人民交通出版社,2006
[10] 杨占林.国际货运代理实务精讲.第 2 版.北京:中国海关出版社,2016
[11] 程惠.国际货物运输与保险.大连:大连理工大学出版社,2008
[12] 杨长春,顾永才.国际物流.第 5 版.北京:首都经济贸易大学出版社,2015
[13] 加藤修著.周学业等译.国际海上运输货物保险实务.大连:大连海事大学出版社,1995

附 录

附录1 IATA 航空运单

航空运单(Airway Bill)

1A	1	1B									
Shipper's Name and Address 2			Shipper's Account Number 3			NOT NEGOTIABLE Air Waybill Issued by	UTi(HK) LIMITED 14/Floor, COL Tower, World Trade Square, 123 Hoi Bun Road, Kwun Tong, Kowloon, H. K. Tel: 2751 8380 Fax: 2795 4849				
						Copies 1,2 and 3 of this Air waybill are originals and have the same validity.					
Consignee's Name and Address 4			Consignee's Account Number 5			It is agreed that the goods described herein are accepted in apparent goods order and condition (except as noted) for carriage SUBJECT TO THE CONDITIONS OF CONTRACT ON THE REVERSE HEREOF. ALL GOODS MAY BE CARRIED BY AND OTHER MEANS INCLUDING ROAD OR ANY OTHER CARRIER UNLESS SPECIFIC CONTRARY INSTRUCTIONS ARE GIVEN VIA INTERMEDIATE STOPPING PLACES WHICH THE CARRIER DEEMS APPROPRIATE. THE SHIPPER'S ATTENTION IS DRAWN TO THE NOTICE CONCERNING CARRIER'S LIMITATION OF LIABILITY. Shipper may increase such limitation of liability by declaring a higher value for carriage and paying a supplemental charge if required.					
Issuing Carrier's Agent Name and City 6						Accounting Information 10					
Agent's IATA Code 7			Account No. 8								
Airport of Departure (Addr. of First Carrier) and Requested Routing 9											
To 11A	By First Carrier Routing and Destination 11B		to 11C	by 11D	to 11E	by 11F	Currency 12	CHGS Code 13	WT/VAL PPD 14A / COLL 14B	Other PPD 15A / COLL 15B	Declared Value for Carriage 16	Declared Value for Customs 17
Airport of Destination 18			Flight/Date 19A 19B				Amount of Insurance	INSURANCE—IF Carrier offers insurance, and such insurance is requested in accordance with the conditions thereof, indicate amount to be insured in figures in box marked "Amount of Insurance."				
Handing Information 21										SCI 21A	
No of Pieces RCP	Gross Weight	Kg lb	22D	Rate Class Commodity Item No.	Chargeable Weight	Rate / Charge		Total		Nature and Quantity of Goods (incl. Dimensions or Volume)	
22A 22J	22B 22K	22C		22E	22F	22G		22H 22L		22I	
Prepaid Weight Charge **Collect** 24A 24B				Other Charges 23							
Valuation Charge 25A 25B											
Tax 26A 26B											
Total other Charges Due Agent 27A 27B				Shipper certifies that the particulars on the face hereof are correct and that insofar as any part of the consignment contains dangerous goods, such part is properly described by name and is in proper condition for carriage by air according to the applicable Dangerous Goods Regulations.							
Total other Charges Due Carrier 28A 28B 29A 29B				31 Signature of Shipper or his Agent							
Total Prepaid 30A		Total Collect 30B		32A		32B			32C		
Currency Conversion Rates 33A		CC Charges in Dest. Currency 33B		Executed on (date)		at (place)		Signature of Issuing Carrier or its Agent			
For Carrier's Use only at Destination		Charges at Destination 33C		Total Collect Charges 33D							

附录2 国际货协铁路运单